幸福拉萨文库

经典篇

金果·次仁平措 主编
阴海燕 副主编

拉萨传统节日文化

维系社会和谐的精神纽带
建设先进文化的宝贵资源

西藏人民出版社

图书在版编目（CIP）数据

拉萨传统节日文化 / 金果·次仁平措编著. -- 拉萨：西藏人民出版社，2023.11
（幸福拉萨文库. 经典篇）
ISBN 978-7-223-07526-8

Ⅰ. ①拉… Ⅱ. ①金… Ⅲ. ①节日－风俗习惯－拉萨 Ⅳ. ① K892.475.1

中国国家版本馆 CIP 数据核字（2023）第 197507 号

拉萨传统节日文化

主　　编	金果·次仁平措
副 主 编	阴海燕
责任编辑	廖　青
策　　划	计美旺扎
封面设计	颜　森
出版发行	西藏人民出版社（拉萨市林廓北路 20 号）
印　　刷	三河市祥达印刷包装有限公司
开　　本	710×1040　1/16
印　　张	16
字　　数	206 千
版　　次	2024 年 10 月第 1 版
印　　次	2024 年 10 月第 1 次印刷
印　　数	01-10,000
书　　号	ISBN 978-7-223-07526-8
定　　价	78.00 元

版权所有　翻印必究

（如有印装质量问题，请与出版社发行部联系调换）

发行部联系电话（传真）：0891-6826115

《幸福拉萨文库》编委会

主　　　任　齐扎拉　白玛旺堆
常务副主任　张延清　车明怀
副　主　任　马新明　达　娃　肖志刚
　　　　　　庄红翔　袁训旺　占　堆
　　　　　　吴亚松

主　　　编　《幸福拉萨文库》编委会
执 行 主 编　占　堆　吴亚松
副　主　编　范跃平　龚大成　李文华
　　　　　　许佃兵　拉　珍　赵有鹏

本 书 主 编　金果·次仁平措
本书副主编　阴海燕

委　　员　张春阳　张志文　杨年华
　　　　　张　勤　何宗英　格桑益西
　　　　　蓝国华　陈　朴　王文令
　　　　　阴海燕　杨　丽　其美江才
　　　　　刘艳苹　方晓玲　索朗卓玛
　　　　　结　昂

序言
XU YAN

格桑益西[1] / 文

2016年4月1日，西藏社会科学院民族研究所所长、研究员次仁平措先生邀请我为《拉萨传统节日文化》一书作序，并于第二天把厚墩墩的一叠打印稿送到我家。用一周多时间读完这本20多万字的文稿后，我感慨万分，喜出望外。因为，在他的主持下，课题组的同人们在查阅大量藏汉文化典籍的基础上，走遍拉萨千米城乡，发现散落在拉萨各地的节日文化历史痕迹，在立项后不到一年的时间就拿出了集历史、文化、宗教、民俗等藏学各个领域于一身的"学术性和知识性并重，历史文化与现实生活交融，宗教文化与世俗文化交杂"的很有研究分量的文稿。我想象得出，当他和他（她）们走在"无人喝彩"的路上，会经历怎样的艰辛，要付出多大的心血。

---

[1] 格桑益西：研究员，西藏社会科学院原党委委员、西藏藏文古籍出版社社长，中国资深翻译专家，享受国务院特殊津贴专家，主要从事西藏历史、文化研究。

我认识次仁平措研究员是在 20 世纪 80 年代中期。当时，西藏社会科学院把我派到原中央民族学院民语系，担任正在那里读本科的已被西藏社会科学院招录的"科藏班"学员的班主任兼藏文教员，次仁平措研究员正是这个班的一名学员。他虽然步入藏学研究领域比我晚很多年，但长江后浪推前浪，他大学毕业到西藏社会科学院后勤奋努力，潜心研究，发表了颇丰的藏学论文著述。特别在藏族民俗方面建树明显，在《格萨尔》的整理、出版以及藏译汉方面组织得力，成果突出，不仅使格萨尔艺人桑珠的亡灵得到抚慰，也使曾经为之奋斗过的前辈们感到欣慰，同时也促进了这个领域的研究，强化了这个民族文化宝库中的璀璨明珠实质性的抢救和保护。由于他的不懈努力，社会和人民回报他很多荣誉，譬如享受国务院"政府特殊津贴"专家、入选国家"文化名家及'四个一批'人才"。《拉萨传统节日文化》是他牵头实施的重要科研项目之一，为了在短时间内高质量地拿出文稿，他组织多名取得过不俗成绩的藏汉中青年研究人员一起行动，虽然这些人涉足藏学领域的时间有长短之别，但在藏学的不同领域具有研究实践经验。他（她）们克服各自的任务重、课题本身经费不足、调研工作繁重等等困难，广泛浏览有关资料，深入拉萨各区（县）的村村落落，收集民间流传的、不久的将来有可能失传的传说，把文献上的记载与民间的传说相互比较，取舍严谨地写出了这部很有特色的厚重文稿。

为什么说很有特色？其一，整部文稿的可信度很高。文稿的作者们避免了人云亦云的某些学术界的通病，文献上的记载和民间的传说印证取舍后并用，以扎实的史料说话，说服力强，展示了《拉萨传统节日文化》的编撰者们严谨的学术思想。其二，学术性和知识性融为一体。拉萨的节日文化本来就很丰富，绚丽多姿，再加上现在拉萨市民族成分越来越多，拉萨传统节日的形式必然也越来越多样化。但是，不要说外地人，就连本地人也对拉萨的很多传统节日的内涵、名称、形式等方面缺乏基本常识，更谈不上了解节日的来龙去脉、演变历史等内容。这部书不仅比较全面、系统、完整地介绍了拉萨传统节日文化的基本情况，而且对拉萨传统节日文化的渊源、演变发展和功能内涵方面也进行了系统分析研究，阐述清晰，作者把不懂的给读者解读了，把模糊的给读者弄清了，使拉萨传统节日文化的个个层面变得一目了然。其三，濒临失传的民间传说得到了有效的抢救和利用。今天是知识更新频繁的信息时代，再加上年轮的不断增长，很多人特别是青年人光顾不了或无心思去光顾这些历史积淀下来的民族文化珍宝。而该课题组的成员深入农牧区，广泛开展田野调查，尽可能地发现、挖掘代代口耳相传的历史文化遗存，以严谨的科学态度和强烈的责任心认真比对后把精华部分留下，为今天的人们奉献上了无价的精神食粮，为我们的后代留下了珍贵的文化遗产。

虽然我师从藏学名师东噶·洛桑赤列大师、洛桑群觉、格桑居美、佟锦华、耿予方、王尧等知名藏学家，他们把藏学的各个领域里的知识曾经传授给我，我也以恩师们教授我的藏学知识为基础一直在从事藏学研究，而且曾接触过藏族节日文化方面的不少文章作品，不过在本文稿中我还是发现了研究藏学方面的一些重要的历史细节，甚至有些不曾存在我的脑海里，因此我读后深受其益，感谢次仁平措研究员和全体课题组成员给了我又一次对藏学领域的知识充电的机会。

最后我想说的是，这朵盛开的花值得我赞许，是因为它还原了拉萨传统节日文化的一幅幅画卷，在这一点上作者值得敬佩。

读《拉萨传统节日文化》一书，犹如在轻松愉悦的知识海洋里汲取营养。

2016 年 4 月 10 日
于圣城拉萨

目录 MU LU

第一章　拉萨传统节日文化概述

本书编纂目的和意义 / 002

拉萨传统节日的分类 / 003

拉萨传统节日的特点 / 005

拉萨传统节日的功用 / 007

拉萨传统节日文化的发展趋势与建议 / 011

第二章　春季节日

藏历新年 / 020

传召大法会 / 044

启耕节 / 056

其他节日 / 060

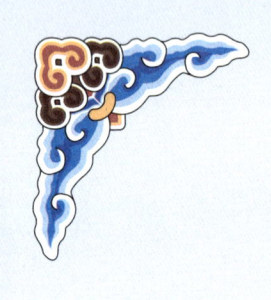

第三章　夏季节日

萨嘎达瓦节 / 078

主巴次西 / 087

雪顿节 / 097

贡堂梅朵曲巴 / 107

望果节 / 113

赛马节 / 124

逛林卡 / 131

其他节日 / 135

第四章　秋季节日

沐浴节 / 150

哲蚌鲁崩节 / 155

降神节 / 158

其他节日 / 161

第五章　冬季节日

白拉日追 / 172

甘丹昂曲 / 178

古吐与古朵 / 179

其他节日 / 183

第六章　十二年一次的节日

羊年转湖节 / 196

支洛支达 / 203

木如白萨节 / 207

德仲猴年节 / 212

帕崩唐果节 / 216

第七章　其他民族节日

汉族节日 / 226

回族节日 / 230

参考文献 / 240

后记 / 243

第一章
DIYI ZHANG

拉萨传统节日文化概述

节日习俗是一种综合文化现象。藏族有着悠久的历史和灿烂的文化，拉萨作为西藏的政治、经济、文化中心，有着丰富的文化资源，其节日文化丰富多彩，独具特色。拉萨的传统节日是传统文化的储藏库，汇聚了拉萨政治、经济、生产生活、宗教信仰、文学艺术、体育竞技、社会交往、民族心理等极为丰富的文化内容，是维系社会和谐的精神纽带和建设社会主义先进文化的宝贵资源。

在藏族的历史发展进程中，传统节日以其丰富的文化内涵和民族性、群众性等特点，深深融入人们的日常生活和精神世界，滋养着民族的生命力、创造力和凝聚力，推动着民族文化历久弥新、不断发展壮大。在现代生活中，拉萨传统节日有利于增强不同区域民众间的交流，增进友谊，增强人际和谐；有利于调节民众的身心，教育和引导群众；有利于继承民族优秀文化遗产，传承文明。通过拉萨传统节日文化，我们将看到一幅幅绚丽多姿、恢宏壮观的民俗生活画卷。

本书编纂目的和意义

拉萨传统节日文化是中华民族特色文化宝库中一颗耀眼的明珠。随着西藏社会经济的快速发展，越来越多的区内外、国内外旅游文化爱好者被拉萨精彩纷呈的地域文化吸引，各种推介文章散见于报纸杂志，为世人了解美丽拉萨起到了重要作用。遗憾的是，到目前尚未出现一本系统、全面地介绍拉萨节日文化的书籍。基于此种原因，本书将试图成为一本融汇古今、系统全面、简明扼要的拉萨民俗文化读物。

拉萨是西藏文明发源地之一，是西藏自治区的首府和经济、文化、交通中心，是西藏对外开放的一个窗口，在国内外有很高的知名度和很强的吸引力。2010年1月，中央第五次西藏工作座谈会明确提出，要把西藏建设成为"重要的国家安全屏障、重要的生态安全屏障、重要的战略资源储备基地、重要的高原特色农产品基地、重要的中华民族特色文化保护地、重要的世界旅游目的地"。"六个重要"的战略定位是国家对西藏整体的判断，要完成和实现这些目标，很大程度上取决于拉萨市怎么做，拉萨市做什么，这主要是由拉萨市在整个西藏的特殊核心地位决定的。近年来，拉萨市立足西藏实际，提出全方位发挥首府城市"首位度"作用，也是致力于推进西藏跨越式发展和长治久安的重要体现。

拉萨传统节日文化是西藏文化体系中的重要内容，具有代表性、区域性、民族性和多样性。当前，中国各民族文化正处于一个大发展、大繁荣的关键时期，全面系统地整理和研究拉萨传统节日文化具有重大现实意义和长远历史意义。

首先，重视传统节日，弘扬中华文化。近年来，在经济快速发展的同时，重拾人文传统、共建精神家园已逐渐成为国人共识。2005年，中宣部、中央文明办等五部委联合下发了《关于运用传统节日弘扬民族文化的优秀传统的意见》，发出了"重视传统节日，弘扬中华文化"的号召。作为这种共识的

重要组成部分，传统节日日渐受到人们的重视。充分挖掘拉萨传统优秀节日文化，是坚持文化强区（市）战略，传承和弘扬藏族优秀传统文化，推动西藏文化大发展、大繁荣的重要内容。

其次，系统整理研究，填补学术空白。拉萨优秀传统节日文化是中华民族节日习俗文化的重要组成部分。目前，学界对藏族节日文化从不同角度做了诸多研究，但是专门针对拉萨节日文化的系统研究还没有出现。本书立足于参与式田野调查研究，对拉萨传统节日进行跟踪调研，突破以往学界对拉萨节日文化单一的、琐碎的推介和研究局面，对拉萨传统节日文化进行比较全面、深入的阐释，填补学界对拉萨传统节日文化没有全面系统阐述的空白。透过这些民间传统节日，可以探索到民族文化的发起渊源、演变历程、习俗文化、精神价值，还可以感受到千百年来人们对美好未来的向往。

最后，扩大节日影响，拉动旅游经济发展。本书对于拉萨传统节日文化的宣传力和影响力不容忽视。目前，传统节日文化已经成为拉动地方旅游经济发展的重要因素。尤其是在拉萨，每年雪顿节、藏历新年等藏族传统节日之名而来藏旅游的游客不在少数。本研究课题最终将形成全面系统的拉萨传统节日文化的编著，一旦面世将对拉萨传统节日文化起到很好的宣传和介绍，对于推动拉萨传统节日旅游将会起到积极作用。

拉萨传统节日的分类

正如民俗学家廖东凡所云："生活在雪域藏土的藏族人，最喜爱过节，最善于过节。这里节日之多，密度之大，令人赞叹。"作为西藏首府，拉萨的节日更是丰富多彩，几乎每个月都有规模不等的节日活动。其中，列入国家级非物质文化遗产代表性项目名录的就有雪顿节、藏历新年等3个节日，列入自治区级非物质文化遗产代表性项目名录的有沐浴节、萨嘎达瓦等7个节日。

按照民俗学教材和其他节日文化常规分类，拉萨传统节日文化大致可

分为时令性节日、生产性节日、社交娱乐性节日和宗教性节日等四类。其中，每一类别又可分为多个不同类型。比如，宗教节日又可分为祭祀性节日、纪念性节日、仪式性节日和娱乐性节日。然而，当我们对拉萨传统节日深入考察和分析时，又发现对其性质进行准确分类有较大难度。因为，节日民俗是一种综合文化现象，它虽然在一定时令举行，但囊括的内容却是包罗万象的。特别是一些大的节日，几乎是宗教信仰、文化艺术、社会交往、社会生活（衣食住行）的综合反映，具有全息的性质，为社会发挥着多层次、多领域的重要作用。就大多数宗教性节日而言，它们离不开世俗群众的参与，是广大人民群众精神生活的重要组成部分。同时，拉萨传统节日历史悠久，文化内蕴丰富，在长期的发展中，从内容到形式都发生了诸多变化。在不同历史时期，拉萨节日承载着不同方面、不同内容的文化信息，一些传统节日在文化上还存在内容交融重叠、功能作用相互渗透的现象。故而，本书主要采取节日时间先后序列法——把拉萨节日按季节分为春季节日、夏季节日、秋季节日和冬季节日四个大类和十二年一次的节日，在每个类别中又细分为数量不等的民族节日类别并加以叙述。藏族是西藏高原的主体民族，从分布地域到人口数量看都占绝对优势。同样，拉萨市的世居民族主要也是藏族，但是汉族在拉萨的定居由来已久，还有称之为"藏回"的世居回族，所以我们单设一章来专门阐述这两个世居民族在拉萨的节日及其相关的历史和文化。

在西藏，民主改革以来主要采用西历，并照顾群众需要而兼用藏历。在民间沿袭的传统民族节日，仍依照藏历举行。在悠久的历史和辽阔的地域之内，藏族的节日民俗既有一脉相承的独特内容，也表现出了纷繁的变异，有的节日甚至在日期、节名、节俗上发生过重组。鉴于此，同时根据节日民俗组成的第一要素——特定的日期[1]，本书根据藏历以节日时间先后来排序，在描述传统民族节日民俗时，努力根据历代的文献记录，概括那些在现代仍然广泛流传的节日民俗的基本内容，并分别叙述其重要内容、历史渊源和发

---

[1] 节日民俗的组成主要包括三大要素：一是特定的日期；二是祭祀或纪念的对象；三是人们相沿成习的仪式性的、社交性的以及娱乐性的活动。

展流变。我们希望，既能从总体上把握每一种节日的各项文化因素，反映出节日民俗在巨大时空背景中的丰富内涵，又能给人一种直观的印象。

拉萨传统节日的特点

公元 7 世纪，松赞干布统一青藏高原，定鼎吐蕃政权，遂以拉萨为首府。其后，拉萨古城几经沧桑，到 17 世纪再次成为前后藏地区的首府。1951 年西藏和平解放，特别是 1959 年民主改革和 1965 年西藏自治区成立以来，拉萨在西藏的社会、经济、文化发展之中，一直发挥着重要作用，成为西藏自治区的政治、经济、文化和交通中心。拉萨的首府城市中心地位，决定了它的节日文化既具有代表性，又包含了独特性。除了藏历新年、望果节等全民性节日，拉萨传统节日中还有雪顿节、沐浴节以及各县乡或寺院许多独具特色的区域性节日。大多数节日，宗教文化与世俗文化交融，农业文化与牧业文化并存，上层地方官家文化与基层民间文化交杂。拉萨传统节日文化呈现出了多复合、交融交杂的广泛特点。

一、区域性

独特的自然地理和人文环境造就了独特的拉萨节日民俗。拉萨河谷土层深厚，土地肥沃，适宜农耕，其生产节日具有浓郁的农区特色。同时，由于拉萨所处的位置，官家文化和宗教文化，特别是格鲁派对民众文化的影响比较深，节日文化不仅表现出内容的丰富性和多样性，而且形式的仪式化和程式化更为凸显。比如，墨竹工卡县、达孜区、林周县、堆龙德庆区、曲水县、尼木县及城关区辖区及拉萨市郊群众过去主要从事农业生产，所以这些地方流传的启耕节、除草活动、望果节等都属于具有代表性的农事节庆。又如，西藏各地过藏历新年的时间有早有晚，拉萨及其附近山南和日喀则的部分属县，由于气候和农耕需要，确定在藏历元月一日过"杰布罗萨"，拉萨的拜年等节日活动和年货、贡品、节日禁忌等过年习俗与其他地区不尽相同。就拿"羊头"来说吧。在拉萨，它是摆在桌上的新年供品，而在后藏和西藏北部部分地区，则是不可或缺的藏历初一的食品。新年初一那天，后藏有取"四新"仪式，康区有到附近的山上煨桑请地方神的习俗，工布地区有新年第一天到自家丰产的一块农田祭祀丰收女神的仪式（详见附录1）。而在拉萨，初一那天有到大昭寺、布达拉宫或附近寺院朝佛后邻里间拜年的习俗。过去，在布达拉宫还有过"喇嘛罗萨"的传统，同时还有那些名目繁多的宗教节日。其选择的时间、节俗名称到具体内容，无不带有官家文化和格鲁派的影响。

二、变异性

拉萨传统节日文化是广大藏族人民在长期社会生产生活中创造、传承和享用的文化。比起上层文化，民族节日文化一般具有较大的稳定性。但是，在漫长的历史发展和较广阔的地域传承、扩布和演进过程中，拉萨许多节日的形式和内容发生了很大变异。综观拉萨节日文化，传统民俗活动日渐淡化，传统节日空间范围要么逐渐扩大，要么渐渐变小，甚至有些节日出现消亡的历史现象。如雪顿节从宗教节日演变成极具文娱性质的世俗节日，范围和规模越来越大；望果节从生产性节日逐渐演变为娱乐性节日（详见附录2），其功能和内容也发生了较大变化；启耕节从原来以户为单位的简单祭祀活动逐渐向以村为单位的热闹非凡的节日方向演进，功能也从原来对天的敬畏向检阅备耕情况发展。特别是改革开放以来，随着人民群众物质生活水平的提高和新的文化娱乐活动的增多，节日的盛装、饮食、游艺活动等都发生了较大变异，节日参与人数、节日规模以及产生的影响都发生了巨大变化。

三、集体性

节日文化大都具有集体性的特征，它从纵向传承到横向扩张，都离不开集体记忆和传播，拉萨节日文化也不例外。民俗文化的集体性特征，指的是"由集体创造、集体享用、集体保存和传承的文化，也有的文化产品是先有集体中的个别人创造，再有集体的认可或加工后传播的，但从整个过程来讲，

总要有民众集体参与的主要因素，才能成为民俗文化。"[1]

就拉萨雪顿节来讲，最初它只是哲蚌寺僧人解除夏安居的活动，是哲蚌寺僧人及其周围部分群众的活动，也正是因为这样，这一节日又称"哲蚌雪顿"。而后，节日成为西藏地方政府的娱乐活动，从阶级上说它主要是上层统治阶级创造和享用的文化，按照文化分为上、中、下层文化三条干流的说法，它算不上民俗文化。后来，参与的民众越来越多，规模越来越大，雪顿节于2006年被列入国家级非物质文化遗产代表性项目名录。

就一些宗教节日而言，它虽然是一座寺院或局部地区的宗教仪式，但在人类社会发展的历史长河中，它被逐渐传播到周围，流传的区域和规模也越来越大，久而久之，形成较大范围内群众集体传承、享用的文化，甚至一些纯宗教的节日，群众或信众的参与也是必不可少的。

拉萨传统节日的功用

拉萨传统节日文化具有广泛的群众性，同时又由于人民群众的广泛参与，进一步强化了节日的文化作用和功能。具体地看，拉萨传统节日文化在人们日常生产生活中起到了规划时间、调节身心、传承文化、增强交流等多重重要作用。

一、划分季候时令功能

拉萨的节日丰富多彩、五彩缤纷。从内容上划分，有世俗节日和宗教节日两大类，世俗节日以隆重、喜庆为主，宗教节日庄重而具有纪念、祭祀意义。在丰富的拉萨节日中，既有全区性的节日，也有各地、各寺院举行的区域性节日；既有每年都举行的节日，也有每十二年举行一次的节日。从节期的选择上看，传统的节日都注重一年之中适当的时间，以适应社会和个人需要。

---

[1] 钟敬文：《民俗文化学梗概与兴起》，北京：中华书局出版社，1996年版，第10页。

实际上节日是人们划分时间段落的重要标志，人们依据节日安排自己的生产生活。在古代社会，无论以农耕为主还是以牧业为主，都是靠天吃饭，人们非常注意自然时间的顺序与人们生产生活节奏的对应，通过节日安排生产生活。比如，最初的望果节和雪顿节，明显是划分季候时令的标志。对于望果节，虽然现在有各种各样的解释或说法，但究其最初由来，则是解除夏季禁忌的活动。在西藏民间，不论正确与否，有很多夏季田间管理方面的禁忌，过完望果节，这些禁忌自然解除。雪顿节，则是解除夏安居的庆祝活动，过了雪顿节，哲蚌寺的僧人可以下山活动，凡此种种。

二、调节民众身心功能

节日是社会生活的兴奋点。众所周知，每个人在从生到死的人生旅途中，生活的兴奋点必不可少。小时候的生日、青年人的谈情说爱、成年后的结婚，都在人生中带有兴奋点的作用。

节日既可以调节民众的生产生活，也可以调节人们的身心。人类的生存与发展，需要不断进行身心的调节，而任何一个古今中外的节日，都有一个统一的文化功能或文化价值，那就是它能够调节民众的身心。休闲、娱乐和期望，是传统民族节日文化调节民众身心的主要方式。在拉萨的传统农牧区，人们日常文化娱乐生活比较单一，平日的劳作很艰辛。节日休闲，首先是人们对艰辛、疲惫和乏味的劳作过程的中断，是在制度性安排的劳动间歇中获得基本的体力和精力恢复，而节日娱乐可以积极地调节民众的身心。望果节的赛马、赛牦牛、抱举石头，雪顿节的藏戏表演、过林卡等，在游艺中娱乐，在娱乐中恢复。同时，传统社会对于节日期间的生活期待——吃好饭、穿新衣等享受，也是节日预期的魅力所在。

另一方面看，拉萨传统社会的种种节日，特别是名目繁多的宗教节日，无不围绕着一定的信仰展开。人们采取多种手段，接近和讨好神灵，想方设法密切人神之间的联系，祈求顺利过关或争取未来的幸运。比如，藏历新年的"卓色切玛"（用麦子、酥油、糌粑等制作的供物，简称"切玛"）等贡品，传召大法会及其迎佛驱邪，望果节期间的转田头、祭祀神灵，以及各种节日进行的祈祷仪式，都充满了改善未来生存状况的期望。事实上，这些行为都

是对当下社会民众心理的一种有效调节，人们通过节日活动获得身心的放松和精神的自足。传统的民族节日文化早已成为人们自身生活的重要组成部分。把调节身心的社会功能蕴含于人们的生活方式之中，是先民们的文明创造，其价值不可轻视。"节日使这个民族充满活力，充满了善良的生活的信念。老年人因为节日而变得更加年轻，男人们因为节日而更加英姿勃勃，妇女们因为节日而更加美丽动人，孩子们因为节日而更加健康活泼。"[1]

三、传承民族文化功能

拉萨的节日承载着大量民间文化遗产，使其成为民间文化得以传承、发展的依托。从拉萨传统节日在社会生活中的地位来看，首先它是社会生活中不可缺少的一环，是社会生活的重要组成部分，也是民族民间文化的一个重要组成部分。众多节日，基本上是欢乐的群众集会，人们借此休闲、放松、娱乐，借此载歌载舞。它反映的是拉萨的历史文化、习俗、服饰和别具风情的歌舞艺术。西藏被誉为"歌舞的海洋""民间文学的百花园"，丰富多彩的歌舞，衬托和点缀着节日文化，使其变得格外喜庆和祥和。反过来讲，在节日的活动过程中，西藏的歌舞不仅得以继承，还得到丰富和发展，使其更加光彩夺目。拉萨各类传统农事节日，历史悠久，流传广泛，承载着民间信仰、生产商贸习俗、民间文艺游艺、传统体育竞技等丰富的非物质文化遗产项目。这些项目既丰富了群众的娱乐生活，又通过节日把许多非物质的文化遗产以口耳相传的形式保存和继承下来，并扩大了影响。从这个意义上讲，传统节日在保护、继承和发展民众文化方面发挥着保护库和传播平台的作用。因此，我们可以说：如果没有雪顿节，不可能有藏戏这一世界级文化遗产的今天；如果没有藏历新年，不可能有丰富多彩、琳琅满目的年货以及节日器具的生产。

四、增强交流友谊功能

西藏自治区幅员辽阔，地广人稀，人们居住分散。作为首府城市的拉萨，相对其他地区，各方面发展较快，但是拉萨及其所辖各县区的农牧民群众居

---

[1] 廖东凡：《节庆四季》，北京：中国藏学出版社，2008年版，第7页。

住分散，交通不便，致使群众间交往较少，信息不畅。从大的方面讲，拉萨传统节日在传统社会中发挥着桥梁、纽带的作用。人们借节日机会，互通信息，传递知识，交流物资，同样借节日机会，相互交流经验，增进友谊。从小的方面讲，传统节日有利于构建人与人、人与社会之间和谐与和睦的关系。比如，藏历新年期间人们炸"卡色"分赠亲友，借此联络感情；藏历年初一到十五，亲朋之间相互预约宴请，称为"吃切玛"，足足吃半个月，亲朋基本轮转一遍，才算尽兴。还有阖家团圆，左邻右舍捧着"切玛"、端着青稞酒串门拜年祝福，"过林卡"期间的野营露宿、狂欢娱乐等活动，无不充满浓厚的伦理观念和人情味。这些节日不仅是家人团聚的日子，也是亲友往来的契机，它促进了邻里、亲朋间的沟通和友谊，成为社会中维系人际关系的重要纽带。

五、教育社会群体功能

相关研究表明，教育经历了从自在走向自为的过程。自在教育使教育活动以口耳相传的形式存在于人类社会群体之中，教育与生产生活密切相关，人们在实际生活中，能者为师，分散、自发、随机简单地实现知识文化的传承与个人的社会化。人的社会化，并不是单纯的话语说教所能完成的，人们必须从小就在活生生的现实生活进程中，在浓郁具体的场景氛围里，才能够将健康文明的理念潜移默化中深入骨髓，形成稳定的观念和行为习惯，这就离不开民族节日文化活动。在拉萨传统民族节日里，人们会举行相应的民俗活动，如制作传统食物、开展游艺活动、举行竞技比赛、举办物资交流等。在庄严、庄重和肃穆的礼仪中，传播各种知识，传授各种美德，人们在活动中，随机自发地实现自在教育，习得相关民俗知识。藏历新年前的大扫除和秋季的沐浴节，传播各种卫生知识；望果节、启耕节和青苗节，传播着各种生产知识；夏安居和萨嘎达瓦节期间的不准杀生、戒荤食，以及望果节之前的田间禁忌等，传播着生态知识；如果没有藏历新年这一载体，许多年货、节日用品的生产及制作技艺难以学习、使用和发展；如果没有藏历新年的团聚、敬老、给压岁钱、走亲戚等各种礼仪活动，就难以维持尊老爱幼、浓郁亲情的家风。

拉萨传统节日文化的发展趋势与建议

从拉萨传统节日文化的发展看，除了纯宗教节日传承成分较大，改变较少、较慢，大多数节日在传承中不断演进，尤其是西藏和平解放以及民主改革后，很多地方的传统节日都产生了巨大变化。其总体发展态势是：随着时代的发展变迁，那些不适合新形势的节日活动和习俗已经淘汰，那些美好健康的、适合新形势的节日不仅沿袭了下来，而且充实了新的内容，新的节日文化活动逐渐增多。这些沿袭至今的节日，仪式基本程式化，长期以来保持着一以贯之的方式，而活动的内容和功能呈现出日新月异的态势。

随着拉萨经济的发展，改革开放步伐的加大，如今许多传统民族节日，已经成为当地的文化标签，吸引着国内外旅游者慕名而来。其中，雪顿节是最具代表性的一个。每年雪顿节在传统时间、传统形式的框架下，除了突出群众性、文化性、宣传性、商务性等特点，还紧跟时代要求，突出了安全、特色、精彩、节俭等特色，成为展现璀璨的西藏优秀传统文化，促进国内外民族文化交流与融合，吸引国内外游客的亮丽名片，成为世界了解幸福拉萨的重要窗口。还有当雄的赛马节，在保持传统赛马形式的基础上，更多地将焦点集中到娱乐商贸方面，成为集文化、体育、经贸、旅游为一体的大型民族节日，走"文艺搭台，经济唱戏"的路子，成为向国内外宣传当雄发展进步以及当地自然风光、民族文化的重要窗口。最近几年，在北京和江苏的对口援藏下，当雄推出了"中国西藏圣地游•羊年天湖（纳木错）生态游""纳木错国际徒步活动"等一系列重大活动，赛马节在其中发挥了重要作用。

另外，一些具有革命象征意义的纪念日，在人民生活中也占有重要位置，比如三月八日国际劳动妇女节、五月一日国际劳动节、五月四日青年节、六月一日儿童节、七月一日党的生日、八月一日建军节、十月一日国庆节等。除了各种展览、游艺，各级政府在节日期间还要组织群众举办联欢活动。以

墨竹工卡县甲玛沟的六一儿童节为例，它"实际上介于公益性节日、民间节日和时尚节日之间，是新社会开始举行的活动。儿童节期间，也是夏季最美好的日子，气候适宜，树林成荫，绿草正盛，又非农忙季节，人们更多的是将之作为大众节日看待"[1]。虽然是以庆祝儿童节为主题，但在正规活动之外，也是全乡人逛林卡、聚会娱乐的机会。还有一些地方，传统民族节日与革命纪念节日合并为一体举行。例如，尼木县塔荣地方的农民一般在秋收结束后，在公历十月一日这天，随国庆节一起过望果节。又如，堆龙德庆区东嘎村在每年公历八月一日建军节时过望果节，拥军新风尚与传统节日相结合，军民同乐，移风易俗，坚持至今。

西藏民主改革后，废除了"政教合一"的封建农奴制度，百万农奴翻身得解放，人民当家做主，西藏社会发生了翻天覆地的巨大变化。人民的物质文化生活越来越富足，精神生活越来越丰富，作为喜庆和幸福的符号——节日活动，更是越来越娱乐化、民众化，越来越热闹、祥和，越来越充满喜庆色彩和蓬勃向上的精神。一些与群众生活关系不是很紧密的官家或宗教节日习俗，在当代社会已经成为历史的记忆，变得遥远和陌生。例如，藏历新年初一的"喇嘛罗萨"及其班丹拉姆供奉仪式和场面热烈的抢"卡色"活动，初二噶厦宴请和宝饰装以及"强竿踏许"杂技表演，初三宗角射箭比赛和卡尔珠表演，扎希"孜甲""甲玛《甘珠尔》"节等宗教和地方的节日活动，随着时间的推移已经逐渐淡化或消失，或被其他活动取而代之。

民风民俗不可能一成不变。随着时代的前行和生产方式的变化，沿袭至今的拉萨节日风俗从形式到内容不断发生着变化。各种世俗节日在历史的长河中几经变化，节日内容和功能从单一性向综合性发展。以望果节为例，作为民族历史传承的产物，它原属于远古生产的一部分，经过历史的变迁，这种仪式已经无法真正还其"原生形态"，但节日最核心的内容，绕田地转圈的形式与确保庄稼丰收的目的基本未变。正是望果节与农业生产的密切相关

---

[1]《甲玛沟的变迁》课题组：《甲玛沟的变迁：西藏中部地区农村生活的社会学调查》，北京：中国藏学出版社，2009年版，第256页。

性以及它应对时代变迁的开放性，才使这个节日顽强地保存下来，至今流行。但是如今的它，融入了许多新的文化元素，使其变成一个新旧文化的"贮存器"，包容了各种各样的知识，有宗教的、艺术的、时节的、农事的、政治的、娱乐的、商业的等等。而哪些属于宗教，哪些属于艺术，哪些属于娱乐，实际上并不容易泾渭分明地加以区别。有的地方将举佛像改成举红旗、抬毛主席像等；过去一般由寺院僧侣或当地巫师卜算决定的时间也发生了变化。又如启耕节，过去一户户农民家庭，赶着一对对披红挂彩的耕牛，来到自己的土地上祭祀，举行一年一度的开耕仪式，祈愿风调雨顺粮食丰收。而如今，在各村村委会的组织下，全村人开着拖拉机，一起在一块耕地上破土启耕，五星红旗迎风招展，拖拉机发出的轰鸣声此起彼伏，村民们穿上节日的服装，挂上洁白的哈达，载歌载舞，饮酒助兴，以最隆重的方式开耕，其场面何其壮观和热闹。在规模宏大的雪顿节以及当雄赛马节、墨竹工卡县甲玛艺术节等活动中，既有当地群众的艺术表演、民间游戏，也有诸如唐卡展览等文化展览和藏戏比赛，还举办形式和规模不等的学术研讨会等。这些民族文化节庆活动把传统文化与现代文化融合到一起，既展示了今天拉萨特有的时尚文化和群众的精神风貌，吸引越来越多的人对藏族文化给予关注并产生浓厚兴趣，也带来了可观的经济效益。

按照把西藏建设成为"重要的中华民族特色文化保护地""重要的世界旅游目的地"的目标要求和"重视传统节日，弘扬中华文化"的号召，在日新月异的新形势下，更好地继承和丰富拉萨节日文化，是时代赋予我们的历史责任。

有鉴于此，一是要加强保护工作，继承优秀民族文化遗产。节日文化是活态的，更是动态的，在现代化突飞猛进的今天，随着群众物质生活的逐渐富裕，新的文化活动层出不穷，精神娱乐生活不断丰富，对传统节日文化冲击很大，保护和继承的任务仍十分艰巨。拉萨传统节日作为当地传统民间文化的重要载体，许多民间文化通过节庆活动来展现和传承，节庆活动因其具有丰富的文化内涵和广泛的群众基础而长久不衰。所以，保护和继承健康有益的节日文化活动，抢救和整理"强竿踏许""卡尔乐舞"等濒临失传的稀

有民族节日文化迫在眉睫，应组织力量进行抢救、整理，让其千秋不绝，举世共赏。

二是要创新民族节日文化，丰富群众生活。发展社会主义文化，必须继承和发扬优秀传统文化，必须充分体现时代精神和创造精神。继承的目的是创新，而真正意义上的创新，又包含着继承。这是历史运动的辩证法，也是文化发展的普遍规律。一种文化要保持其旺盛的生命力，必须按照时代的要求、人民的需要，在继承的基础上创新。对民族节日文化中存在的一些不文明、不健康的内容和形式，引导群众进行自我完善，去粗取精，推陈出新，增添符合时代要求和群众需要的新的内容。

三是要推动民族节日文化走向市场，促进旅游业和经济发展。改革开放以来，拉萨一直吸引着众多国内外游客。如今的游客，不仅仅满足于自然景观和名胜古迹，而是越来越喜欢观赏和体验独具民族特色的活态文化。拉萨节日不仅是活态的具有代表性的非物质文化遗产，同时，它本身也涵盖了民间体育竞技、歌舞、游艺、饮食、服饰、商贸等无比丰富的文化内容，浓缩了人们日常生活中的精华，保留了民族民间文化中最精致、最具代表性的一面。推动拉萨节日文化走向市场，与旅游业紧密结合，吸引更多游客来拉萨，既能向游客展示丰富多彩、绚丽多姿的民族文化，满足游客休闲、探奇和求知的需求，还能向游客展现群众兴高采烈的精神风貌，让游客在参与中了解拉萨群众在党的领导下过着和谐、幸福生活的生存状态，同时，借助节日的历史文化资源推动特色旅游业和地方经济的发展。总之，要尊重和保护民族节日文化，支持农牧民群众开展各种形式的民族节日活动，在活动过程中，引导群众推陈出新，加入一些与人们的现代生活联系密切的文化活动内容，让传统民族节日在新的历史条件下更加绚丽多姿和光彩夺目。

第一章 拉萨传统节日文化概述

煨桑

附录1：别样的藏历新年

在昌都市，人们在藏历元月初一开始过新年。第一天，一早要去附近的山上煨桑，请地方神。之后，人们聚集在打谷场，唱歌跳舞直至凌晨。与卫藏地区比较，昌都市新年的仪式活动比较少。

日喀则市将自己的新年称为"索朗罗萨"，在每年藏历的十二月一日开始，在前一个月的二十九日举行驱鬼仪式。新年第一天有取"四新"的仪式，即从水源处取"水新"，供在佛堂的净水碗中；从他人家中的牛粪中取"牛粪新"，点缀上酥油放在自家牛棚里；从田里取"土新"，戴上酥油花供在佛堂；从狗窝里取"粪新"，装饰上酥油花放在厕所。通过这些举动来祈望新的一年应有尽有、福泽延绵。日喀则新年饮食中较为特别的是，要在新年第一天吃羊头，在藏语的发音中，羊头与年头谐音，吃羊头的习俗代表着人们对于新的一年从年头开始寄予深厚愿望。

林芝市的藏历新年在藏历十月一日就开始了。据说，在阿杰杰布做工布王时遭到外族入侵，时值十月，离藏历新年还有两个月，所有的臣民都在为迎接新年做着准备，战士们也都表现出了对过年团聚的渴望，以及对战事将近这件事的漠然。阿杰杰布毅然决定让工布的人们立即开始过新年，希望战士们与家人欢聚、享受完节日酒宴之后能够以饱满的精神投入惨烈的战争。结果，战士们在战场上表现得非常英勇，不但赶走了侵略者，还为自己的王国建立了威信。自此，工布地区的新年定在藏历十月一日，成为传统，流传至今。工布地区在九月三十日进行驱鬼仪式，比较特别的是，工布地区的人驱鬼之后会先请狗进食，并依据狗所选饮食来预测新一年的丰歉。在新年的第一天，人们要到自家丰产的一块农田祭祀丰收女神，喝麦片粥，聚集在一个宽阔的地方玩各种游戏，诸如射箭、抱石头、比赛砍树、唱歌、跳舞。

附录2：望果节的由来和功能

关于望果节的由来和功能，有许多不同观点，在《夏季节日》一章中，我们会专门介绍，这里附录的是我们对其考察的新的认识。在所有介绍西藏民俗文化的书籍中，"望果节"被誉为庆祝丰收的节日，而我们对"望果"活动遗俗的综合调查、思考和分析，发现此节日并非来自庆祝丰收，而是源于解除夏季田间禁忌的活动。

在西藏农区，夏季为保护庄稼和生态，广泛流行各种禁忌，大多数地方称之为"亚赤木"，可译为"夏季法"；有的地方称其为"洪赤木"，意为"田间法"；有的地方称其为"欧赤木"，意为"绿色法"；还有的地方称其为"罗热达木"，意为"护庄稼之契"。所有这些活动，始于春季犁沟条播之时，终于秋季庄稼成熟开镰之前，其内容都以保护庄稼或草木为主。在此期间，男人不许在田间打架斗殴，儿童不许在田间裸体玩耍，妇女不许在田野洗头洗澡，不许穿着花色衣服在田间走动和游荡，甚至不许在田间赤膊捻线，不许用镰刀或其他兵器来乱割滥伐草木。如果不这样，

第一章 拉萨传统节日文化概述

被认为会得罪地方神灵，从而降下毁灭庄稼的冰雹。"望果节"举行之后，所有这些禁忌自然开禁。所以说，最初的"望果节"只是一种解除夏季禁忌的活动。

至于后来"望果节"的各项活动内容，不是最初一次性诞生的，而是在历史的长河中日积月累，逐步构建出来的。由于各地地理气候不同，庄稼成熟时间的早晚各异，故"望果节"的时间也不同，即便是在同一个地方，因每年气候的不同，"望果节"的时间也不尽相同，如同任何民俗活动都是为一时一地所有生产生活需要而设的一样。当然，在新的"望果"活动建构过程中，最初的文化影子存在于背景知识中，人们在使用它，却意识不到它，它融化在新的文化活动中，与其成为一个整体。

望果节期间的"曲廓"（背着经书绕转田地）活动

第二章
DI ER ZHANG

春季节日

春天是万物复苏的季节，是播种希望的季节，同时也是一年的开端，被群山围绕着的拉萨河谷也渐渐进入了一片生机勃勃的景象。依照藏族历，拉萨的春季是从藏历正月开始，到藏历三月结束。虽然气候还是寒冷，但是节日气氛却非常热烈。因为在这三个月里，有辞旧迎新的藏历新年，有盛大的宗教节日——大昭寺传召大法会，有祈祷新的一年农业丰收的启耕节以及其他名目繁多的宗教节日。人们在这些节日里举行各种仪式，遵循各种仪轨，都是为了祝祷在这些特定的时节里，能够家宅平安、人畜两旺、事业兴旺。作为西藏自治区的首府，拉萨是整个西藏的政治、经济、文化中心，这些深厚的文化积淀与传统习俗也都折射在了人们传承千年的节庆文化上。

藏历新年

新年是每个民族都最为重视的一个传统节日,藏族也不例外。藏历新年是藏族人庆祝岁首的盛典,是藏族人民一年当中最为隆重的节日之一。拉萨藏历新年于2009年被列入第三批自治区级非物质文化遗产代表性项目名录,2011年列入第三批国家级非物质文化遗产代表性项目名录。

一、藏历新年的由来及年前准备

在吐蕃赞普布德贡杰执政时期,人们根据《纺织老妇之月算》将山南亚拉香布桃花开放时定为西藏的岁首,并在这一时段举行各种活动来庆祝这一盛事,这应该是藏族人民过新年的最早记载。在此之前,人们也会在各个不同的季节进行一系列的祭祀仪式。比如,在聂赤赞普执政时期,佛教还未传入西藏,人们信奉的是西藏的本土宗教——苯教。这个时期,人们屠宰大量的牛、羊、鹿等动物作为祭品来供奉给苯教所崇信的神灵,包括一些地方神、家宅护佑神和战神等。同时,还规定在春季用母鹿的四肢、血肉等祭祀;夏天进行"苯顿桑却",即用五谷及各类植物作为祭品来祭祀神灵的仪式;秋天将数量众多的鹿一次性地割断喉管,用其血肉进行祭祀;到了冬季,还会杀死近千头的雄性牛羊来做祭品。这是与当时宗教习俗相符合的祭祀仪式,人们还会在被称为"苯拉玛却"的仪式上进行庆祝,这成为一个传统。

到松赞干布执政的公元7世纪,由于迎娶的唐朝文成公主带来了中原的历算书籍,给藏族传统历算的发展提供了许多借鉴。在此基础上,将藏历的十一月一日作为藏族历算的岁首进行庆祝。到了公元8世纪赤松德赞执政时期,将藏历的十二月一日作为岁首。13世纪,萨迦派的卓衮八思巴将藏历的名称改为蒙历,并将元月一日作为岁首。

由于西藏地域辽阔,河谷地带、高山地区、高原草场不同的地方都有各自不同的小气候,这使得各地所遵循的农牧耕作的历法也不尽相同。因此,

第二章 春季节日

藏历新年的年货市场

为了在气候变暖的时刻开始农牧劳作，各地区过新年的时间也各不相同。比如，拉萨、山南以及靠近拉萨的多个县区会在藏历元月一日过新年，这个新年被称为"杰布罗萨"。生活在后藏地区的日喀则人民则在藏历十二月一日举行盛大的新年活动，他们的新年被称为"索朗罗萨"。林芝则是在藏历十月一日过新年。西藏东部的昌都处于低海拔地区，土地回暖的时间较早，但是其下的各个县过藏历新年的时间又因农耕时节的不同有所差异。比如，昌都市区是在藏历元月初一，芒康县境内的大多数地方则在藏历十二月初一就开始过新年了。

由此可见，藏族人民过年不似区外春节无论是生活在江南水乡还是冰天雪地的东北，都在农历正月一日过新年。西藏各地区新年的第一天有早有晚，完全依据所处地区气候环境以及藏族历算书籍所给出的春耕时节而确定。不过，西藏各地人民为迎接新年做准备的热情基本相同。

购年货：拉萨市及其近郊各县的人们早在藏历十二月份就开始为过年做准备了，购买年货是最基本的。过去，拉萨冲赛康市场以及大昭寺附近的街道是年货供应集中的地方，从服装、食品、供品到建筑装饰，琳琅满目，应有尽有。这些年，新建的八廓商场及其广场成为拉萨最大的年货交易场所，

这里有来自日喀则仁布县卖"滋卓"的农民，有来自那曲当雄等地卖"兑"、酥油等畜产品的牧民，还有来自拉萨郊区卖"古泽"、青稞穗等食品、供品的农民。当然，还有一些居委会专门组织人员集中制作、销售的节日食品，如油炸糕、节日供品"卡色"。在熙熙攘攘的街道中，人们悉心挑选着自己所需的节日商品，还有大量外地游客为感受不同节日习俗而新奇地观赏着街市上名目繁多的节日用品。

拓其：为干净整洁地迎接新年的到来，人们在头年的十二月初就开始了准备工作。首先，是"拓其"，即大扫除。不同于平常的扫除，这是一年一度的彻底清洁，包括室内和室外。室外主要进行的是外墙的清洁工作，会在选定的日期，为家宅的外墙涂抹白色的石灰，让其在新春的阳光下显得更加光彩夺目。其次，是对家宅内部的清洁，必须依据藏族历算的记载，选取最好的扫除

彩色酥油"滋卓"

制作好的"兑"

为门窗更换"相布"

第二章 春季节日

制作"卡色"

日期和时辰，名曰"拓其"，意为扫除日期，这是非常重要的。如果不遵循传统，家宅则会招来祸害。确定日期后，就要开始制订清扫计划了。屋内的每个房间要挨个清扫。先将屋内的一应家具搬到院子里，然后彻底清洁，这样，平时忽略的卫生死角也会被清洁一新。清出来的家具也一应放在院子里，用清水洗净并用油布轻轻擦拭进行常规的保养，使其鲜亮如新。然后，将所有家具小心翼翼地搬回屋内清扫干净的固定位置，这时整个房屋都会显得更加的整洁清爽。

一般将厨房的清洁工作留在最后，因为厨房内的各种油渍最难清洗。此外，厨房内的厨具也都要清洗，用沙石将锅具上的污垢都剥离下来，使其闪出亮光。到此，"拓其"还不算正式结束，屋里更换的卡垫、被套、床褥、窗帘等也需要彻底清洗。妇女们会三五成群地带着这些需要洗涤的物件来到吉曲河（拉萨河）边，带着吃食，一边洗涤一边娱乐。孩子们也会跟着来戏水，这对他们来说是迎接新年的劳动过程中最惬意的事了。所以说，"拓其"是一项烦琐且劳动强度大的新年准备工作，人们甚至有"罗萨玛日，列萨日"的说法，表示新年不是欢愉的节日而是劳动节，可见"拓其"的确是一项既彻底又辛苦的劳作。

为藏历新年准备的"卡色"

摆供桌：摆供桌是藏族人民过年最重要的一项事情，在藏历十二月三十日新年到来的前一夜进行。

首先摆放"德卡"，它是用面团制作成各种形状后再油炸制作出来的，是"卡色"的一种。过去，贵族家庭以拥有制作"卡色"手艺精良的厨师为一种荣耀，他们还会相互借用厨师来制作各色"卡色"，包括"德卡"。现在，大多数家庭自己动手制作供品及面食，也有一些家庭选择在市场上购买这些供品和面食。虽然没有文献可以参考，但从这些面团表现的内容、形制以及人们口耳相传的信息可以推测，"德卡"是藏族本土宗教苯教血祭的一种延伸。如同商周时期制作青铜礼器代替牲畜作祭品一样，藏族人民将原始苯教祭祀中真实的动物祭品换成了面食制品。

"德卡"中各种形制的面食代表动物不同的部位，例如"库果"（电话听筒形状的油炸面食）代表动物肱骨，被称为"娘夏"的长条面食代表肋骨，圆形的"布鲁"代表小肠，"毕毕朵朵"代表心脏。这些面团制品依据顺序叠放在供桌上，还要点缀各色糖果、奶渣和哈达（详见附录1）等。除了面团制作的供品，供桌上还依次摆放着许多寓意吉祥的物品，包括羊头（详见

第二章 春季节日

藏族家庭中摆放的"卓色切玛"

附录2)（与藏语"年头"是谐音），寓意在年头开始就有好运；一盆长势良好的青稞苗，青苗是农业耕作的代表，也是牧业草场的代表，这寄托着人们对于新的一年牲畜兴旺、五谷丰登的希冀。此外，还有在藏族传统饮食中占主导位置的酥油、盐、砖茶等，表达了人们对新的一年饮食富足的祈望。

制作"卓色切玛"："切玛盒"是祈祷新的一年六畜兴旺、五谷丰登的五谷斗，同时也是人们相互祝福新年时所使用的吉祥之盒。这是两个梯形的连体木盒，被藏族人民称为"博"，盒子的右边盛装炒熟的小麦，左边装着糌粑。然后将酥油熔化，倒入盒里，这样，等酥油凝固的时候就会将小麦和糌粑固定成锥形。然后，将上色的干青稞穗和小麦穗以及被叫作"罗萨梅朵"的植物插在上面作为装饰。这种叫作"罗萨梅朵"的植物是用来为食物染色的天然染色剂。此外，切玛盒所插饰物中最主要的是一个叫作"滋卓"的酥油花装饰。它是一个长条形尖顶下方有长柄的木片，上面有染色的酥油捏制的各色装饰纹饰，这些纹饰包括吉祥八宝（详见附录3）、四和瑞（详见附录3）、六长寿（详见附录3）、花卉等西藏传统吉祥纹饰。这些酥油花将吉祥的寓意传达给所有接触和看到切玛盒的人们。

为迎接新年，人们会在特定的日子进行沐浴来洗涤一年中淤积的晦气。如果乱了规矩，会招致灾祸，女人甚至会被认为是魔鬼的化身。在传统中，藏历腊月二十九是男人沐浴的日子，除夕当天，是女人沐浴净身的日子。藏历十二月三十的晚上是年前准备最为忙碌的一天，家中的男主人会最先在厨房的灶台后用糌粑或面粉点出许多纹饰，包括圆点、蝎子、

用面粉点缀过的藏家厨房

雍仲、太阳、月亮（详见附录3）等，用各色的纹饰来愉悦灶神。然后，在家门口绘制吉祥纹饰，如雍仲（详见附录3）、八吉祥纹。

之后，男主人来到佛堂，将准备好的供品一一摆上供桌，并制作好"切玛"。主妇们为了在新年的第一天有一个好的兆头，会将家中水缸、锅等盛满清水，将酥油捏制成花瓣状贴在器具的口沿，以寓意完美，并做好新年食物的制作准备等。过年是孩子们最为期待的日子，这一天可以穿上心仪的新衣裳，吃到平时难得的糖果，还可以得到压岁钱。为了尽快穿上新装，也为了能吃上各种美食和糖果，孩子们会抱着新衣裳跟着大人守岁，直至沉沉入睡。

过去，年三十成年人忙于新年准备，孩子们则忙于算计新年安排，感觉这是漫长的一晚。如今，西藏电视台和拉萨电视台早早地就录制了各种节目，陪伴人们度过漫长的等待之夜。这些新年晚会有一些人们喜闻乐见的相声、小品，将人们现实生活中的一些社会现象和趣事以诙谐的方式演绎出来，在欢声笑语中接受一些品德教育。当然，流行歌手们演唱的歌曲是年轻人期待

第二章　春季节日

汲取新年第一桶清水——"曲普"

的节目，老年人则等待着传统藏戏的播出。为了弘扬传统文化，西藏各地区还将列入国家级、自治区级非物质文化遗产代表性项目名录的传统舞蹈纳入晚会的重头戏。

二、过新年

新年第一天的凌晨，主妇们在自家房顶燃起第一道桑烟来愉悦神灵，祈祷新的一年万事顺利；到河边或者井边，汲取新的一年中第一桶清水，藏语称"曲普"，在取水的地方也要燃起桑烟，表示对河神的感恩。然后，主妇们将取来的新水供奉在自家佛龛前的净水碗内，让神灵最先享用新年里的第一捧水。接下来，主妇们将连夜赶制的新年饮食供奉在佛前，包括"恰普"（新年第一杯酥油茶），"卓玛哲色"（一种用米饭、人参果、酥油混合而成的食物），这些必须盛装在一个白色的瓷碗（被称作"噶余噶桑"，体现藏族传统的白色崇拜）中。

然后，主妇们会将每个家庭成员的茶碗都盛满酥油茶，以示圆满。同时，还会将节庆时才使用的茶具及酒具拿出来使用。其中,最主要的茶具是"叉也叉加",即碗托和碗盖。从它的藏语发音可以看出,这种器具造型来源于汉地,即对汉语茶碗、茶架的藏语音译。此类器具为茶碗的配件,质地有纯银或纯金,上面压印或镂雕大量装饰纹饰,一般重大节庆才会使用。女性使用的茶托和茶盖要小巧、精致一些,上面的装饰一般以花卉为主。男性使用的茶托和茶盖较大一些,上面装饰的纹饰则主要是双龙戏珠或吉祥八宝。除了茶具,精美的酒具也是过年使用最为频繁的一类器具。纯银打造的酒碗,包银或包金的木质酒碗,纯银打制的僧帽壶形制的酒壶,这些既是彰显财富的陈设品,也是人们在新年里盛装或饮用青稞酒的器具。

当然,准备新年的第一餐是主妇们最为主要的任务。"衮丹",一种用青稞酒、碎奶渣、红糖等渣熬制的粥,它代表着藏族传统饮食结构中最为精华的成分,被认为是最具营养的食物。在藏族的传统习惯中,这也是产妇最主要的营养食品。主妇们会将热腾腾的"衮丹"送到家中所有成员的床前。喝过"衮丹"之后,人们开始着盛装了,用华丽的丝绸以及传统氆氇制作的藏服,配上红色的珊瑚、绿色的松石串制作的项链,以及用黄金或银制作并镶嵌有各色宝石的护身佛盒。过去,各地依据各自的穿着习俗来购买或制作节日盛装,到现在,每年过年人们流行的藏服款式也质料各不相同,西藏东部、西藏西部、西藏北部、西藏南部,各地的服饰习俗相互融合,创造出了丰富多彩的拉萨节日盛装。

人们穿戴整齐后,到佛堂或者客厅吃"切玛",相互祝福:"扎西德勒普松措,阿玛帕珠共康桑,典度德哇透巴秀,忒桑达崔叉若若雍哇秀。"这就是每当人们用手捻起五谷斗内的小麦和糌粑时,嘴里所念叨的祝福语,其意思是祈祷新的一年里万事如意、生活富足、身体健康。"扎西德勒"成为人们在新年或者婚庆等重大节庆场合相互祝福时最为常用的一句吉祥话。但是,它并非一种常规的见面问候语,现在许多外地人形成一种误区,甚至在很多不合时宜的场合也滥用"扎西德勒"。

然后,开始正式进餐,饮食包括"卓玛哲色"以及可以作为主食也可以当副食的萝卜炖牛肉。切成圆形的萝卜预示着新一年的完美,牛肉是牧民们提供给藏族人最主要的蛋白质来源。这一天是家人团聚的日子,通常情况下,

除了拿着五谷斗到邻居家祝福新春愉快，一般都待在家里。而且，新年第一天也有许多禁忌，最主要的是不能扫地，不然会将家中的"央"（意为"福运"）一并扫出门外，对家宅、人丁、牲畜产生不利影响。其他的还有不能说不吉利的话，不能打骂孩子。总之，新年第一天只能说吉祥话，做吉祥事。

现在过年，人们会凌晨起床去朝佛。据说，这一天如果能将大昭寺、小昭寺、布达拉宫都转遍的话，其功德胜过人们一年内去朝佛数次的功德。这天大昭寺会在凌晨四点开门迎接来自各地的朝圣者，长长的朝圣队伍顺着八廓街一直延伸到八廓街外。虽然新年的第一天禁止外出，但是孩子们没有那么多的禁忌，他们会三五成群地聚集在院外的某个角落一起玩耍各种游戏。生活在老城区四合院的孩子们是热闹的，男孩们玩纸牌看大小、玩老式钱币看谁能压中他人的钱币、打弹珠。女孩们则在另一角落踢毽子、跳绳、跳皮筋，大一点的女孩则聚在一起讲故事。有时还讲一些鬼故事，活动结束的时候，由于恐惧就满院子喊"妈妈"来接。大人们聚在院子里或者天台上唱歌跳舞，新年第一天就这样在喧闹声中结束。

当然，人们从新年第一天的一大早就在等待一个重要人物的到来，那就是民间说唱艺人——折嘎（详见附录4）。他们都是面戴羊皮面具，或者将面具挂在肩上，手里拿着木棍，挨家挨户地敲门，然后开始表演说唱。内容一般都是祝福家宅平安、赞美主妇美丽、男主人睿智等吉祥唱词。对于"折嘎"的到来，人们招待其好吃好喝，还会另外施舍食物和钱财，因为"折嘎"的到来预示新的一年里福运的到来，人们会非常高兴且热情地接待。

第二天开始，人们就可以自由地串亲访友了，大多数是吃切玛、共进丰盛的午餐、喝酒娱乐。第三天是悬挂经幡的日子，如果没有特殊情况，所有的家庭成员都要盛装出席当天在自家屋顶举行的这个传统仪式，人们这天清晨在屋顶点燃桑烟，吟唱歌颂神灵的祝祷词，用新的经幡更换掉往年使用的旧经幡。然后，大家会在屋顶载歌载舞，用歌声和舞蹈来愉悦萦绕在住家周围的神灵。这一天的仪式是非常重要的，此后的日子没有什么特殊的仪式举行，人们或去亲朋家吃切玛，或去寺院朝佛。

三、立经幡与赛马

经幡，藏族人称为"隆达"，"隆"是风的意思，"达"是马的意思，因此人们也会将其称为"风马旗"。在宅院的四角悬挂经幡，是大多数藏族聚居区共有的习俗。关于经幡的起源有各种说法：一是雍仲苯教时期用模拟化的风马旗祭来代替血祭；二是吐蕃政权时期军户门上立长矛以示荣耀，后演变为经幡；三是藏传佛教噶举派在寺院旗绳上悬挂八色经幡，寓意立幡之人连同财产和运势犹如风马旗一样向上生长，带来好运。后来，这种习俗渐渐流传到整个西藏。

无论何种缘由，藏族人民都会在山顶、神湖边、垭口、古树、巨石、崖壁、屋顶等地方悬挂经幡以增长自身的运势甚至驱病解灾，这是族群的共识。虽然西藏各地都飘扬着五彩经幡，但其形制和色泽却不尽相同。比如，卫藏地区横向悬挂的五色经幡，蓝色的天空，白色的云朵，黄色的土，红色的火，绿色的水；西藏东部地区也是横向悬挂经幡，但以白色质地印着朱红色和褐色经文的经幡为主；林芝的经幡以白色质地黑色经文为主，大都是在山林间竖向悬挂。

无论何种经幡，它们的内容大都相似，均包括藏传佛教经咒和一些装饰纹饰。这些装饰纹饰包括：一匹奔腾的驮着火焰宝珠的马，周围萦绕着象征深刻圆满的大鹏金翅鸟，象征力量的龙，象征稳重的老虎和象征胜利的狮子。经幡上为何使用这些装饰纹饰也有各自的说法。第一，苯教丧葬仪轨认为，灵魂进入天界路途非常艰辛，而马是死者灵魂的坐骑，所以马在经幡中被置于中心方位，并有四尊战神守卫保驾。佛教传入西藏后，为了与本土的宗教——苯教相互融合以获得更多民众的信奉，经幡上的经文慢慢变成了佛经。第二，经幡上的五种动物象征着人类的五大组成部分。其中，鹰（鸟）象征生命力，虎象征身体，龙象征繁荣，马象征灵魂，狮子象征勇武的精神。第三，风马旗五种图案的形成和布局与中原道教阴阳学说有关。

无论何种缘由，风马旗的悬挂在整个西藏均属盛行，以拉萨及近郊村民在自家屋顶悬挂的经幡为例，它是典型的五色经幡。这种悬挂在宅院屋顶的

更新经幡的"脱索"活动

经幡较为特殊，除了在树的枝丫上固定五色经幡，树的主干上还要挂一个大的长方形单色主幡，而这种主幡的颜色要与家中年龄最长的人的五行相合。主幡颜色与五行相对应的顺序为：火对红色，土对黄色，木对绿色，金对白色，水对蓝色。主幡的镶边也非常讲究，主要运用五行相生的原理，即水生木、木生火、火生土、土生金、金生水。比如，主幡用绿色，象征木，而水生木，则镶边要用代表水的蓝色，以此类推。相生，意为互相滋生，促进助长，藏族五行算中称为"母子关系"，即生我者为母，我生者为子。因此，经幡上使用五行相生原理，使家中的长者的生命不断旺盛，从而使全家兴旺发达。这类竖在各家屋顶的特殊五色经幡，每年仅在藏历新年更换一次。依照传统，如果家长的出生时辰与藏历年第三天的时辰不冲突的话，一般都会在第三天将旧幡取下，换上新幡。这一天，家庭成员都会盛装聚集在自家屋顶，燃桑烟、唱颂歌、撒糌粑、喝青稞酒。这时，最热闹的要数住在老城区的人们。在这些四合院的屋顶，院内十几个家庭的家庭成员聚集在屋顶的天台，欢快地唱歌、跳舞、饮酒直到深夜。

　　一般，拉萨近郊的农民在藏历初一和初二都不出门，他们认为这两天出门会将家中的好运与"央"带出门外，对家宅、人丁以及牲畜不利。初三称为"次松达居"，意思是赛马日，人们会带上各类吃食与青稞酒，热闹地聚集在一片较为空旷的空地上观赏赛马和马术表演。每户人家会派出一名骑手，他们头戴红穗的宽檐帽，身穿明黄色海水江牙龙袍料的藏袍，外穿各色马甲、黑色的马靴，身上还斜披着五色哈达制作的绶带，各个英姿飒爽。马匹也是精心装扮过的，马的额头戴着羊毛编的精美额盖，马尾上系着各色丝带，还有精心擦拭过的马鞍，马鞍下是亲手编制的羊毛马垫。骑手们表演的节目大致包括骑马射箭、骑马拾哈达以及正式的集体赛马竞技等。看热闹的人们一边吃着丰盛的食物，一边喝着青稞酒或者酥油茶，兴致勃勃地谈论着赛场上的马匹和骑手，并预测此次赛马的冠军。孩子们站在赛场外围，仔细地观察骑手们的一举一动，期盼着自己快些长大，也可以威风地驰骋在赛场上。妇女们则担忧地关注着赛场的情况，生怕有所闪失。比赛结束了，获胜的骑手得意扬扬地拿着战利品到处炫耀，失败的骑手则被妇女们包围着猛灌青稞酒，在一阵阵的喧闹和歌声中，新年第三天也接近尾声。藏历新年初三之后，拉萨藏历新年就循环反复在亲朋好友之间的相互祝福中了，有条件的家庭会将新年欢度的时间一直延续到藏历元月十五日。

四、旧西藏地方政府官员的新年集会

作为旧地方政权的僧俗官员，也要在藏历正月初一至初三期间聚集在布达拉宫，举行各种新年仪式，既隆重又庄重。

官方新年的第一天，也就是初一，被称为"喇嘛罗萨"，即喇嘛的新年。这天早晨，贵族及噶厦官员们依据地方政府既定的冠服定制，穿戴好各色服饰，骑马来到布达拉宫大门前，等候达赖喇嘛召见。在等候期间，官员们会在此相互寒暄、祝福新年。这天，达赖喇嘛首先在布达拉宫主持宫殿内班丹拉姆神像前供奉朵玛（食子）仪式，以感恩拉萨市及大昭寺的这位保护神对全市民众的护佑，同时也期望在新的一年里一如既往地保佑百姓安康、政事顺遂。

参加此次宗教仪式的还有色拉寺、哲蚌寺、甘丹寺的堪布、经师、大小活佛、寺院负责人等，大家一起举行规模盛大的供奉仪式。仪式结束后，参

加仪式的所有人员和等候在布达拉宫宫门外的俗官们一同在色喜平措大殿内依据各自的职位就座。工作人员会首先端出布达拉宫自制的卓色切玛，祝福所有参加会见的僧俗官员平安幸福。然后，在各自位置的方桌上奉上各类吃食，包括酥油茶、卓玛哲色、玛森、推，以及各类干果。这时，三大寺和上下密院、喜德林、策默林、木如寺、药王山等寺院会依次给达赖喇嘛奉上节日贺礼——次珠日波（一种寺院制作的珍贵药丸，有治愈百病、延年益寿的功效）。俗官们则奉上各种珍贵的宗教用品作为节日礼物。作为特权阶层的殊荣，达赖喇嘛会亲自为他们摸顶赐福。卡尔珠们表演精彩的宫廷乐舞——"卡尔乐舞"（详见附录5），之后由"卓林巴"向大家吟诵具有吉祥祝福寓意的格律诗。至此，官方新年的第一天算是圆满结束。

官方新年的第一天，布达拉宫还要举办一项非常有趣的活动，即"抢卡色"。这些"卡色"被堆放在殿堂一角，布达拉宫厨房的僧人们大约在新年20天前就开始制作了。布达拉宫居住着达赖喇嘛，里面还有历代达赖喇嘛的灵塔，所以人们坚信这里的任何东西都具有福力。为了让民众在新年里感受到福泽，布达拉宫特意准备了大量"卡色"散发给民众。参加新年庆典的官员们也参加"抢卡色"活动，而且先行"抢卡色"，但仅是象征性地拿一点儿。之后，参加"抢卡色"活动的是来到布达拉宫的朝圣民众，与之前不同的是，他们却是真的在疯狂地争抢这些"卡色"，每个人都希望能多抢点带给家中亲人，让他们也一同分享来自布达拉宫的福气，整个争抢场面非常激烈和热闹。

藏历新年的第二天被称为"杰布罗萨"，即国王的节日。这一天，在布达拉宫色喜平措大殿（布达拉宫内最大的措钦大殿）内，达赖喇嘛要宴请中央政府代表、所有僧俗官员和在藏的外邦代表。这些官员和代表们聚集在一起欢度新春，节日境况要比第一天盛大，所提供的膳食也更为丰盛。达赖喇嘛端坐在色喜平措大殿内的高大宝座之上，由布达拉宫朗杰扎仓的领经师与20多名声线很好的僧人一同吟诵祝祷经文。在众僧吟诵间隙，宝饰装赤巴（详见附录6）会向达赖喇嘛及来宾阐释七政宝、八吉祥、八瑞物等的寓意。

之后，来宾们可以依次接受达赖喇嘛的摸顶。当天受到邀请的人员中，噶伦以下一般秘书以上的地方官员都要着甲鲁装（详见附录7），这种装束也是原西藏地方政府时期最具特色的服饰之一。受邀的僧人当中，大喇嘛以下所有僧人均着僧袍，外套有大袛子。这是一种用丝绸制作的袍子，其形制为长袖、对襟、左右开裾，胸前有两条红色丝绸系带，同时还要佩戴"恰珠秋堆"。这一天，卡尔乐师及卡尔珠巴表演卡尔乐舞，雪城的哲布林庄园的民间艺术家们会表演象征天神、龙王、阿修罗、金翅鸟等天龙八部的神舞。庆典上，噶厦新任命的官员也会受到达赖喇嘛的召见，并为他们摸顶赐福，之后这些官员就可以走马上任了。

新年第二天的压轴节目是由日喀则市萨迦县吉定村的差民表演的"强竿踏许"（详见附录8），这是一种杂技表演。这一天，布达拉宫脚下会聚集上万民众和官员来观赏这种惊心动魄的杂耍表演。这里需要特别指出的是，所有噶伦及以下的官员仅在藏历新年的初二可以穿甲鲁装，其他场合则依据自己的身份穿相应的服饰，这是一个传统。噶厦官员按照节庆的规则着装，一般分为重大庆典和一般庆典。藏历新年第二天的聚会以及拉萨大昭寺传召大法会是重大庆典，其他均为一般庆典。"孜恰瑟纳巴"（噶厦政府一种四品官职称谓）无论何种庆典，都要着甲鲁装。噶伦以及匝萨（蒙古官名）、台吉（蒙古官名）等四品以上官员则在不同的庆典穿着不同的服饰。比如，蓝色、黄色的海水江崖纹丝绸藏袍和相应的饰品、蒙古装。从这些服装及装饰可以看出，旧西藏地方官员的服装与民众所着服装有本质的区别。官员及贵族阶层的男士们大多数不事劳作，他们的藏袍都是到脚跟的丝绸或者毛料的长袍。一般民众需要从事农业或者牧业劳作，所以男士的袍子虽然也是长款，但是在穿着的时候都是提起来固定在膝盖以上的。

藏历新年初三被称为"椎顿"，表示这一天是新年结束的一天。这天，在布达拉宫顶上工作的所有僧人在既定的早茶过后，要到吉祥天母殿举行隆重的供奉护法神仪式。在雪城工作的俗官官员们则到哲蚌寺附近的乃琼寺做供奉乃琼护法神仪式。下午，所有僧俗官员都在布达拉宫后面的宗角禄康公园集会赴宴，卡尔珠表演卡尔乐舞，弓箭手表演射箭。所有活动结束之后，布达拉宫的"拉恰列空"（管理布达拉宫各个宫殿库房的单位）会依据所有参与活动人员的表现情况来敬献哈达，新年第三天的官方庆典到这里就算完满落幕。

此外，藏历初三这一天还有一些重要事情需要政府官员完成。第一件就是将四根大经柱放倒，并将更换好新经幡和经旗的四个大经柱重新立起来。这一天早上，噶厦政府会派出两名工作人员前去布达拉宫汇报八廓街甘丹大经柱等竖立的准备工作，并请达赖喇嘛或摄政王赐予加持过的哈达。然后，负责竖立经柱事宜的官员会召集八廓街内的"热杰巴"（为地方政府服差役的乞丐）准备立经柱事宜。所谓"热杰巴"是指游离在八廓街上的乞丐帮，他们为地方政府所服的差役，就是专门负责管理八廓街上的四根大经柱。在噶厦官员的指挥下，在围观群众的欢呼声中，热杰巴们徒手将长达数十米长，并结有五色经幡及经旗的大经柱合力立起来，并固定好。达赖喇嘛或者摄政王加持过的哈达就飘扬在经柱最顶端，经柱立起，人们默默祈祷万事合宜、生灵福泽、众生安乐。

八廓街上的这四个著名的大经柱都有自己的名称和来历。这些经柱不仅是人们顶礼膜拜的圣物，同时也是拉萨八廓街各处的地标。比如，大昭寺西门外的大经柱称为"曲亚塔钦"，据说是公元17世纪时，为纪念固始汗率兵击败并活捉波日王，第司·索朗绕登主持竖立了这个经柱。位于八廓街东南面的这根大经柱，被称为"夏加里"。传说，1409年，宗喀巴大师在拉萨创办了传召大法会，在八廓街上竖起了十五面经旗，并将手中的木杖插在此处。后来，人们为了纪念此事，在这里竖起了一个大经柱，并将他的手杖也一起包裹了起来。五世达赖喇嘛执政时期，拉达克人入侵阿里，蒙古将领甘丹次旺带领蒙藏联军击退了入侵者。为纪念此次战役，同时也为了表示对蒙古将领的敬佩，人们将他使用过的一支长矛装进一个大木杆，立在了这里，这就是八廓街东北角立着的"甘丹塔钦"。"格桑塔钦"是大昭寺讲经场（松曲惹）南侧的一个大经柱，经七世达赖喇嘛亲手加持，是非常神圣的一个经柱。

初三需要完成的另一件事情是，政府官员要与哲蚌寺的正副措钦协俄（铁棒喇嘛）就拉萨传召大法会的准备情况进行深入会谈。当天下午，在大昭寺院内，哲蚌正措钦协俄给所有工作人员宣读五世达赖喇嘛时期制定的大法会期间的规章制度，并再一次确认法会的准备情况，到此，拉萨市区内的官方新年就算告一段落。

为经柱更新经幡和经旗

五、尼木新年

尼木，藏语意为"稻穗"，可见这里早期是西藏农作物较为丰裕的地方。尼木在元朝时期被译为"聂摩"，明朝又译作"聂母"，到了清朝时期的文献中又写作"尼莫""尼穆""尼木""尼冒"等。西藏民主改革前，尼木境内分为尼木宗和麻江宗，1959年二宗合并建立尼木县，隶属拉萨市管辖至今。

尼木县地处西藏自治区中南部、雅鲁藏布江中游北岸，距拉萨市147千米，它是拉萨市与日喀则市的交界处。尼木县的西部与日喀则市南木林县相邻，东部则与曲水县相接，南部与日喀则市仁布县以及山南市浪卡子县相连，北与当雄县接壤。尼木县是个传统手工艺技术的盛产地，这里是西藏三项著名的非物质文化遗产保护地，包括藏纸、藏香以及雕刻。

其中，藏纸用当地产的狼毒草捣烂制作，具有防虫蛀、无酸性、坚韧等特性，主要产于尼木县的塔荣镇雪拉村。据说，这里制作纸张的传统起源于公元7世纪，当时所创制的藏文就书写在这里生产的纸张上。后期，由于佛教传入，大量佛经典籍的抄录、翻译对于藏纸的需求量剧增，藏纸的制作工艺在当地也就随之更加普及。现在，各寺院、宫殿、博物馆所收藏的早期藏文文献典籍都是书写在西藏各地生产的藏纸上的，其中也不乏尼木县产的藏纸。现代工业生产的纸张，无论是品质还是产量都极大地满足了现代社会的需要，藏纸的制作工艺仅作为一项传统的文化遗产进行了保留。当今，旅游业的发展让藏纸又找到了新的用武之地——制作各种旅游纪念品，包括笔记本、明信片、灯笼等，备受游客的欢迎，同时也让它受到了广泛的关注。

尼木县的第二绝则是普松乡久负盛名的雕刻工艺，这里的人们世代传承着这项手工技术。工匠们用一柄小小的刻刀将人们日常生活中所使用的家具装饰得如诗如画，而且他们雕刻的经幡模板无人能及，可以说，西藏的山谷、河流、垭口飘扬的五色经幡大多数印自他们的刻印板。当然，西藏的各大寺院内收藏的早期雕刻经板也有部分是产自尼木县境内的普松乡。

吞巴乡的藏香是尼木县的第三绝，这里的人们利用天然的水力资源，将截成段的松木打浆，然后混合各种植物药草制作成长条状的香料。这个有着

一千多年历史的藏香制作工艺是人们引以为豪的非物质文化遗产，制作出来的藏香制品不但是供奉佛和菩萨的必备品，同时也是人们在日常生活中用来香薰理疗的佳品。这些在藏区久负盛名的手工制作技艺，使得尼木县在拉萨的地位也显得尤为重要。

当然，作为西藏历史上卫藏两地的分界线，尼木县境内各乡、镇以及所辖村庄所遵循的新年习俗也存在着一些有趣的差异。比如，该县的聂玉村和普巴村在藏历十一月一日过新年，在整个西藏，还有阿里地区和山南市的一些村寨也将这一天作为年头。塔荣村、吞巴村、麻江乡等是与日喀则市一同在藏历的十二月一日过新年，其他各村则与拉萨市相同，是在藏历的元月一日过新年。

（一）朵拉罗萨[1]

朵拉罗萨，这是尼木县尼木乡聂玉村110户村民所过的藏历新年。老人们说，"聂玉"这个地名是基于一个传说故事：莲花生大师在藏区传佛路经此地时，找到了他丢失的一只羊，故将此地定名为"聂玉"，即找到羊的地方。另一个说法则认为，这里最初是人们朝圣的地方，故名"聂玉"，意为朝圣之地。这里的人们在藏历十一月一日过新年，比拉萨、日喀则都早，临近的乡民都取笑他们是因为太饿所以等不到过年就开吃了。在藏语中，"朵拉"意为"易饿、口馋"，所以取名为"朵拉罗萨"。为了与其他人一同庆祝节日，这里的人们曾停止过朵拉罗萨，结果当年农业歉收。所以，人们为了避免此类事情再次发生，就恢复了在十一月过朵拉罗萨的传统。

1. 朵拉罗萨的起源

老人们对于本地在十一月一日开始过年有两种说法。第一种说法认为，聂玉所在之地早年是个鬼魅出没的地方，为了镇压这些肆虐的鬼魅，需要在十一月一日这个特定的日子全民性地进行驱鬼以及欢聚来镇压鬼魅，所以，十一月一日开始过新年成为一个传统并继承下来。第二种说法是，由于在旧

---

[1] 这一部分民俗事项由课题组实地采访获得，采访对象为尼木县尼木乡聂玉村村民：洛桑次仁，64岁；强巴，69岁；卫巴顿珠，69岁。采访时间：2015年4月13日。

西藏支服差役，人们提前在十一月过新年。据说，聂玉所在之地为结吉寺的属地，每年冬季到来之际，聂玉村的村民需要到寺院服差役，主要任务是从山上砍下大量的荆棘作为寺院过冬的燃料。为了在辛苦的劳作之前与家人享受天伦之乐，人们在服役之前就开始过新年了。

鬼魅之说过于玄幻，而差役之说也不足为信，因为距离聂玉村不远的蚌刚村也是在藏历十一月过新年，而他们则没有必要服这些差役。我们认为，聂玉村及蚌刚村在藏历十一月过新年应该是沿袭了吐蕃时期藏历纪年的缘故。公元7世纪，吐蕃赞普松赞干布在建立统一的政权之后，为了给王朝一个稳定的发展环境，同时也为了吸收周边国家和民族先进的文化技术，先后迎娶了尼泊尔的赤尊公主和唐朝的文成公主。尤其是文成公主，她在进藏之时带来了唐朝的五行历算之术，这对西藏本土的历算和纪年起到了积极的促进作用。在此基础上，吐蕃政权形成了新的纪年传统，即将每年藏历的十一月一日作为岁首，并进行盛大的庆典活动。由此可见，十一月一日过藏历新年是聂玉村以及其他在此特定时间过新年的地区对于吐蕃时期岁首制定的一种继承和延续。

2.过新年

十月二十九日是聂玉村传统的驱鬼日，这天一早人们就开始了忙碌的准备工作。妇女们下午开始了"古吐"的制作，与拉萨人过年吃的"古吐"相似，也要放九种食材熬制，只是没有面疙瘩。当"古吐"准备妥当之后，会在大门口垒三个石头堆，每个石堆是用三个石头叠加在一起形成的，一共九块石头，但它们并没有特定的要求。

人们在驱鬼之前，要将"古吐"的第一碗拿到大门口，泼向门口的石堆，并在泼向每一个石堆时嘴里叨念着："请爷爷享用，请奶奶享用，请猫咪享用。"我们认为，他们嘴里念叨的前两句应该是向祖先敬献膳食，而后一句则毫无头绪，或者是向所有的牲畜表示敬意。之后，人们还要将"古吐"洒向大门，应该是祈愿门庭内的所有生灵饮食无忧吧！

敬献"古吐"之后，开始了正式的驱鬼仪式。首先，要确定家中所有的成员及牲畜都在自己家中。人们将茶渣、包酥油的牛皮、一些钱币、缺口的碗放在一个破陶罐中，同时在陶罐的两个耳上分别放置山羊及绵羊的羊角。

藏历新年中的驱鬼仪式

然后，主妇将用水和的糌粑坨分别发给每个家庭成员，成员们则会将这个糌粑坨从头到脚在身上轻轻触碰一下，嘴里念叨着驱鬼用语："希望身体无恙，心理健康，十二生肖都无灾祸，请将所有的不幸带走！"说完，会扯下衣袍底部的线头捏在糌粑坨中，并用手明显地印出五个指印，然后扔到盛放"率"的破瓦罐中。除了家中的成员，所有的家畜也要参与到驱鬼仪式中。如果家中有羊、牛、驴等牲畜，无论有多少头牲畜，只会拔其中每类的一只牲畜上的毛。人们将家中所有牲畜的毛发，按类分别捏进一个糌粑坨，然后将这些分类的糌粑坨放进装"率"的陶罐中，等所有的人及牲畜的糌粑坨放入陶罐后，一个人拿着陶罐走在前头，一个人跟在后头，手里拿着点燃的用牛毛捏成的线捆扎的麦秆高喊："出去，出去，魔鬼都出去！"然后，将这些代表灾祸与疾病的"率"扔到三岔路口，之后迅速返回自己的家中。如果半路碰上其他人送"率"，会认为不吉。据老人们讲，村子里的住户送"率"的地方并不固定，而且村子的周围三岔路口非常多，所以很少会有碰头的情况。送完"率"回到家中，所有的成员才会聚集在一起开始吃"古吐"，"古吐"当中也会放着有各种寓意的面团，这与拉萨新年"古吐"的内容一致。人们

会祝贺拿到寓意良好面团的成员，对于拿到寓意不好的成员则会进行惩罚，惩罚的方式也特别有趣：这个人必须背对着柱子站好，然后向前弯腰，双手从胯下伸出并抓住柱子，然后用头轻轻撞击木柱。对于吃的半饱的人来说，这的确称得上是高难度动作。

十月三十日是最为忙碌的一天。一大早，人们就开始为自家的门楣和窗檐更换新的"相布"，然后，开始装点家中墙壁。他们用小麦面点出各种形状的装饰纹饰，最常见的有长城、雍仲等。作为人们饮食的主要制作区域，厨房更加需要着重修饰，尤其是厨房里的灶台，必须精心点缀出雍仲、蝎子、五谷斗等装饰纹饰。由于长时间地焚烧牛粪，烟雾将整个厨房熏得黝黑，因此用白色的小麦面装点之后，厨房显得更加明快。家中的主妇将酥油捏成小块，将其点缀在厨房中所有的厨具上，包括水缸、酒缸、茶罐、水桶等。此外，人们还需要准备新年第一天在灶台焚烧的第一捧薪柴，在这里集合了牛粪、干荨麻以及当地产的各种灌木及荆棘类。对于这些植物的选择有其自身的寓意，这些植物的藏语发音与人们所期许的愿望谐音。比如，"荨麻"在藏语中发音为"萨布"，其音与吃相似，人们希望在灶台中燃烧荨麻，可以让家宅中的人畜在吃食上无忧；"色荆"，是一种当地产的开黄色花卉的荆棘，其藏语发音与"黄金"相似，故寓意新的一年里主家金银满屋；"吉杂"，亦是一种当地产的灌木，其音与"幸福"谐音，希望人们能幸福安康。这里的人们在三十晚上也要制作"切玛盒"，即五谷斗，并摆放"德卡"供品。早期，在没有出现连体的木斗之前，人们都是将炒过的小麦和糌粑分别放在碟子中，并插上各色的干青稞、小麦的穗作为祈祷祝福的五谷斗。用酥油在羊的额头点白，并用酥油将羊的眼睛、鼻孔、口等塞满，作为一类祭祀品，希望在新的一年里六畜兴旺。这里所摆放的羊头最好是纯白色的，如果没有则选面腮两侧为黄色的羊头。"德卡"是所有祭品中最重要的，在条件艰苦的年代，人们仅仅摆放自家制作的麻花状的"卡色"，一般交叉摆放十五根，然后是盐、茶、酥油。现在，人们的生活条件改善了，新年的供品也更加丰富了，罐装牛奶、各色糖果、水果等等都开始摆上了新年的供桌。

大年初一最主要的工作是汲取新年里的第一桶水。人们等待着公鸡的第一声鸣叫，年轻人穿上新装，将挂着哈达或白色成条状羊毛的水桶背上，手提各种供品以及桑叶来到河边或者泉眼边。首先，要燃起桑烟以愉悦河神，并摆放一些简单的食物，如卡色、糖果、奶渣等作为祭品，然后一瓢一瓢地将水桶灌满。如果发现自己是第一个燃放桑烟取水的人，则会高兴地念叨着"我是取到第一桶水的人"往家中走。这时，主妇们已经开始着手准备新年的第一餐了。当火苗燃起，主妇们开始制作"羌衮"，这是一种用青稞酒和碎奶渣熬制的粥，拉萨市区的人们称为"衮丹"，叫法不同，实则为同一种食物。当所有的人都起床后，第一件事就是去佛堂吃"切玛"，并相互祝福新年快乐。然后，大家一起坐在客厅开始享用茶水和新年的第一餐"羌衮"。这一天的饮食中，最具特色的要数全羊宴，人们将羊肉、羊肋骨、羊心、羊肠等等各类食品，按类放置在木质的方盒内，作为新年第一天最主要的膳食。新年第一天严格规定不能出门，家中的所有成员都会聚在家中打骰子或者喝酒聊天，所以饮食也格外丰盛。这里的习俗是，每餐之后都要敬一壶青稞酒，一般使用牛角制作的酒壶。虽然这里的人们在初一绝不出门，但是外村的亲友却会前来拜贺，因为他们的新年还没有到来，所以这一天，外村的人常来聂玉村做客。

从初二开始，人们相互串门祝福新年。初三也是个重要的日子，如果在藏历中记录是个吉日的话，人们会举行请神仪式。这天，每户必须派出一人，大家一起前往附近的山上请班丹拉姆，最后到寺院门口。等一切事宜都做完之后，人们就会回来并聚在一起打骰子，晚上一起开篝火晚会直至天明。这里的新年一般要延续六至七天，再往后就到"聂巴古宗"了，这是一个宗教性节日。人们认为这一天是家宅运势最旺盛的时候，如果家中有客人是不允许回去的，也不会借东西给外人。这一天也会有一些滑头的人去别人家借东西，如果侥幸借到，则会兴奋地期待着自家运势的高升。直至现在，这里的人们依然延续着十一月一日过新年的习俗，为了一些美好的期许，人们认真地进行着驱鬼仪式、在适当的时间悬挂经幡等，只是朵拉罗萨的名头太难听，所以他们现在也称其为"索朗罗萨"。

（二）索朗罗萨[1]

除了朵拉罗萨，尼木县的大部分人遵循日喀则市的新年习俗。在每年十二月一日，人们迎来了"索朗罗萨"。尼木县地处河谷地段，这里有着自身的小气候。为了适应这里的种植时机，人们在藏历的十二月开始欢度新年，之后就开始迎接一年的辛勤劳作，这个传统一直延续到现在。十一月二十九日是传统的驱鬼日，与朵拉新年的驱鬼仪式基本相同。人们依然是将制作出来的第一碗"古吐"敬献给放在门外的三堆石堆，但所念的唱词有所差异："请爷爷享用，请奶奶享用，请徒弟享用。"这里的唱词除了祭祀祖先，还念念不忘对后继者表示敬意。之后，扔出盛装所有不吉的瓦罐到三岔口，合家享用美味的"古吐"。十一月三十日依然是为迎接新年做着各项准备，之后的新年流程与朵拉新年基本一致。

居住在吞巴乡的人们则在藏历元月一日过新年，虽然与拉萨市民所过的"杰布罗萨"在同一天，但是这里的人们将其称为"索朗罗萨"。过年的习俗也与尼木县其他乡村的基本一致，十二月二十九日是驱鬼日，"古吐"的制作与其他地方没有差别，只是这里的人们将"古吐"的第一碗敬献给门口的三个石堆时，祭祀的不仅仅是先祖还有对未来的子嗣寄予期望。这里四处种植着桃树以及核桃树，人们还会将"古吐"敬献给房屋周边的这些树木。在藏族人的传统习惯中认为，桃树下住着代表龙的"鲁"，这种祭祀习惯表达了人们对水神的一种敬意。毕竟，这里的人们赖以生存的藏香制作是依靠自然的水力来完成的。此后，便是驱鬼仪式。十二月三十日制作自家屋顶悬挂的经幡，装饰房屋，摆放供品。初一，还要焚香汲水等等。这里的人们会在新年的第一天，相互敬献切玛作为祝福。

到此，尼木县境内的所有藏历新年也如约结束，整个拉萨市的政府官员、市民、所辖县镇农民们，抑或是慕名前来朝圣的信徒，从新年的喜悦中慢慢沉静下来，用一颗颗虔诚的心期盼传召大法会的开幕。

---

[1] 这部分的民俗事项由课题组实地采访获得，采访对象：拉萨市尼木县达荣镇雪拉村老人桑旦；年龄：78岁；采访时间：2015年4月15日。

传召大法会

传召大法会是西藏春季极为隆重而又相当重要的一个宗教节日，它也被称为"拉萨祈愿大法会"，一般于藏历正月初三或初四至二十五日举行。它是古印度神变节发展变化的延续，也是对释迦牟尼的一种纪念。据说，在藏历正月初一至十五日，佛祖释迦牟尼佛在天竺门隅城与外道六位大师佐奇、那拉之子、杨塔杰瓦金、米旁宅拉瓦金、嘎达之子诺金、吉普瓦念之子斗法，并比赛神变，在第八天击败了六个外道师，取得胜利。所以，元月一日至八日被称为"有竞争的神变"，八日至十五日被称为"无竞争的神变"。为纪念此事，在举行神变的门隅城修建神变佛塔，并于次年开始了一年一度的纪念神变节。据说，这一节日在古印度曾一度非常盛行。

一、传召大法会的缘起与发展

佛教随着吐蕃政权历代藏王的开放政策传入西藏，并与本土宗教和民间习俗相互融合，逐渐形成了独具民族地域特色的藏传佛教。由于所遵循教义和传承制度的差异，藏传佛教内部也形成了各个宗教派别，其中格鲁教派是于 15 世纪开始形成的一支在西藏影响最为深远的藏传佛教派别。该派的创始人宗喀巴于藏历土鼠年（1408）动员乃东·扎巴坚赞和柳·朗喀桑布对拉萨大昭寺的建筑、壁画、佛像等进行了全面维修。

大昭寺修建于公元 7 世纪，吐蕃赞普朗达玛于公元 9 世纪灭佛，致使西藏的佛教寺院受到了极大冲击。由此，著名的大昭寺也不免沦为乞丐们聚集的场所，他们在那里烧火做饭，垃圾遍地。为了重新塑造佛教圣地的形象，也为了让人们再次燃起对佛教的崇信，宗喀巴大师决定募捐资金来修缮大昭寺。他用募集的资金为大昭寺庭院和转经廊铺设石板，在天井里重新安装了十二根柱子，对寺内壁画进行了修补。次年即藏历土牛年（1409）维修工程竣工，为祝贺这一盛事，同时也为让佛教再次受到广大民众的尊崇，扩大格

鲁教派的影响力，宗喀巴给大昭寺主供佛释迦牟尼像敬献纯金打造的佛冠，给其他佛像敬献崭新的服装及装饰物，为僧众募捐、布施，由此创办了从藏历正月初一至十五日的大型祈愿法会。

当时的法会得以进行，主要集合了藏传佛教各个教派的力量，由此可见宗喀巴大师的号召力。法会由宗喀巴大师主持，云集了哲蚌寺、色拉寺和拉萨附近藏传佛教各个教派的僧人，仅僧众人数就有10000多，再加上普通信众，法会场面可谓盛况空前。在这次法会中，宗喀巴大师每日都讲授"佛本生经"，目的是通过佛祖的生平故事，用平实的语言、生动的故事让信众领悟佛学的精要和可贵。祈愿大法会以讲经说法的形式传播佛教教义，为众生祈福。由于地处偏僻和交通不便，甘丹寺最初不参加祈愿大法会，直到18世纪七世达赖喇嘛格桑嘉措下令甘丹寺也必须参加大昭寺举行的大法会时才参加。祈愿大法会的举行，取得圆满成功，在当时宗教界和社会中产生了巨大影响。也正是因为如此，之后的祈愿法会就变得日益隆重，规模也越来越大，法会会期的时间延续也越来越长。除了三大寺的僧人，凡是信仰藏传佛教的寺院都在每年藏历正月初一至十五日派人聚集在大昭寺参加法会。

藏历第八饶迥土马年（1498），当时执政的仁蚌巴为了抗衡帕竹政权，同时也为了打压日益壮大的格鲁派势力，联合噶玛噶举派黑帽、红帽两大派系进行针对格鲁教派的各种活动。其中之一，就是禁止色拉寺和哲蚌寺的僧人参加一年一度的传召大法会，此后近二十年，大昭寺祈愿大法会由萨迦派和噶举派轮流主持，这使得格鲁派的影响力受到了沉重的打击。

藏历第九饶迥火牛年（1517），格鲁派大喇嘛根敦嘉措向当时执掌政权的帕竹德巴·阿旺扎西扎巴提出请求，允许色拉寺和哲蚌寺的僧众参加大法会，并在哲蚌寺向色拉寺及哲蚌寺的1500名僧众讲了"三十四本生传"。请求得到帕竹德巴·阿旺扎西扎巴的肯定，藏历火虎年（1518）恢复哲蚌寺和色拉寺僧人参加传召大法会的传统。自此，根敦嘉措每年都主持法会并讲经布道，还制定了几条新纪律。这位格鲁教派的高僧根敦嘉措后来被追认为第二世达赖喇嘛，他在哲蚌寺修建的甘丹颇章成为格鲁派执政后的政权核心。

藏历第十饶迥水牛年（1613）起，格鲁教第四世班禅喇嘛洛桑确吉坚赞做了6年拉萨传召大法会的首席，开创了法会期间的法相宣誓，以及就五部大论进行辩经,有根据辩经者的成绩排序予以表彰的规矩。到了藏历第十一饶迥水马年(1643),传召大法会发生了巨大变化,法会的时间由原来的藏历正月初一至十五日改为正月初三至二十五日。五世达赖喇嘛阿旺·罗桑嘉措授予哲蚌寺的两名措钦协俄(负责寺院戒律的僧人,一般手持一柄巨大的铁棒,也称"铁棒喇嘛")很大权力,即管理法会期间拉萨市区的治安,以确保法会正常进行。管理区域的范围,大致包括大转经路东、南、北及西密宗事部三怙主殿至南北大转经路以内的拉萨城区;管理权力期限,从藏历正月初四至二十四日的会期,为期21天。规定每年藏历正月初四举行法会入席仪式,提前对各寺院的僧众座位做了明确安排。二十四日由哲蚌寺昂巴扎仓和布达拉宫朗杰扎仓的僧人进行传召驱鬼活动,二十五日早晨太阳刚照山头时,迎请强巴佛来宣告法会结束。因此,西藏民间有"迎请强巴佛,传召粥供结束"的说法。在藏历木兔年(1675)还颁布了《参加拉萨神变大法会的僧众法规》,规范了活动期间的各项事宜。

由哲蚌寺主持大昭寺祈愿大法会是历来的传统,其缘由有两种说法。第一种说法是,五世达赖喇嘛在执政时期,曾试探性地说他要改信宁玛派,当时主持哲蚌寺的格西扎果·热江巴表示,无论五世达赖喇嘛信奉何种教派,哲蚌寺都只信仰格鲁教派。因为他对格鲁派的坚定信念,哲蚌寺获得了特殊声誉和权力。也正是因为如此,大昭寺传召大法会就由哲蚌寺主持。第二种说法是,宗喀巴、建造色拉寺的弟子强钦曲杰·释迦益西、建造哲蚌寺的弟子江央曲杰三人抓阄分经书,结果,宗喀巴大师抓到了经书,释迦益西抓到经夹板,江央曲杰分到捆经书的皮绳。当时,宗喀巴就说道:"将来,甘丹寺的僧人学经学的好,色拉寺的僧人会比较倔强,哲蚌寺的僧人会成为总管各寺戒律的执法者。"因此,按照宗喀巴大师的预言,由哲蚌寺负责法会期间僧人的戒律,而且由哲蚌寺的铁棒喇嘛负责法会期间拉萨市内的治安。

二、传召大法会的基本流程

以民主改革前传召法会的活动程序来看,在藏历的元月三日,所有参加法会的僧人开始在大昭寺附近聚集。三大寺的僧人们入住八廓街的各个居民大院内,这些院落本来就是各个寺院的财产,平时出租给平民,大法会期间

就得空出来给僧人们居住。

首先,哲蚌寺的正副铁棒喇嘛和"恰当巴"们一同到布达拉宫朝拜达赖喇嘛,听候训示。然后,铁棒喇嘛与工作人员的马队来到大昭寺和小昭寺朝拜释迦牟尼佛。之后,在大昭寺释迦牟尼佛殿楼上的美如扎仓用斋饭,再前往朗孜夏市政厅,从市长手上接过代表执法之权的印鉴。在这21天之内,铁棒喇嘛全权负责法会期间拉萨市区的司法和行政事宜,市长则赋闲在家,直至法会结束。铁棒喇嘛给其下属"恰当巴",以及"恰当巴"的下属"结绕"(担任结绕一职的是寺院里专司劳作和护卫,不读经书的青壮年)布置安保任务。他们统一着红色氆氇的僧袍,外套着金丝缎坎肩,僧袍和坎肩内均垫有棉絮等物,外面再裹上红色氆氇的袈裟,彰显威严。

接管拉萨市政的当天,铁棒喇嘛会带领随从对八廓街进行常规巡视,对法会期间提供饮食的灶台以及水井施咒,发出号令,让灶神和水井神在法会期间正常运作。铁棒喇嘛及其随从们都一样手持一柄沉重的大铁棒,所到之处必先用铁棒重重地敲击地面,参与法会的僧人和观摩民众无不为之胆战。为了让广大僧众有一个安静、祥和的修习环境,法会期间八廓街内会有许多禁忌,比如:禁止在八廓街骑马、销售烟酒、饮酒吸烟、玩牌掷骰子;禁止女子戴头饰、男子佩刀,不允许僧俗各众穿着与自己地位不符的装束;法会期间在八廓街各院落从事佛事、饲马、养花、扫雪、淘粪等生计的人必须到铁棒喇嘛在兴热院内设的办公室办理许可证并交纳少许费用。这些事务都由铁棒喇嘛手下的工作人员来监督,如果发现有违规行为,则可实行惩罚。惩罚的形式各异,罚款、体罚、支差等。此外,如果发生铁棒喇嘛应付不了的刑事案件,则将涉案人交由布达拉宫脚下的雪巴列空管理,那里有地方政府的法院及监狱,他们会负责处理善后。

为了给参加大法会的上万名僧人提供饮食,僧人们要在法会开始的前一个月就在大昭寺南面的兴热院内搭好临时使用的巨型灶台。灶台上面放置几个巨型的"措辍"(意指一种用生铁铸造的大锅)。据说,这些铁锅是从印度以零部件的形式进口,到拉萨后再组装在一起。笔者虽然没有见过大昭寺临时搭建的铁锅,但实地调查过色拉寺荣康当中的铁锅,最大的一个口径有266厘米,由九片零部件组成并且各部分用生铁的铆钉铆在一起,没有任何焊接的痕迹。

大锅内侧靠锅沿有一圈铭文，上面记载的是大锅制作的时间以及出资定制人的姓名等信息。色拉寺号称有5500名僧人，大昭寺祈愿大法会期间会云集数万名僧众，由此我们可以推测，这里架设的铁锅是多大的一种尺寸了。

  在这里工作的人员，有负责薪柴的"祥布辛涅"，手里拿着一个巨大的吹火筒，当灶口内只冒烟不着火时，他会一边大声地念咒一边大力地向灶内吹火，然后看着火苗蹿出来；有负责供水的"恰达玛"，她们是20多名年轻的背水姑娘，负责将大昭寺北面"丁戈曲米"的水背到兴热院内的大灶旁；还有数名负责为僧人们递送漱口水的"恰日"。藏传佛教僧人在诵经之前，为表洁净，需要漱口，漱口水就放在他们随身佩带的"恰鲁"之中。"恰鲁"是藏传佛教中受过沙弥戒的僧人在重大仪式上佩带的一种装漱口水的瓶子，一般用银子或者红铜打制。后期在瓶子的外面包裹一层丝绸作为装饰。当然，还有各寺院的陀陀僧人，他们只负责给自己寺院的僧人运送饮食，大多是各个寺院年轻力壮且不事经书的僧人。

  人事安排妥当之后，就等着迎接大法会了。元月四日清晨，僧人们先要进行迎请护法神的仪式，使用包括100名手持弯刀的男子、100名着云肩飘带的女子、100名手持禅杖的僧人、100名手握金刚橛的咒师的仪仗。整个仪仗队在副恰达玛和庭院第巴的引领下，从大昭寺出发，来到"旧木如"迎请贡布护法神。从各地云集到拉萨的僧人们在大昭寺内外开始了法会的入席仪式，具体位置及各寺院僧人出入大昭寺的地方都是有规定的。拉萨三大寺的僧人有各自的位置，其他地区来的僧人则大多聚集在大昭寺正大门外的青石板上。哲蚌寺的僧人坐大昭寺的羌木热及其上下层院落的空地上（这是法会期间最好的位置），他们也是唯一有权从大昭寺正门进出大昭寺的一支僧人队伍。色拉寺和甘丹寺的僧人都集中坐在兴热院及院落周围，但是进出大昭寺的门却各不相同：色拉寺僧人必须从大昭寺后门进出，它位于旧木如寺的大门右边；甘丹寺僧人则从位于兴热院的大昭寺南门进出。法会入席仪式上，铁棒喇嘛会再次宣读五世达赖喇嘛制定的法会活动议程以及法会期间的规章制度。之后，开始在大昭寺正门口的公主柳旁边表演卡尔乐舞，这是民众近距离欣赏西藏宫廷乐舞的契机。

  五日早上6点前，哲蚌寺的一名伙夫会从大昭寺东面的"桑根康"屋顶

发出早会的号令。紧接着，全体僧人按席入座，传召大法会正式开始。在大法会的21天中，每天要进行六场经会。早会称为"晓佐芒恰"，是僧众集体举行的诵经祈祷活动，主要念诵《入中论》《现关庄严论》《救度母赞》《博伽梵礼赞第三章》和《八大祈愿经》等经文，时间大约持续两个小时。早会期间会统一提供食物和茶水，因此也被称作"湿念经"。早会后，在大昭寺南侧的"松曲热"举行格西考试的辩论会。辩论会由甘丹赤巴主持，三大寺的活佛和堪布们都要参加。午会叫作"贡则芒恰"，也要持续两个小时，提供饮食和茶水。之后在大昭寺内的"金戈大院"进行辩论，亦由甘丹赤巴主持，有时达赖喇嘛也会参加。晚祈祷会也是两个小时，叫作"广甲措"，在黄昏举行，同样提供饮食及茶水。天黑时分，还要举行一场辩论会，叫作"唐加"，参加辩论会的都是参加本次拉让巴格西考试的考僧。这是一场层次较高的经学考试和辩论，所有僧众均可自愿参加观摩。八日至十五日参加辩经的学僧，学习最为刻苦，造诣也较深。他们是法会期间拉让巴格西学位最有力的争夺者，无论在本寺还是其他寺院都有一定声望。

三、传召大法会诵经以外的活动

早在法会开始前五六个月，各寺参加大昭寺格西学位考试的学僧们就在罗布林卡达赖喇嘛的经师、各寺院的住持、卸任的堪布面前进行了初试，并且在初试过程中已经基本确定了拉让巴格西的名次。

（一）格西学位考试

能在大昭寺举行传召大法会时参加格西考试的学僧，大多是各寺院中的佼佼者。考试内容以五部大论为主，考试方式主要是"立宗答辩"，即先由新拉让巴格西们立宗，然后问难答辩。

这种以问答辩论的形式来阐述、宣传、创立教义思想的方式，源于古印度婆罗门教，之后被各个佛教派系继承并发扬光大。所谓"立宗答辩"，通常以某部重要佛教经典为根本依据，然后阐述某种佛教义理，并回答或批判由此而引出的各种问题和诘难。每位格西学位承报者必须在一天之内立宗三次，内容各异，早上从因明部中立宗，中午从般若部和中观部中立宗，晚上从俱舍部和戒律部中立宗。

立宗后要接受三大寺全体高僧的问难，问难者可任意从《甘珠尔》和《丹珠尔》藏文大藏经中提出疑难问题。应考者要应对自如、对答如流，而且要引经据典、言之有据，同时所答观点均要符合格鲁派的教义精神。这种答辩难度很大，每天问难者均在30人以上。在早、中、晚三次立宗答辩中，难度最大的是晚上，因为白天不能来参加问难的密院高僧、甘丹寺的两位法主以及三大寺的堪布到了晚上都要来参加问难。

在参加大昭寺格西考试期间，考取格西学位的各位考僧为了获得该寺院僧众的认可，大都自己出资或找施主给各自所在扎仓的僧众布施"格西明达"。这是一种用酥油、各色干果、红糖、米混合制造的寺院专享的食品，后期传入民间，节庆的时候也会制作。考试期间，大昭寺南侧的"松曲热"会设立考场，考场上方搭建的凉棚内端坐着各位主考官：法台的中央为甘丹赤巴，左右为色拉寺、哲蚌寺、甘丹寺的活佛和堪布。其他参与考核和观摩的还有达赖喇嘛的侍读堪布、噶厦政府的僧俗官员、各寺院的堪布和管理学经事务的雄来巴、各教派听经僧人和群众等。有时，达赖喇嘛本人也会亲临考场，那时整个考试场面会显得既肃穆又热闹，考僧们也会更加紧张卖力。

法会持续十几天，在16位应考者全部立宗答辩结束时，由主考堪布根据各人立宗答辩水平高低列出名次。一般只列第一名至第七名，第一名为格西拉让巴，第二名为格西措让巴，第三名为格西林赛，第四名为格西多然巴……第八名以后不列名次顺序。然后，排名次序的名单先要经由达赖喇嘛批准，然后送达噶厦地方政府审定后，最后会在传召大法会闭幕那天举行拉让巴格西学位授予仪式。仪式结束后，由格鲁教派名位最高的甘丹赤巴率领考取拉让巴格西的僧人从大昭寺大门出来绕行大昭寺一周，以示荣耀，犹如科举考试中状元披红挂彩地在京城游街一样。

学僧获得拉让巴格西学位，标志着他对于显宗的理论学习已经获得完满。他们接下来要进入上下密院系统修习密宗，这体现了格鲁教派创始人宗喀巴大师制定的先修显宗、后修密宗的学经制度。格西们修习完密宗理论及实践方法后，按照年龄、资格，等候升级。升级的次序是，由佐仁巴升为密院格贵，再升为喇嘛翁则、堪布、堪苏。上密院的堪苏可升补为夏孜却杰，下密院的堪苏可升补为绛孜却杰，这两个职位是甘丹寺两个扎仓的法尊，到了这一步，

就成为甘丹赤巴的候选人。双方轮流，7年一届，升任为甘丹赤巴，任满后，给予一个荣誉称号，叫作"赤苏"。

甘丹赤巴是格鲁教派地位仅次于达赖喇嘛的僧人，他们生前是教主，圆寂后便是活佛，具有转世的资格。因此，有人把甘丹赤巴按对活佛的称呼叫作"赤仁波且"。甘丹赤巴在藏族社会享有很高的威望，他出行时有人开道，普通僧人见到他要行跪拜礼。达赖喇嘛见到他，也要站立起来，向他致敬。藏族人中流传着这样一句谚语："只要妈妈的孩子有天分，甘丹赤巴的位置是空的。"这足以显示，藏传佛教格鲁派对于学经的重视程度。不问身份贵贱，只重视佛学学识水平，给普通学经僧人一个均等的机会，只要认真努力学经，谁都有机会升任到这一崇高的地位。

（二）觉阿却巴

纪念佛祖释迦牟尼神变的最后一天，即十五日，是法会期间最为隆重的仪式——觉阿却巴，意为十五日祭供。它用染色的酥油捏制成的各种花卉、佛教人物传记、吉祥纹饰等作为供品，在大昭寺为主的八廓街周围供奉。山南市贡嘎县甲竹林镇甲竹乡那若达布扎仓的酥油花祭供与大昭寺的祭供不分伯仲，享誉久远，一直延续至今。

酥油花是只有在藏传佛教寺院中才能观赏到的一种雕塑艺术。它的起源有两种传说。一种说法是，公元641年，赞普松赞干布迎娶唐朝文成公主，作为嫁妆，公主带来了一尊释迦牟尼的佛像。据说，公主想要给释迦牟尼敬献瓜果和鲜花，但当时的西藏已是隆冬季节，干果易得而鲜花无处寻觅。为了不让公主失望，藏族人民发挥自己的聪明才智，用当地特产的酥油染成各种颜色，并捏制花卉形状，敬献在佛前。自此，制作酥油花的传统产生了。另一种说法是，在拉萨祈愿大法会期间，宗喀巴大师曾梦到佛祖的法相显现在瑞云及花卉之间，放射出夺目的霞光。大师为重现梦境中的奇异景象，遂命寺中人众将酥油染成各种颜色，并用这些材料捏塑花卉，点燃无数酥油灯供奉在佛前。自此，捏塑酥油花为供品成为正月祈愿大法会的一项重要仪式，寺院制作酥油雕塑艺术品也由此成为传统。

酥油花的制作有两种方法。第一种方法要分几个程序。首先，搭设龙骨架，即根据需要表现的内容，用草束、麻绳、竹竿、棍子等扎成大小不一、形状

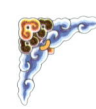

各异的骨架。将陈旧的酥油花敲碎并与滚烫的草木灰一同反复捶打。其次，剔除其中的杂质，制成韧性和弹性都很好的黑色油泥，此为第二道工序，即做胚胎。将这些胚胎包裹在之前所搭的龙骨架上，使其成为一个造型的雏形。再次，敷塑，将加工成白膏状的白色酥油按比例加入各种矿物颜料，揉制成五颜六色的油塑原料，然后仔细地敷塑在做好的胚胎上。一些精致的花朵、绿叶、宝石等直接用彩色坯料一次性捏塑而成。最后，将所有捏塑好的酥油花用细铁丝安装到指定的位置，并固定在木板上，使其成为一体。这道工序我们称之为装盘。

第二种方法，首先，用木头制作网格状的画框。画框的顶端装饰木刻的华盖、火焰宝珠等饰品，四周则安装若干铁环以便将酥油花固定在合适的位置。其次，在画框上蒙一层刻有各种图案的牛皮，牛皮上预先刻画了八瑞物、八吉祥、五妙欲、四和瑞、六长寿、花卉、树叶、人物、亭台楼阁等纹饰。最后，依据牛皮上的各色纹饰，用预先制作的各色酥油胚胎进行捏塑。

以上第一种制作酥油花的方式流行于青海地区，第二种则多在八廓街酥油花祭供期间看到。无论采用哪种方法制作，制作酥油花都是一项非常艰辛的工作。为了避免酥油在捏制过程中融化，僧人及民间艺人们需要在一个温度较低的作坊内制作，而且要不时地将手浸泡在放有冰块的盆子里，保持手的冰冷。无论是单一的花卉还是造型上百的人物传记故事，酥油花都表现得惟妙惟肖。

过去，拉萨祈愿大法会期间的酥油花祭供是由甘丹赤巴、在任噶伦、三大寺各扎仓、上下密院、朗杰扎仓、乃琼扎仓、各王系呼图克图活佛的拉章、世家大贵族、各尧西家族，以及在任的部分官员以支差的形式完成。寺院派出著名的艺僧，各大家族则让所属地区的著名民间艺人以差役的形式来做此项工作。最初举行十五祭供时，只在八廓街陈列五种酥油花，之后规模越来越大，环绕整个八廓街都陈列酥油花。觉阿却巴是一次盛大的酥油花展，这里集合了西藏顶尖的酥油花艺术家，他们将现实与幻境完美地结合，为广大民众奉献了一场视觉盛宴，使得他们能近距离接触并欣赏这些艺术品。

日落之后，八廓街酥油灯会正式开始，酥油花前供奉着各种食物以及酥油制作的精美祭品。依照传统，所有在灯会中展示的作品先要经过达赖喇嘛

加持，人们相信，经过达赖喇嘛加持的酥油灯将会更具福泽。若当政达赖喇嘛未满 18 岁，则由摄政完成这项仪式。十五日当天，达赖喇嘛先前往大昭寺朝拜拉萨市的护法神班丹拉姆（吉祥天母），到八廓街"松曲热"广场为参加法会的几万名僧众讲经，然后再为灯会加持。届时，穿着古代护甲盔胄的"松琼哇"仪仗队，排列在达赖喇嘛将要经过的道路两旁，高声诵唱着称为"呗"的仪式长调，它主要是由一个人领诵与其他人和声的形式进行。

达赖喇嘛以及陪同的摄政王、首席噶伦等观赏完灯会离开后，被松琼哇（铁棒喇嘛的助手）挡在绳栏外的百姓如潮水般涌入八廓古街。在十五的明月映照下，在点点的酥油灯光的辉映下，这些巨大的用各色酥油绘就的艺术品显得那么神秘和壮观。人们流连于这些精美的杰作之间，感叹……唏嘘……，一遍遍地绕着八廓街不肯离去。到了午夜，这里就成了狂欢的海洋。从次觉林和热玛岗支差前来跳舞的群众会表演各种节目，围观的群众也会与他们一同在巨幅酥油花前唱歌、跳舞直到第二天清晨的太阳高高升起。

（三）河堤加固仪式

十六日，人们开始收拾八廓街上的酥油花祭所使用的物件。牛皮上的彩色酥油用工具刮下来，存储起来以备循环利用。牛皮被收拾起来，赠送给需要的人。最有意思的是，连一些用来固定画框的巨大鹅卵石也会被精心收集起来，它们在藏历元月二十五日法会结束的当天会派上大用处。二十五日当天，参加法会的僧人们会根据自身财力来购买这些鹅卵石，目的是参加另一场别开生面的仪式——吉曲河（拉萨河）河堤加固仪式。

据说，16 世纪三世达赖喇嘛索南嘉措主持拉萨祈愿大法会时期，拉萨河突发洪水，拉萨市及周边的农民受到了精神和财产的损失。因此，三世达赖喇嘛首创在法会期间进行河堤加固仪式，希望能用十五酥油花祭时受到加持的鹅卵石加固吉曲河堤，以庇护百姓和城市。仪式之前，孜森噶（布达拉宫门卫处）会预先发出通知，确定参加仪式人员。这些人包括孜伸勒参 2 人，雪伸勒参 2 人，孜、雪普通官员各 6 人，组成护卫马队的骑乘随从在甘丹赤巴的住处集合。此后，联络孜伸、梭本森本等内寝侍从，在持香人员焚香引导下前往拉萨河东头的提拔旁（今拉萨市拉萨大桥对岸的东头），马队后面还跟随着背负各色鹅卵石的僧众和自发前来参加活动的民众。噶厦的坐垫管

理员已在河边摆设好了面向河水的座位,这是专门为甘丹赤巴和骑马随行的官员们准备的。隆重的河堤加固仪式正式开始,甘丹赤巴主持仪式,并带领僧众一同吟诵经咒,念毕,所有僧俗人众将买来的鹅卵石依次堆砌在河堤之下,以示加固河堤。仪式结束,马队再护送甘丹赤巴返回驻地,僧众及信徒也就各自散去。

(四)鲁固驱邪仪式

藏历正月二十四日,在大昭寺西南面的一块名为"鲁固"的空地上,要举行一场别开生面的驱邪仪式,人们称其为"鲁固多加"。整个仪式要在晚上进行,由甘丹寺的堪布(住持)和山南敏珠林寺的长老主持。甘丹赤巴和哲蚌寺阿坝扎仓的咒师们在正职铁棒喇嘛及恰当巴的护送下,从大昭寺南门讲经广场出发前往鲁固;副职铁棒喇嘛和恰当巴则护送乃琼神汉和布达拉宫朗杰扎仓的堪布从大昭寺西大门出发前往鲁固。他们身穿华丽的盛装(镶有彩色丝绸边饰的僧袍、袈裟),披着红色大氅,大氅上佩带着五种佩饰。由松琼哇们组成的古装骑兵队为僧众开道,为首的是正副亚索二人。所谓"亚索"是汉语"元帅"的藏语音译,一般由四品官员或世袭贵族出身的官员轮流担任。他们头戴红呢宽边红珊瑚结顶的官帽,帽边镶有水獭皮,身穿织锦缎长袍,露出五色绸布拼接而成的衬衣袖子,肩披华贵披肩,腰系金黄色的闪缎腰带,左边佩带腰刀长弓,右边挂附箭囊。在身着盔甲手持盾牌的松琼哇们的簇拥之下,亚索们个个显得华贵、庄重而又不失威严。

整个驱邪仪式由哲蚌寺阿昂巴扎仓(密咒学院)和布达拉宫朗杰扎仓的堪布和僧人完成。他们抬着代表邪恶和妖魔的巨大"朵玛"(食子),朵玛用糌粑制作而成并被放置在一个堆放着麦秆的巨大三角形木架上。僧人们把巨型"朵玛"抬放到鲁固广场中央,仪式就算开始了。首先是由乃琼神汉降神,然后由僧人们念诵经咒。古装骑士"松琼哇"唱起了被称为"呗"的古老战歌,同时还鸣放火枪。在一片嘈杂与喧闹声中,人们开始将木架上的麦秆点燃,巨大的火焰顿时吞噬了放置其上的朵玛。待朵玛燃烧殆尽,就象征着一切不祥都与这些象征物一并被消灭,人们祈求雪域拉萨自此呈现出吉祥与平和。

在旧西藏,这天被那些农奴出身的松琼哇们认为是最风光的一天。参加此类差役的农奴由大贵族从各自庄园和宅邸中挑选,一般都是父承子继、世

袭服差。过去，藏历新年前后拉萨市区需要农奴服差参加的仪式很多，各个场合的仪式程序不尽相同，需要表演或者吟唱的仪式歌曲也不相同。因此，农奴差役们将这些程序和仪式内容、歌曲等传授给直系子孙，待子孙长大后，继续支服此类差役。在仪式过程中，农奴出身的队员们像战士一样受到民众敬仰，他们穿着古老的战袍和银光闪闪的盔甲，连坐骑也被各种防护器具和装饰品包裹，威风凛凛地围绕八廓街游行一圈，然后作为护卫队前往鲁固。在一个多月的时间里，他们不断地充当着护卫、仪仗、搬运工等角色，其中一个"松琼哇"还会被授予低级贵族的称谓。因此，在新年及传召法会期间负责管理所有松琼哇们的人被戏称为"达基古札"（意为"一月贵族"）。

（五）法会结束仪式

这个仪式在法会创建时由宗喀巴大师创立。这是为了避免现世佛释迦牟尼的佛法终结之后人类寿命进入10岁的混世阶段而举行的一种祈愿活动，目的是希望未来佛——强巴佛能顺利降生。在藏传佛教的造像中，"强巴佛"被誉为"未来佛"，他以屈腿或站立姿势出现，表示随时准备接替释迦牟尼佛发扬佛法的精要。

二十五日清晨，大昭寺的僧人们将供奉在大昭寺南殿堂内的主供佛觉沃强巴迎请到羌热院内，为强巴佛进行象征性的"沐浴"，之后为其更换盛装、头饰、项饰等物品。这时，大昭寺的大门外已经准备好了一个巨大的四轮马车，车上装饰着用巨大黄色绸缎制作的华盖、宝幢、经幡和香囊。人们将装束一新的强巴佛迎请到马车上，两名僧人左右扶持。参加法会的僧众组成一支庞大的护卫队走在马车前后，绕行八廓古街，无数信徒挥舞着洁白的哈达，等候强巴佛的到来。

等到强巴佛安然返回大昭寺南殿，传召大法会才算正式结束。作为余兴节目，人们会举行各种各样的体育竞赛。赛马是从哲蚌寺下面的吉日山脚出发，终点是拉萨河边的工布唐渡口。赛跑比赛从罗布林卡东面的加纳村一直到八廓街南街为止，在终点还要进行抱石头、摔跤等表演。参加这些体育项目的"运动员"，仍是那些被称为"松琼哇"的农奴差民们，在整个藏历新年及大、小传召法会期间，到处都有他们的身影。虽然参加这些活动既出气力又费精神，但支差的松琼哇们却有甘之如饴之感。原因就在于，支服这样

的役差不仅增长见识，还可以得到达赖喇嘛的犒赏。服完差役的"松琼哇"会被邀请到布达拉宫，达赖喇嘛会亲自给每个人摸顶赐福，这是当时人人羡慕的莫大殊荣。

启耕节

启耕节藏语称为"亚泽"，我们又称之为春播节，或试种节。这一天，人们将进行祭祀龙母的仪式，同时试种西藏传统的农作物，诸如青稞、小麦、豌豆。通过试种农田中谷物的长势来判定当年农作物的丰歉情况。希望通过隆重的祭祀仪式来愉悦龙母，让其能够护佑大地风调雨顺、五谷丰登。

春播节是西藏农业生产地区每年都要举行的一种仪式性节日，它既是农业生产地区最为重要的一项农事活动，也是一个盛大的民族节庆。生活在青藏高原上的藏族人民，依据自身所处的地理环境和气候条件，形成了独特的启耕节习俗。由于西藏区域性的气候差异，各地又形成了各不相同的启耕时节。

西藏自治区的首府城市——拉萨，海拔 3650 米，地处雅鲁藏布江的支流拉萨河流域，属于高原季风半干旱气候，年日照时间长 3000 多小时，被人们誉为"日光城"，其周围的村镇都属于典型的西藏农业生产地区。每年藏历一月十五日至二月十五日，拉萨近郊及属县农区均要选择吉日举行启耕节的重要仪式。2009 年，拉萨堆龙德庆县（今堆龙德庆区）的春播习俗被列入第三批自治区级非物质文化遗产代表性项目名录。

节日前夕，人们就已经开始将家中牲畜圈内的牛羊粪便以及灰烬用柳条编织的背篓运到农田里，并将这些天然的肥料堆集在农田中，等到合适的时间，再将这些畜肥匀撒在农田里，等待启耕节的到来。确定启耕仪式时间的头一个星期，农家的主妇们开始变得忙碌。她们挑选上等的青稞，将里面的各种杂质剔除，精心蒸煮、发酵，然后酿制成纯美青稞酒。这些青稞酒是启耕仪式上的供品，同时也是节庆中人们娱乐时的主要酒精饮料。青稞酒的品

第二章　春季节日

质是判定主妇们酿制水平的标准，也是主妇之间一次无形的竞技，所以她们在酿制过程中都会竭尽全力。

启耕仪式选择的农田也要经过精心挑选，人们会考量当年的吉利方位、田地面积以及仪式点与聚居区的距离等因素。全村每家每户都会派出一对耕牛，还会预选出负责犁地的男人和负责播种的女人。这些人必须经过精心挑选，他们必须是父母双全、相貌良好、品性良好、健康无缺陷，并且名字不是以星期命名的。

启耕节当天，参加仪式的人们在着装上也很讲究。男人们头戴"次仁吉果"，耳佩"阿隆"（一种环形的男士耳环，松石镶嵌，一般戴于右耳），穿着白色麻布制作的藏式衬衣，外配黑色（染色剂称为"甲存"，一种源于印度的黑色染料染出的黑色氆氇，虽说是黑色，但染出的氆氇在黑色中泛紫红）藏式氆氇马甲，再穿上纯白色的氆氇袍子（只穿一只袖子）和黑色氆氇裤子，蹬上藏式的嘎洛靴（比一般穿的藏靴筒低一些），显得格外特别和威武。女人们胸前佩戴各色"嘎

堆龙德庆区在春播中祭祀土地

为耕田手敬青稞酒

启耕节上试耕土地

乌"（一种用纯银打制的小方盒，里面放有自己的护法神像或者珍贵药材，整个方盒串在用各色宝石穿成的项链上），耳戴金耳环，还有香色丝绸衬衣配黑色有袖的氆氇藏装，然后再外穿黑色无袖氆氇藏袍，脚穿传统的藏靴，也是别有一番风味。观摩仪式的男女老少虽然在着装的款式、料子上没有特别要求，但也都是盛装出席。每户派出的耕牛也都精心装扮：它们左右肩部被固定着五色丝绸制作的宝伞状饰品，耳饰是用不同颜色的牦牛毛编织的，鼻环的装饰很精心，额盖是从里到外黑白红三种颜色依次排列的牦牛毛编织物，脖子上还佩戴着数量在 16～20 个大小不等的铃铛串，在晃动中音色格外清脆悦耳。

清晨，人们从各自家中出发，聚集在特定的农田，农田的中央摆放着一个白色的称为"央朵"的石头，它代表着能够保佑风调雨顺的"龙母"。人们首先在这个白色石头前供奉上各色祭品，包括油炸面食、青稞酒、五谷斗等；随后，开始焚烧桑烟以悦龙母。祈祷仪式主要是吟唱颂歌，男士们是主角，不允许女人参与。这主要是西藏古代男性占主导地位的社会遗风。男士们一边煨桑，一边大声哼唱"拉索"。"拉索"是一种仪式演唱的长调颂歌，起先由一人主唱领诵，在结尾处其他男士一并加入和声。虽然吟唱曲调较为固定，但众人声线、情感表达以及音准的差异性，导致颂歌的风格各不相同。紧接着，从附近寺院请来为开耕仪式做法事的僧人，开始做诵经祈祷活动。他们吹奏起海螺、甲林，敲打手柄鼓、铙钹，所做的仪式称为"色金仪式"。男士们继续围着田地里白色的石头吟唱颂歌，正式开始了启耕节当天的歌舞仪式。歌舞的顺序依次是："甲江"，由男士们吟唱，旋律缓慢，歌曲悠扬，曲目一般为"喇嘛桑布"；接下来是"达通"，先是慢板，后是快板，曲目以"扎西吉呗杂瓦"为主。

之后，所有的耕牛都套上犁头，在农田里一字排开，开始以传统的二牛抬杠的形式扶犁垦田。负责播种的年轻妇女跟在扶犁人后面播撒各种谷物种子。当这片固定的农田播种完成后，人们便在农田里稍事休息。这时，为了感恩耕牛的辛勤付出，开始给耕牛清洗牛角、脖颈，并给牛角涂上酥油或清油。这一天，耕牛们所受到的礼遇是空前的，给它们享用的膳食与人们所吃的没有差别，它们可以喝到纯美的青稞酒，吃到主妇们精心制作的藏式糕点"玛

第二章　春季节日

机器代替了耕牛

森"（用糌粑、酥油、红糖、白糖、碎奶渣等混合制作）。耕牛吃饱喝足后，人们会将它们放于山坡，使其闲适自在、慵懒地晒着太阳，直到傍晚。

　　此时，参加仪式的僧人、启耕的男女按辈分排坐在田里吃饭。除了饭菜，送餐的男女还会将自家酿制的青稞酒奉献给他们以示谢意。余兴节目就是让所有参加开耕的农民逐个走到人群中央，将自己所带的背包、饮食器具等一一展示给大家。参加开耕仪式，人们需要准时出现在现场。如果半路出现一些预想不到的状况，人们是忌讳途中再回家取东西的，诸如背包的带子断掉、忘记带饭勺，这时都会一一暴露出来。在"展示"的过程中，人们会惩罚那些遗忘东西的人喝酒、唱歌，带东西完整的人则会受到奖励。稍事休息之后，仪式继续举行。人们开始吟唱"冲央啦"，同样是先慢板，后快板，曲目叫"扎堆啦须呗米钦色吉多杰"。最后的仪式歌舞为"百"，曲目叫"百尼玛顿吉协巴"。仪式进行到此已是傍晚时分，所有人转移到晒谷场继续狂欢，人们快乐地一起围成圈跳"果谐"。这是一种男女对唱形式的歌舞表演，曲目以"梅朵白玛、日地甲桑日"为主，围观的人们陆续加入舞蹈的队伍。人们载歌载舞，借着青稞酒的微醺，舞蹈的场面更加热烈，有的能一直延续到第二天清晨。

随着时代的变迁发展，启耕节的仪式和内容也在不断发生着演变。每年的藏历新年过后，从事农业劳作的人们依旧为启耕节的到来做着各项准备。如今，启耕节仪式在内容上没有太多变化，但节日当天的"主角"已经渐渐被现代化的机械设备代替。一对"二牛抬杠"成为仪式上传统耕作的代表，其后跟随着的则是现代化的"铁牛"大军。人们就如同装扮自家的耕牛一样，将四轮拖拉机也打扮得"花枝招展"。除了机头上精心拴系的哈达，拖拉机上还悬挂着用五色丝绸制作成的各种装饰。装饰一新的四轮拖拉机一排排地跟随在耕牛后面，穿着氆氇新装的司机们整齐有序地驾驶着拖拉机向前挺进，并不时地回头看看耕作的新成绩。农业工具的改进和发展，极大地提高了农业生产效率，也为人们新一年的丰收增添了无尽信心。

其他节日

春天是一年的开端，是四季之首，也是人们最为忙碌的季节。人们欢乐地度过了新年，观赏了一年中最隆重的祈愿大法会，并且庄重愉快地举办了启耕仪式。在正式春播开始之前，人们还有许多闲暇时间来参加密集排列的春季节日。这些节日有世俗性的，也有宗教性的，人们以愉悦的心情度过了忙碌而富有激情的春天。

一、撒央节

撒央节，又称"撒央望果"。这是为了让土地恢复其最初的灵魂，在农业地区碰到严重自然灾害或者重大瘟疫之后而举行的一种类似于招魂的农业祭祀仪式。为土地招魂，被称为"央"，即给受到灾害的农田或者地方进行的一种转田仪式。

这种仪式也不是在灾后就可以立即进行的，它有许多讲究。首先，必须选择灾后在藏族传统文化中认为有福运的几个属年中进行，它们分别是：狗年、龙年、牛年、羊年，这些年份大多数与家畜有关，可以为仪式增添成功

的概率。人们希望通过仪式使土地丰收，使瘟疫不再降临。其次，仪式开始之前，要前往寺院请僧人念诵几本经书，包括《甘珠尔》《丹珠尔》《蚌》等。这是一项非常严肃的事情，为了能使僧人们全身心地诵念经文，村里每天都会派人到寺院帮助制作僧人饮食，此间驻地附近的居民暂且不会前去朝佛。人们会去判断僧人工作的成效，如果僧人诵念经书不够虔诚或者太过潦草则会影响后期仪式，不但不能帮助仪式顺利进行，反而会产生负面作用。待僧人诵读完经书，撒央望果就可以开始了。

仪式一般选择在藏历二月初。这时启耕仪式已经结束，春播还未开始，除了启耕仪式上耕作的土地，其他土地都还保持着最初的模样。这种招"央"仪式很特殊，人们坚信参加仪式的人越多，产生的效果越好，所以村中每户都必须参加，即使只有一个人丁的家庭也要派员参加。人们的着装很讲究，男士必须穿白色氆氇藏袍，黑色氆氇上衣必须有丝绸绦边，脚上穿藏式氆氇靴子，而且靴筒比平时穿的靴子短一些。仪式期间，男士们袍子的衣袖禁止脱掉。女士们一律着黑色氆氇长袖藏装，外面再套无袖藏装，一些妇女为显隆重，还在绿色丝绸藏装外套一种叫作"丁杂"的无袖对襟长款坎肩，类似于藏戏中仙女的着装。她们清一色地头戴巴珠，胸前佩戴嘎乌，耳旁戴额果等所有饰品。

人们在农田中行进次序的排列也极为固定。撒央望果当天清晨，寺院的僧人或者身穿甲鲁装的男士会吹三次法号。第一声法号响起，人们开始起床，第二声催促人们吃早饭，第三声则要求人们聚集起来。仪式开始了，走在最前面有数名男士，他们穿着白色氆氇藏装，头戴宝朵帽（黄色毛呢质地的半圆形帽子），穿着氆氇织的藏式长靴，背着桑，每到一处负责燃起桑烟供奉神灵。走在第二排的是四名男性，他们身穿黑色氆氇藏装，头戴索夏，脚穿氆氇藏靴，负责抬着一个方形木架，架子上安放着依据各地习俗摆放的佛像。稍微不同的是，有些地方是由一个男士背负着佛像。第三排的男士着装与第一排相同，他们都手持哈达。走在第四排的是从寺院里请来的僧人队伍，他们头戴旁夏帽，穿着藏传佛教典型的深红色僧袍，脚蹬棉布质地的松巴鞋，身上背着色金仪式的宗教用具，个个持手柄鼓或钹。排在其后的是另一个僧人梯队，他们头戴卓罗帽，手持海螺、甲林、手柄鼓、冈林等宗教乐器以及宝伞、坚赞等法器。第六排全是装束成古代武士的男士，他们身披盔甲、战袍，手持刀剑或者长矛，背后还装饰着四方形或三角形的五色旗子，头盔上有各种禽类的羽毛制作的装饰。跟在其后的是背经书的人，经书大多由村民自筹或借用寺院的，主要有《甘珠尔》《丹珠尔》《朵格桑》《白玛噶唐》《蚌》等。跟在队伍最后的是穿藏戏"甲鲁"装的男士队伍，负责捡拾前边队伍遗漏的东西，同时还负责维持队伍的排序。在队伍行进的中途，他们还要负责给所有参加仪式的人们敬酒，因此也是整个队伍中最为忙碌的人。

中午时分，参加仪式的队伍依序到达指定地点。村落里每户派一人负责送饭，饮食相当丰富，包括传统的玛散、手抓肉等，一些手艺好的主妇还会送来难得的炒菜。所有人依次就座，穿"甲鲁"装的男士们饭前敬献佛、法、僧三宝，之后开始进餐。用餐完毕，仪式正式开始。首先，僧人吹奏各种乐器，伴随着庄重的法号声，参加仪式的所有人进行招央经文的吟诵。之后，人们在同一时间开始吟唱各种仪式歌曲，包括甲江（男）、呗（男）、谐钦（男，女）、达通（女），声音汇成一片由多声部和声组成的歌的海洋。之后，所有僧人聚集在一处进行色金仪式。到此，撒央望果仪式的第一天算圆满落幕。

"撒央"望果的仪式

第二天，人们依然聚集在第一天举行仪式的地点。这一天仪式的形式弱一些，人们主要以娱乐为主。各户带来的青稞酒会将整个现场的气氛推向一个高潮，人们载歌载舞，用欢声笑语来庆祝仪式的圆满结束。"撒央望果"的第三天是总结的日子，参与仪式的人把从寺院借来的经书、法器等物品一一归还，然后再聚集到第一天做仪式的地点回顾仪式当天的得失，对所有犯错误的人进行惩罚（罚酒），在一阵阵哄笑声中第三天的日程也结束了。

随着社会的不断进步和发展，社会卫生条件的逐渐改善，前人所担忧的大规模疾病或者严重自然灾害在如今人们的生活中鲜有发生，"撒央望果"这个仪式性的节日也正悄悄地从人们的生活中消失。

二、达孜珠却

藏历第七饶迥火鸡年（1417），宗喀巴大师兴建了甘丹寺的羊巴井经堂，它是一个修习密宗的学院。同时，还创立了达孜珠却，这是密宗坛城修供的仪轨。活动曾一度中断，到18世纪中期，达孜米王·拉杰热旦恢复了该活动。后来，王久美朗杰提供条件使其得以维持，故称之为"达孜修供"。活动在藏历二月四日开始，到十四日结束，会期10天。修供活动期间，在甘丹寺羊巴井经堂举行密集、胜乐、坏劫法、时轮、金刚大法轮等法事活动。拉萨及其周边地区的人们有前往甘丹寺朝圣修供仪轨的习惯。

三、措却会供

每年藏历二月十八日至三十日是纪念五世达赖喇嘛圆寂的日子。拉萨小昭寺届时举行规模宏大的会供大法会，被称为"小传召法会"。五世达赖喇嘛是清代西藏地方的著名宗教领袖和杰出政治家，他创建噶丹颇章地方政权，扩建现在规模的布达拉宫，确立了藏传佛教格鲁派在西藏的统治地位。1682年，五世达赖喇嘛圆寂，第司·桑杰嘉措为利用达赖喇嘛的威信继续巩固势力，密不发丧，到十几年后的藏历第十二饶迥木狗年（1694）才为五世达赖喇嘛举行了盛大的纪念会供。为祝祷五世达赖喇嘛生前归净土、升灵堂的遗愿，摄政王第司·桑杰嘉措召集色拉寺、哲蚌寺、甘丹寺的僧人为其设立了为期7天的会供。这就是最初的"措却会供"。1723年，为悼念康熙皇帝逝世，

七世达赖喇嘛将会供的时间延长 3 天，定为 10 天。十三世达赖喇嘛圆寂时，再次将措却会供时间延长 2 天，以表示对他的哀思。故如今，每年的措却会供有 12 天。

措却法会（传小召）与拉萨传召大法会类似，但规模较前者小些，而且前来参加法会的僧人、布施的施主及所收供物都相对较少。在措却法会期间，拉萨城区的治安也是由哲蚌寺铁棒喇嘛执掌；有格西宣誓和辩经，依据僧人的考试成绩确定获得措让巴格西学位的人员；大昭寺参与法会的僧众也要举行各式各样的仪式活动，著名的诸如二十九日的驱魔仪式，为纪念五世达赖喇嘛圆寂而举行的"措却斯正"等。

（一）驱魔仪式

这种驱魔仪式起源于公元 8 世纪赤松德赞执政时期，当时王子身染恶疾，莲花生大师为他举行了类似的驱魔消灾仪式，王子的恶疾遂获得痊愈。17 世纪，人们为了祝祷五世达赖喇嘛的健康，举行过驱魔仪式，自此，这个驱魔仪式就延续了下来。传小召期间的二十九日，会在拉萨市三个不同的地方举行隆重的驱魔消灾仪式。其中，曲水县强久林寺的僧人们在大昭寺的天井中举行，上密院的僧人在小昭寺，下密院的僧人在鲁固。

在旧西藏举行的仪式中，僧人们抛洒朵玛，驱赶由活人扮演的两个魔鬼，一个赶往桑耶寺，一个赶往彭波。旅康家族和功德林会以支差形式送来两名农奴扮演魔鬼。仪式期间，扮演魔鬼的两名农奴可以获得额外的"特权"，即在小传召法会期间可以在八廓街内沿街乞讨。他们手拿白色牦牛尾巴，凡绕行的路人都怕被他们手上的牦牛毛碰触，认为那是一件极其晦气的事情。因此，人们看到他们挥动白色牛尾在八廓街行走时，都会施舍财物以期破财免灾。

诚然，扮演魔鬼并不是一件让人羡慕的工作，但为了获得那份"丰厚"的收入，部分家庭拮据的农奴会"自愿"前来，这种情况在历史上极为罕见。除了绕行八廓街，那两名魔鬼还要跟强久林寺的堪布比赛掷骰子。如果魔鬼赢了，就表示当年会有大灾祸，必须做更多祈求平安的法事。如果魔鬼输了，则表示当年风调雨顺、人民安乐，人们会为此大肆庆祝一番。无论何种情况，魔鬼都是要被送走的。一般情况，输的都是农奴扮演的鬼怪，他们会被当场

脱光衣服，面部涂满黑炭，嘴角涂上红色血液，头发凌乱，由两名专门负责押送的僧人押着送往桑耶寺或彭波，规定他们七天之内不得返回拉萨。送鬼途中，围观的民众会送纸包给扮演魔鬼的人。纸包里一般是钱财，这既是表示对他们的同情，同时也希望魔鬼能将自家的邪恶一并带走。扮演魔鬼是一项为人不齿的苦差役，魔鬼不仅造型恐怖，而且在押送途中还会受到民众的唾弃、追赶和吆喝，在被送往桑耶寺或彭波的路上也要受尽苦寒。到了桑耶寺，扮演魔鬼的人还会被关在一间特定的空旷殿堂，甚是恐怖。在旧社会，一些扮演魔鬼的农奴常常因这种恐惧而死亡。

（二）措却斯正

三十日被称为"措却斯正"，是五世达赖喇嘛圆寂的纪念日，也称"亮宝节"，是法会结束的日子。这一天，拉萨市区和近郊的色拉、哲蚌、甘丹、上下密院、木如、锡德林、药王山，达孜辖区的扎娃、帕木、尼斯，堆龙德庆的白斯、尼玛塘，山南的贡嘎曲德等寺院都会举行盛大的转经仪式。

参加转经仪式的僧人们穿着盛装，在三十日清晨从大昭寺法器管理员手上领取各自需要的法器后，在大昭寺天井内集合。当太阳照到更培山顶时，僧人队伍从大昭寺天井出发，通过门廊时，法器管理员会再次核对并登记取出的法器数量和名称。转经队伍由前至后依次为：15 名白幡旗手，幡顶饰有法轮；15 名黄幡旗手，幡顶饰有宝物；15 名红幡旗手，幡顶饰有莲花；15 名蓝幡旗手，幡顶饰有金刚；15 名绿幡旗手，幡顶饰有宝剑。这些幡旗的五种颜色代表着佛教的息、增、怀、伏和各业，幡顶的装饰则代表大日如来、宝生如来、无量光如来、不动如来和不空成就如来。在幡旗手之后，有手持华盖、经幢、经幡、海螺等法器的 30 人，他们背后都装饰有五色彩绸。紧接着，鼓乐队紧跟其后，包括 15 个鼓手，8 名吹奏法号的僧人。跟在后面的，还有 700 多名僧人，他们手持各种宗教法器，佩戴面具。还有身着各色服饰装扮成佛经中描述的供养天女、十二施障大将等人物以及供佛舞乐队。队伍里压轴出场的是这样一幅画面：8 名僧人抬着约 5 米高的四大天王模型塑像。

队伍依次从大昭寺的天井出发，经八廓街前往布达拉宫，一起随行的还有身着盛装走在队伍两边的大昭寺法器管理官员、哲蚌寺铁棒喇嘛（协俄）、恰达玛、祥布辛涅和格尧等。在人群拥挤的地方，则由格尧疏散开道。扎仓的恰日们站在各自寺院队伍的两边，监督队伍行进。噶厦地方政府的噶伦及其他俗官在雪城中乃康屋顶的帐篷内等候僧队的到来。当天，布达拉宫会展示所藏巨幅唐卡中的一幅，它是无量光佛或是大日如来佛。此时，从雪城的彻惹（牲畜圈）牵出用珠宝饰物打扮的大象到巨幅唐卡前，乃琼护法神降神并向唐卡行礼，而后给大象奉献哈达和食物。这时，队伍正通过雪城大门依次前往乃康，在这里僧人和卡尔巴们表演各种歌舞及跳神。然后，转经僧队会经雪城西门，绕布达拉宫一圈，再前往小昭寺，同样会在那里表演卡尔乐舞和神舞。然后，返回大昭寺，僧队将法器和经幡等交还给法器管理员。到此，转经仪式就算结束了。

四、堆廊节

藏历三月十五日是时轮节，藏语称为"堆廊节"。每到这个节日，所有进行过时轮仪轨经历的寺院都要举行时轮修供法会。时轮经起源于印度，后随佛教传入西藏。学术界关于其起源的具体时间有两种说法：一是佛祖释迦牟尼在成道后的次年三月十五日宣讲了时轮论；二是佛祖释迦牟尼在圆寂前一年三月十五日宣讲了时轮论。

西藏大多数佛教学者接受前一种说法。为了纪念佛祖宣讲时轮论，每年藏历三月十五日藏传佛教的大多数寺院都要进行时轮修供法会。法会期间，高僧宣讲时轮论，会有大量信众前来观摩和聆听。同时，还会修时轮金刚曼陀罗，选出时轮学院的十余名高僧，他们身着法衣，手持法铃，头戴五方佛冠，舞蹈诵经，以示纪念。

当然，西藏当地还有另一种说法。时轮节是藏族人民为纪念创立时轮历而创制的节日。时轮历于11世纪传入西藏，在15世纪进行部分改进，在18世纪初又吸收一些新内容后完全定型。在吐蕃时期，西藏使用的是"火空海纪年"，在11世纪时轮历翻译成藏文并得到大力推广。由于翻译历书是在火兔年（1027），遂定此年为藏历时轮纪年元年。又因火兔年的藻饰词是"饶迥"，故藏历时轮历又被称为饶迥年，它以十二生肖为序，与五行相配，再分阴阳，形成60年一循环的纪年方式。从此，西藏开始了饶迥纪年。

附录1：哈达

　　哈达是藏族人民日常生活中使用最为频繁的一种礼仪用品，其藏语音译为"卡达"，但是现在已经约定俗成译为"哈达"。藏族人民敬献哈达的习俗起因于藏族的白色崇拜，生活在被雪山包围的高原，使得人们对于白色有着特殊的感情，这是对于藏族人尚白习俗的一种说法，但是过于狭隘；也有人说，藏族人民赖以生存的绵羊使得藏族人民崇信白色，也不确切，因为，生活在广袤的青藏高原上的绵羊并非只有白色，还有黑色和黄色。无论藏族尚白的起源如何，白色确实在藏族人的心中占有举足轻重的地位。与白色相关的都是吉祥的，如白马、白牦牛、白鹤，都是象征善良、正义，所以，在藏族的文化中，白色代表着纯洁、真挚、诚意。在丝织品还未普及的时候，藏族百姓用白色的羊毛作为礼仪品。祝贺新生儿的诞生，将白色的羊毛放在其身上；林芝波密地区凡是家门前放有白色石头的即可确定家中有新生儿；启耕节上人们在田间祭祀的就是代表龙母的白色石头；乡间过年至今都有新年第一天将白色羊毛缠在水缸及门楣上以示吉祥的习俗。随着与周边地区经济、文化的交流，区外的丝织品也沿着茶马古道和丝绸之路来到了西藏。据藏族史学家考证，丝质哈达出现于1265年，即萨迦法王八思巴第一次返藏的时候，在返回日喀则的萨迦寺驻地时，他向途经的所有菩萨、佛像和僧俗官员敬献、赐奉哈达。据传，八思巴在大昭寺拜佛期间，向所有的塑像敬献哈达时，壁画中的一尊度母也向他讨要哈达，这尊度母后期被称为"卓玛塔尔联玛"，意思是接受哈达的度母，这幅壁画至今仍可以在大昭寺的壁画中欣赏到。自此，哈达一词正式出现，同时，丝质哈达在藏区开始盛行起来。

　　由于所使用材质的差异，西藏出现了各种等级的哈达制品：一是特等内库哈达，是为皇家特供的哈达，这种哈达使用优质丝绸编织，而且幅宽2尺多长，其长度达2丈。这种哈达的边沿以长城图案作为装饰，哈达的幅面上以暗花形式编织有吉祥八宝纹饰。在旧西藏，只有在藏历新年第二天四大噶伦和秘书长们前去布达拉宫朝贺时才会向达赖喇嘛敬献此类哈达。二是头等阿西哈达，也是用上等丝绸编织而成，其幅宽没有内库哈达大，但是幅面也有暗花吉祥纹饰。三是二等素西哈达，也是用丝绸编织，幅宽和长度再小一些。哈达的使用也有规矩，而且特别讲究，旧西藏官员必须依据自己的等级来使用与自己身份相符的哈达。民间使用哈达就没有很严格的规定。但是敬献哈达的时候也有一定规矩，比如：给活佛敬献哈达时，要将哈达折叠，并将开口朝向自己，然后平放在活佛跟前的桌子上；给长者敬献哈达时要用双手交到对方手中；长者为表祝贺，会将哈达戴到受者脖颈上；平辈之间会将哈达挂于彼此颈部。由于区域性的习俗差异，将哈达挂于对方颈上之时稍有不同。比如，前藏地区的人会将哈达顺挂于脖子上，而后藏地区的人们则会将哈达逆向挂于脖子上。藏族使用哈达的场合非常多，无论是喜庆的盛典上，还是凄苦的丧礼上，哈达都是人们表达诚挚心意必不可少的礼仪用品。只是，庆典的时候，人们敬献的哈达宽而长，而丧礼的时候则奉上窄而短的哈达。

附录2：羊头

藏族人对于羊有着一份特殊的感情，史前考古遗址点出土的动物遗骸证明，藏族人民早在新石器时代就已经驯养了羊。羊不但提供了人类赖以生存的蛋白质，它身上的羊毛还可以捻成毛线，编织成传统服装最主要的材料——氆氇，同时羊羔皮制作的袍子，为人们抵御青藏高原特有的严寒。此外，除了被称为"高原之舟"的牦牛，绵羊也是早期西藏交通运输的一大功臣，人们可以看到成群的绵羊驮着青稞或者盐等生活必需品在皑皑的雪山间行进。此外，藏族人民偏好白色的羊毛，他们将白色的羊毛放在新生儿的身上表示祝福，同时为年过80的老人制作白色羊毛纺织的氆氇装表示吉祥，为死去的亲朋缠绕白色的羊毛表达自己最纯洁的哀悼。

藏族人在新年供品当中有白色羊头的习俗，应该是延续早期原始宗教血祭的结果。最初在苯教的祭祀过程中，需要用真的羊头作为祭祀品，为了避免羊头在长时间的供奉过程中因失去水分而变形，在祭祀之前就要用酥油将羊的眼睛、鼻子、嘴等填满，其次还要在羊头的额头点上酥油，作

为一种吉祥的象征。到了辛饶米沃钦的苯教文化时期，他废止了血祭，用其他材料制作的羊头来代替真正的羊头进行祭祀。在西藏新年祭祀品的历史上，先后出现了用酥油制作的被称为"彩色酥油羊头"的羊头祭祀品，之后是用面团捏制的羊头。随着与区外商贸交易的日益频繁，还出现了瓷质羊头，各种新材料开始运用到这一新年祭祀品的制作上，出现了塑料、橡胶，以及PV材料的羊头。

当然，"羊头"的藏语发音与"年头"谐音，这也是藏族人民用羊头作为祭祀品的一个缘由，希望万事都在开头的时候就顺遂。除了拉萨周边地区在新年用羊头做祭祀品，日喀则及那曲会在新年第一天吃羊头以示庆祝。羊头作为祭祀品，不但祈望着新的一年里牧业地区牲畜兴旺，而且祈福农业地区所种五谷能够按时丰收，同时也希望通过祭祀活动来减轻一年中所造的恶业或罪孽。

附录3：吉祥装饰纹饰

吉祥八宝

藏语称之"扎西达杰"，是藏族传统的装饰纹饰中最为普遍的一种。无论是在平常百姓家还是宫殿寺院内，这种装饰纹饰无处不在。吉祥八宝纹最初是印度国王加冕时使用的一套贡物，后期释迦牟尼得道时，吠陀教众神将象征好运的吉祥八宝敬献给他。从此，吉祥八宝成为佛教象征符号中重要的一组图案。随着佛教的传入，一些具有深刻佛教寓意的装饰纹饰也随之传到了西藏，它们也成为藏传佛教的一组重要符号。所有藏传佛教寺院的殿堂、宫殿内都可以看到这种具有吉祥寓意的图案，它由八个主要纹饰组成。宝伞：象征着在佛陀的护佑下，芸芸众生免于诱惑、克服恐惧的能力。双鱼：一般是雌雄双鱼，是印度大成就者底洛巴的法器，象征着在他的护佑下，芸芸众生免受轮回之苦的觉识和能力。宝瓶：象征财富，一般作为财神的手持物或者装饰出现，诸如宝藏神、多闻天王、增禄天母。妙莲：象征主尊佛的纯净和断灭，同时也象征着"莲花部怙主"。右旋白海螺：是古印度战神的器物，象征着宣讲佛法，即"佛

语"。吉祥结：象征着佛陀无限的智慧和慈悲。胜利幢：代表佛陀战胜四魔（阴魔、惑障魔、死魔、魔子）之胜利的象征。法轮：象征着佛陀的传道，即佛之教义。

和气四瑞

据佛经典籍《毗奈耶根本律》记载，关于和气四瑞的故事是佛祖释迦牟尼向他的弟子讲述的，佛祖希望通过这则故事让他的弟子们认识到互相尊重的重要性和佛教美德的实际意义。以下译自邦隆仁颇钦德文本《律经杂事》关于四瑞的故事：从前，在森林中，羊角鸡、山兔、猴子和大象是好朋友。按照尼枸卢树的生长过程，他们确定了各自的年龄，年少的动物要尊重年长的动物，他们遵行规则，对他人友善。不久之后，所有的动物都以他们为楷模，直到最后，君王也像他们一样生活，大地上充满和平与快乐，这得到了因陀罗的赞扬。

长寿六尊像

藏语称"次仁囊珠"，此装饰纹源于区外，在西藏的世俗家庭中使用较为广泛，一般雕刻在藏式柜子、木镶板等传统藏式家具上。人们日常使用的饮食器具上也装饰有此纹饰，包括瓷器、金属器等。这组纹饰主要由山、水、树、鹿、长寿老人、禽鸟组成，每个纹饰都有其确切的寓意，但都与长寿关联。人长寿，即长寿老人，他有着长而白的胡子，藏族人民在习惯上将其与无量寿佛相联系，代表着到达智慧彼岸。树长寿，一般被绘制成梨树，因梨树可以结出长寿果，且画面中梨树的枝头必定是硕果累累，它代表着到达持戒彼岸。山长寿，山在藏族的文化中被认为是亘古不变的，区外的长寿六尊中的山一般以寿山石代之，它代表着到达禅定彼岸。水长寿，在藏族人民的传统文化中认为，水是源源不断、流淌不止的，代表着源远流长。即使在日常生活中使用新碗时也会先用它喝一碗水，并念叨着"迷次曲啦儿仍"，意思就是希望寿命比水长。鸟长寿，鸟一般是指鹤，因为它是动物中的长寿者，尤其是黑鹤，而且鹤的一生只有一个伴侣，所以它也被视为忠贞之鸟，它代表着到达布施的彼岸。兽长寿，这里的兽必定被绘制成鹿，它是长寿老人的坐骑，代表着到达忍辱的彼岸。这种组

合的图案，表达了人们对于寿命的期许，同时也是藏汉两种文化交流的产物。

雍仲

对于雍仲在藏族文化中所蕴含的象征意义，学者们有着各自的见解，西藏民间普遍认为：雍仲最早是苯教三宝（即敦巴·辛绕、雍仲和苯波）之一，且绘制为逆时针旋转。佛教传入西藏后，为得到当时还在崇信苯教的民众的支持，吸收了许多苯教文化的元素，雍仲符号就是其中一个，只是佛教以顺时针方式旋转以示与苯教的区别。雍仲作为一种极具严肃宗教含义的装饰纹饰，随着宗教纹饰的世俗生活化，到后期已经逐渐失去了最初的宗教意义，转而成为藏族民间普遍采用的一类寓意吉祥、永恒的装饰纹饰。并且，它出现的场合也更为广泛，例如婚宴食品上的装饰、婚庆场地的入口、喜房内的床单下，以及人们服饰的边饰等。作为金属饮食器具的装饰纹饰，则主要出现在茶炉的口沿部分，并且以镂空的形式雕刻在茶炉口沿部分，通常是单个或多个符号交叠地以顺时针或逆时针的形式出现。而这些镂空的雍仲符号，既可以达到装饰的效果，又可以使外界的空气通过这些镂雕的孔洞进入炉内，使得燃料不致缺氧而熄灭。这种设计是藏族人民将世俗的审美与现实的实用功能相结合的一项完美创造。

太阳、月亮、雍仲

藏族人有将太阳、月亮、雍仲等纹饰绘画在家宅门口的习俗，尤其是在新年到来的时候。需要谨记的是，这些装饰纹饰并非为了对门楣进行装点，它的绘制有其深刻的宗教及习俗含义。早在石器时代，人们就将太阳、月亮刻画在石头上，彰显藏族先民对自然的崇敬和畏惧。在漫长的历史长河中，藏族的习俗文化和宗教文化随着与周边国家和民族的文化交流而发生着巨大的改变，其中，宗教信仰的变迁尤为突出，但是其最初所信仰的原始宗教依然以各种形态深刻地影响着人们的生活。其中，对于太阳、月亮的崇信所遗留的符号性信仰自然地融入后来的生活，并拥有了后来者对它的解读。从现在藏族人所吟唱的格律诗看，它们明确阐释了人们将这些象征符号刻画于自家门楣上的期许，即："人寿如太阳般绵长，福报如月亮般满盈，子嗣如雍仲般恒久。"

附录4：折嘎

折嘎是藏族一种传统的说唱艺术。一般在新年期间，艺人们会挨家挨户以演绎的形式乞讨。表演折嘎的大多是流浪艺人，在整个藏族聚居区广泛存在着。

行乞的时候，他们手持木棍——那是他们走街串巷、翻山越岭的"伙伴"，渡河的桥梁，打狗的防卫工具。怀揣的木碗是他们的饮食器具。在旧社会，流浪艺人的地位很低，人们不会将自家的碗筷借给他们使用，所以他们必须自己携带饮食器具。他们肩上搭着的山羊皮做的面具，是他们的标志。面具眉贴绘的藏文元音"阿"，是弘扬佛法及祝福世间生灵的符咒；面具右耳饰为一枚海螺，象征男性，艺人会指着海螺歌颂男主人心灵的洁白；面具左耳饰为绿松石，歌颂女主人美丽亦如松石；面具后面系有五色丝带，象征天神、历神、战神、龙神和五谷丰登。

折嘎艺人说唱的内容包括历史故事（野史）、人生哲理、讽刺时事，同时还有一些祝福吉祥以及赞美生活的词句。他们一般集中出现在藏历新年的第一天，会早早地来到居民的家门口，高呼着"拉吉啰"（神胜利了），然后开始说唱折嘎。主人们会高高兴兴地打开大门，迎接这些"贵宾"，用各种美食款待他们。离开的时候，还会施舍给他们一些财物，所有人都祈望新的一年在祝福声中开始。西藏和平解放后，折嘎艺人作为非物质文化遗产的传承人受到了保护和礼遇，说唱折嘎已经不是他们谋生的手段，而是在欢庆的节日里为人们送去吉祥祝福的贺礼。如今，过年门口没有了折嘎艺人的造访，但是家里的影像设备中照样传出吉祥祝福的颂歌。

附录5：卡尔乐舞

卡尔乐舞是旧西藏的一种宫廷乐舞，曾经一直在布达拉宫和扎什伦布寺上演着。关于卡尔乐舞的记载，最早的要属成书于17世纪的《善心悦

目之喜宴》，详尽阐述了卡尔乐舞兴起的历史背景，以及从阿里传入拉萨腹地的过程。关于卡尔乐舞的起源有两种说法：一种说法认为在吐蕃时期就在宫廷中表演了。另一种说法，认为卡尔乐舞在17世纪时才由西藏西部传到日喀则，并作为宫廷乐舞在藏巴汗的宫廷中表演。此后，以五世达赖喇嘛为首的格鲁派战胜藏巴汗政权，卡尔乐舞作为宫廷乐舞被奉献于达赖喇嘛座前，一直在达赖喇嘛和班禅喇嘛的宫中表演。

卡尔乐舞主要是"卡尔鲁"，那是一种速度缓慢、旋律优美的卡尔歌曲。作为宫廷乐舞，卡尔有其特定的表演时间和场合。每年藏历新年的第一、二天，卡尔巴们会在布达拉宫的色喜平措大殿表演卡尔乐舞。此外，拉萨传召法会开幕的当天，也在大昭寺前的公主柳旁边表演卡尔乐舞。藏历新年的第三天，甘丹颇章地方政府的低层官员们会在宗角禄康举行箭术比赛。这是一次非正式的仪式，此后将举行宴会，席间有卡尔歌曲的演唱。每年达赖喇嘛从布达拉宫迁居到罗布林卡，或者从罗布林卡迁到布达拉宫时，都要进行卡尔表演。其他表演卡尔乐舞的场合，包括达赖喇嘛坐床、摄政受封以及藏历二月三十日会供仪仗时等。

卡尔的组织机构叫"卡尔巴姬度"，一般由固定的70～80名卡尔巴成员组成。其中，"卡尔本"是管理"卡尔巴"及"卡尔楚巴"的最高官员，为旧西藏地方政府的七品官。"卡尔本"全权负责政府的卡尔舞蹈队，工作内容涉及歌舞队的训练、演出安排、人员调度、歌舞队人员的日常生活等事项。"卡尔楚巴"是年龄在7～14岁表演卡尔乐舞的小男孩，他们从西藏辖属的18个宗（县）挑选出来，一般来自富裕家庭。这样选择有两个主要原因，一是为了保持卡尔巴的纯正血统；二是噶厦提供给卡尔楚巴的食物有限，一部分还要依赖家庭资助。除了日常歌舞训练，卡尔楚巴还会接受家人和亲戚资助，在拉萨学习一些其他必要的课程，以便日后在噶厦谋求职位。经过两年的学习和训练，卡尔楚巴们就可以参与卡尔乐舞的表演了。卡尔楚巴一般要在卡尔组织服务12年之久，之后升格为导师，不再表演卡尔乐舞。其中，一些人负责培训新的卡尔楚巴，另外一些则依照自身学识在噶厦从事其他工作。

附录6：宝饰装

宝饰装赤巴是噶厦在重要庆典上充当仪礼的贵族，他们穿戴着的华贵服饰称为"宝饰装"。据说，这是吐蕃赞普时期遗留下来的一种装束形式。藏巴汗政权时期，予以启用并制成35种式样的宝饰装。1672年，噶厦规定：宝饰装仅限于在拉萨传召大法会和藏历新年初二的仪式上穿戴。这种装饰的帽子为黄色尖顶或者平檐帽上缀红缨，顶部插孔雀翎；袍子为缠枝莲花纹缎袍，有水獭皮镶边；左耳戴金镶绿松石耳饰，右耳戴哎果，左侧从头发上垂下一根绿松石串饰物，需随时托于手中，胸前佩戴一镶嵌有松石的同心圆嘎乌，最外围镶嵌一圈红珊瑚，还搭配有一串珊瑚项链和一串琥珀项链一直垂挂到腹部；腰上还要佩带腰刀，脚穿彩靴。

附录7：甲鲁装

这种服饰源于古代印度国王俄达布迪的装束，由于年代久远在西藏起源的情况已无法考证。14世纪帕竹政权时期，甲鲁装随着复古风兴起得以大肆宣扬并保留。据说，甲鲁服有七政宝的象征意义。王子装的上衣一般由香色锦缎制成，有对襟、长袖、齐腰、左右开裾等样式，以彩云寸蟒、五彩牡丹莲菊纹饰居多。袖接从袖身到袖口，依次为宽约5厘米的黄、蓝、红、绿四色拼接。袖口及开襟沿边镶有二方连续曲尺纹五彩滚边和黑绒绦边。下身穿着黑色素缎制作的百褶裙，单片围系裙式，大摆长及脚踝，脚蹬恰钦彩靴。腰间佩带藏刀、荷包、碗套、笔筒等饰物。左耳戴哎果，右耳戴索吉。五彩色带拧成绶带状披在身上。

附录8：强竿踏许

这是一项西藏传统的民间杂耍技艺。它的源头已经无法追溯，公元8世纪修建的桑耶寺的壁画中描绘有这项杂技表演。布达拉宫表演的这项杂耍是这样的：从布达拉宫夏钦交（布达拉宫白宫东角的一处房子）到雪城

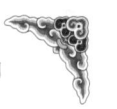

石碑拉一根麻绳，杂技表演者由上而下俯冲，在木杆顶端表演各种杂耍。杂技演员身穿黑色氆氇的衣服和裤子，胸前固定一个木头制作的鞍子，在鞍子外面蒙上一层生牛皮。表演的时候，从皮绳顶端直接滑到雪城的石碑前，整个场景异常惊险。看热闹的人把现场围得水泄不通，人们随着杂技演员的惊险动作或惊呼或唏嘘，场面非常壮观。

在新年第三天表演强竿踏许的传统，源于五世达赖喇嘛时期。当时，五世达赖喇嘛借助清朝中央政府力量，击败藏巴汗政权成为西藏地方统帅。出于对藏巴汗政权属民的侮辱性惩罚，五世达赖喇嘛规定由后藏人民来做危险的杂技表演，最后这项差役落在了萨迦县吉定镇的村民头上。

十三世达赖喇嘛执政时期，一名杂技演员在从布达拉宫到雪城的麻绳上做俯冲表演时失手摔死。这种杂耍对生命安全造成了极大危害，达赖喇嘛当即下令，之后过年再不允许表演这项节目。自此，差民们不再表演从布达拉宫顶端溜索滑至雪城石碑的杂耍。为了遵循传统，同时也为丰富节日文化，杂技表演的内容没有改变，只是将表演形式做了些许调整：表演者只能做一些较为安全的杂耍，比如在竖着的木杆顶端做旋转之类动作。除了杂技表演者，还有一些小丑类的演员做一些滑稽表演，以娱乐观众。

第三章
DI SAN ZHANG

夏季节日

不同于区外夏天的炎热，拉萨的夏季可谓是一年之中最舒服的时候。对于喜爱过节、善于过节的拉萨人来说，绝不会错过夏天的美好时光。因此，拉萨一年四季当中节日最多的就是夏季。宗教性十分突出的萨嘎达瓦节、与农业生产密切关联的望果节、历史源远流长的雪顿节、富有竞技性的赛马节、纯娱乐性质的逛林卡等节日都集中在夏季。此外，还有卓林吉桑、楚布雅曲、叶巴次久、甘丹绣唐、哲蚌鲁崩等外界少有人知的民族节日。总的来说，拉萨地区的夏季节日包括了宗教性、生产性、娱乐性、竞技性等多种类型。对于来拉萨旅游的朋友来说，只要你愿意，可以天天过节，因为像逛林卡这种节日完全不受具体时间的限制，有朋友、有好心情，就可以美滋滋地享受节日的快乐。

民俗节日是一种传统的力量。每一个族群在长期适应所处的自然环境和社会环境后，都会形成生活层面的各种传统。当所处的自然环境和社会环境发生变化，其文化毫无疑问也会发生变化，旧传统被废弃，新传统被推崇。在每一个特定的历史时期，民俗节日都会烙上相应的历史痕迹，潜移默化地渗入历代人们生活方式的细枝末节之中。现在拉萨地区夏季时节的各种节日也是旧传统不断被新传统更替的结果，仔细深入了解各个节日的历史与现状，我们就可以发现每个节日都是那么的"传统"，又是那么的"时尚"。

萨嘎达瓦节

每年藏历四月整个月都是萨嘎达瓦节。"萨嘎"意为"氐宿"（星官名，二十八宿之一，即天平星座的第四星），"达瓦"意为月，合称"氐宿月"。藏历计算，每年藏历四月一日到四月十五日这段时间氐宿出现，故称四月为氐宿月，又名佛诞月，因四月是释迦牟尼出生、得道、圆寂的月份。传说，释迦牟尼于藏历铁猴年的四月七日在蓝毗尼林园出生，木马年的四月十五日在菩提迦耶周围一棵菩提树下朝东打坐伏魔正觉，铁龙年的四月十五日在拒尸那城圆寂。因此，佛教徒将四月看作造化之月，此月行一善事，有行万善之功德。在这个月里，僧俗民众一般不杀生、不吃肉、不吃葱姜蒜等辛辣调料，专心朝佛，僧人封斋修法，群众转经磕头。2006年，萨嘎达瓦节被列入第一批自治区级非物质文化遗产代表性项目名录。

一、萨嘎达瓦节必去之处

释迦牟尼得道、圆寂恰巧都在四月十五日，这天也就成为整个萨嘎达瓦节的高潮之日。按照传统的习俗，拉萨市民在这天要到大小昭寺的释迦牟尼佛像前添灯供佛，焚香祈祷。很多前来朝拜的人，手里都会提着酥油灯或装满融化酥油的暖瓶，为佛添灯。在释迦牟尼佛像前，要把额头贴在佛像左膝盖上，同时悄悄讲述自己的愿望，然后退到门口再磕三次头。大昭寺内除了释迦牟尼佛像还有很多其他的佛像，以及各种圣物。像悬挂在殿门主梁上的小佛像，拉萨人称之为"拉萨觉吾"，常常被很多外来的朝拜者忽略，但按照老拉萨人的说法，如果忘记朝拜"拉萨觉吾"，就等于没去朝拜大昭寺。还有在朝拜"土杰钦布"观音菩萨的时候，别忘了门梁上刻着的六字真言，据说这真言是大昭寺创建时自然显现出来的。在释迦牟尼大佛左侧有一个小佛堂，里面供奉着"热玛加毛"，就是当年帮助拉萨先民背土填湖的山羊。所有这些圣物都要一一观瞻才算完整地朝拜了大昭寺。

朝拜完大昭寺就可以去拉萨的各条转经道转经了。过去的人们在转经完毕后一般都会聚集到龙王潭划船或休息会餐，欢快地度过这一天。龙王潭的小湖里生活着龙女墨竹色钦，墨竹色钦原来居住在拉萨东边墨竹工卡地方的色钦朗措湖里，后来被莲花生大师收服后才转移到拉萨。除了墨竹色钦，龙王潭还有许多动人的传说。

相传，很早以前，拉萨城的原名叫吉雪沃塘，拉萨河叫吉曲藏布，吉雪沃塘意思就是吉曲河下游的牛奶坝子。松赞干布迁都拉萨之前，这里原野一片，牧草丛生、湖沼棋布、野兽出没，原野中有个很大的湖叫沃塘湖。原野北面的娘热沟和夺底沟住着许多藏族先民，他们时常下山到湖里捕鱼。民间传说那时每年的藏历四月十五，都有一个属虎的孩子被抛入湖中作为龙王的祭品。后来拉萨地方出现了一位名叫果卡的王，他的宫殿在拉萨北郊娘热乡的山上。又是一年的四月十五，果卡王让属下遵照传统找属虎的孩子做祭品，属下找到了一位名叫普琼顿珠的孩子，他是大喇嘛勒巴罗珠的弟子。普琼顿珠被依照惯例投入沃塘湖。谁知在被献祭一段时间后，普琼顿珠又突然出现在果卡王前，大王惊慌失措，以为普琼顿珠已化为神灵。普琼顿珠要求果卡王将公主许配给他做妻子，大王立即答应，并颁布新法令以后再不用属虎的孩子做龙王的供品，改用上等食物献祭。

松赞干布迁都拉萨后，在红山上修建布达拉宫，建筑过程十分艰难。那时候布达拉宫后面龙王潭所在地方还是沼泽一片，里面居住着龙王。在建布达拉宫的过程中，龙王提供了很多帮助，立了大功，人们就在龙王潭中修建了一座寺庙，供奉龙王像、释迦牟尼像等。寺庙名叫"鲁康"，"鲁"就是龙的意思。关于龙王潭鲁康的来历，民间还有另外一种传说，下文再叙。总之，鲁康建好后，每年的藏历四月十五拉萨人都捧来上等供品，抛入潭内祭奠龙王，并在鲁康内拜祭龙王，长久之后相沿成俗。在20世纪上半叶，每年萨嘎达瓦节时西藏噶厦政府官员都要来龙王潭参加祭祀鲁神的仪式。除了煨桑、敬献经幡，还要专门供奉鲁神享用的朵玛和养护土地的宝瓶，藏语叫"萨聚本巴"，宝瓶内装上祭祀仪式上念过的经文和一些宝石、钱财等，埋藏于地下，这样做可以养护地气，也可以得到鲁神的保佑，人气财气兴旺。萨嘎达瓦虽然是佛教意味浓厚的节日，但对老百姓来说，佛教传入之前的原

有信仰已通过神话传说深深刻入观念之中，拜印度来的佛、祭本地的神从来不会产生冲突。

二、转"帕果"——中圈转经道

对普通老百姓来说，萨嘎达瓦的整个四月里最主要的事情就是转经。拉萨的转经道中以大昭寺为中心，从内到外共有三层。"囊果"是大昭寺内围绕觉康主殿的转经道，形状近似方形。"帕果"就是大家熟知的八廓街，藏语里是中圈的意思，全长大约 0.8 千米，早在公元 7 世纪松赞干布初建大昭寺时，工匠们就曾在寺庙四周铺设石路，起初作为搬运放置建筑材料之地，在寺庙建成后，这条环寺道路就成了信徒的转经道。有文献记载，当年阿底峡在拉萨时，在大昭寺周围百转不厌，仲敦巴问他为何如此，阿底峡开示说，在世间的所有善法中，没有比转绕更大的功德了。

"帕果"一圈转下来，可以将很多珍贵的古遗址、古文物都转个遍。大昭寺西门出来便是甥舅同盟碑（唐蕃会盟碑），屹立在此一千两百多年仍坚挺不摧。会盟碑前是一块劝人种痘的石碑，由清朝乾隆年间和珅的弟弟和琳所立，他当时是驻藏大臣，劝人种痘预防天花，可谓好事一件。会盟碑北面原来有文成公主种下的柳树，拉萨人叫"乔乌扎"，意思是佛的头发，"文革"时被刀砍火烧，后来枯萎而死，实在可惜。大昭寺西门出来后右拐，也就是沿八廓顺时针方向走，有一栋两层老楼，叫"曲杰颇章"，也就是法王宫。法王宫东面有一口甜水井"丁果曲米"，意思是很深的、有旋涡的水泉。再顺时针往前有一座坐西朝东的两层石头房，这就是大名鼎鼎的朗子夏，是甘丹颇章政权时的拉萨"市政厅"。朗子夏南面是旧木如寺，这个寺院紧挨着大昭寺的后门，过去每年传召大法会时色拉寺僧人都从这里进出，所以这扇门也叫"色拉达各"，意思是色拉寺的后门。

旧木如寺和朗子夏的北面有个煨桑塔，原来这里是个造型漂亮的大白塔，叫"噶林果西"，"文革"时被毁，现在的煨桑塔为后来补建。"噶林果西"东面是冲赛康双忠祠，祠南侧有一幢黄色玛尼房，里面安装着巨大的木质转经筒。往前拐角处有一根又高又大的经幡杆，17 世纪时蒙古族将领甘丹次旺率蒙藏联军击退拉达克人，收复失地，使之重回甘丹颇章政权管辖，为表彰

他的功绩还把他的长矛装进了大经幡杆中,并取名"甘丹塔钦"。"玛吉阿米"餐馆前面也有一根大经幡杆,叫"夏加里",插杆位置是当年宗喀巴大师举办传召大法会时插手中木杖的地方。"夏加里"刚好在八廓东街和西街的拐角处,这个拐角地方,藏语叫"顿青苏",在这里可以看到石墙上浮雕着的班丹拉姆二女儿神像。

"帕果"上共有四根大经幡杆,除了上面说的两根,另外两根分别叫"格桑塔钦"和"曲亚塔钦"。"格桑塔钦"是为纪念七世达赖喇嘛格桑嘉措坐床而立。"曲亚塔钦"则是17世纪时,为纪念固始汗率兵击败并活捉波日王,第司·索郎绕登主持竖立了这根经柱。四根经幡杆大致在八廓街的四个角。

"顿青苏"西面,现在八廓街居委会的位置,原来是"拉让宁巴",据说是当年宗喀巴大师居住的地方。居委会再往西有一栋藏式楼房叫噶林夏,1951年著名藏族学者根敦群培就在这栋楼里度过了他最后的人生。八廓南街边上的老建筑还有近代大商人邦达昌的府邸、贵族噶雪巴的府邸、贵族吉堆巴府邸、贵族绕噶厦府邸等。绕噶厦府邸北面,现在是八廓街派出所的位置,过去是大贵族多仁的府邸,多仁府后面是拉萨著名的老房子"曲堆林",意思是商议的地方,传说五世达赖喇嘛时,就是在这里和蒙古首领固始汗商定了如何推翻藏巴汗政权的大事。曲堆林对面是班觉热旦,原来是藏王贝子康钦拉的王府,从这里过八廓街就到了人昭寺南面的西热大院,再往北又回到了大昭寺西门。

以上就是"帕果"一圈的沿途大宅和胜迹。八廓街不仅萨嘎达瓦节的时候人群拥挤,在春季传召大法会、秋季农牧产品交换、冬季休闲朝圣等时候也是熙熙攘攘的。拉萨人有句谚语是专门用来形容八廓街人多的:拉萨河的水,八廓街的人。

三、转"林果"——外圈转经道

"林果"位于拉萨古城外围,以大昭寺为中心,把小昭寺、布达拉宫、药王山等重要宗教胜迹都包在其中,形状并不规则。萨嘎达瓦节的时候,"林果"道上处处都是虔诚转经的人,人们从大昭寺出来后经几个小巷就来到八廓老城区内的仓姑寺。仓姑寺所在地方原来是松赞干布的修行地,传说松赞干布为避免拉萨河水泛滥殃及大昭寺，就在这里的一个地洞内修行祈祷，人们把这个洞叫作赞普仓宫，后来在此基础上修建了仓姑寺。仓姑寺出来是林廓南巷，沿着这条巷子可以走到江苏路，再一路向西到金珠路，在太阳岛西桥对面一巷子处进入巴热如布千佛崖，巷子口的煨桑炉是进去的显著标识。

千佛崖是药王山阳面的一块摩崖石刻，山体上凿刻了上千个大大小小的佛像，相传这里最早的石刻佛像是公元 7 世纪松赞干布时期的作品。当年松赞干布在红山见到自然显现的六字真言，这些真言放射出彩虹般的光芒照映到对面药王山，同时药王山体又自然现出观音菩萨、马头金刚等佛像，光芒与佛像相映成彰，十分壮观。松赞干布见到这种景象惊喜万分，下达紧急命令要尼泊尔工匠描摹凿刻下药王山上的众神之像。后来山崖上的摩崖石刻越来越多，到 18 世纪后期，大学者多仁班智达·乌珠绕旦过世后，他的家人为了让他早日转世也加刻了很多"冲达"佛像。千佛崖旁是著名的甘珠尔佛塔。两地出来之后就到了德吉南路，沿德吉路向北经功德林寺绕回到林廓路，沿林廓路到龙王潭公园。

现在我们继续龙王潭内龙王庙"鲁康"故事的第二个版本：龙王潭公园所在地方原来是一片开阔的沼泽地，柳树密布、芦苇蔓延。湖心岛上的龙王阁，供奉着一位龙女，她眉眼清秀、美丽端庄，观之可亲，但其身却盘绕着九条蛇，令人望而生畏。相传龙女的故乡在拉萨市东面墨竹工卡县的斯布峡谷里。公元 8 世纪时，藏王赤松德赞要修建西藏历史上第一座佛教寺院——桑耶寺，便亲自到墨竹色钦地方征集木材。藏王和龙女在色钦朗措湖边相遇，并互相产生了难舍难分的恋情。每逢藏历四月十五日和五月十五日，桑耶寺都派遣僧人，专程到色钦朗措湖祭祀墨竹色钦，以感谢龙女对修建寺院的支持。龙女墨竹色钦皈依佛法之后常常到拉萨来，有时还给大昭寺送酥油！在拉萨住上两天再回老家。五世达赖喇嘛时，布达拉宫扩建翻修，工匠们从红山北面的沼泽地里取土施工，挖得多了便逐渐形成了一个大水坑。有天五世达赖喇嘛做了个梦，梦里龙女坐在一棵快要枯萎的柳树上瑟瑟发抖，她对达赖喇嘛说，工匠们不断挖土侵占了她的领地，拉萨快没法待了，龙女要回到墨竹工卡去，再不来了。听到龙女的话，五世达赖喇嘛突然惊醒，马上命令第司·桑杰嘉措把大水坑改造成人工湖，湖中空地变成小岛，岛上为墨竹色钦建筑一

座精致的龙女宫，也就是现在的鲁康，从此龙女就常居拉萨。以后每年萨嘎达瓦节，拉萨人都来祭祀龙女，祈求保佑。当然，这只是一个传说，一般认为是六世达赖喇嘛填湖建宫，建成龙王潭。

四、转"孜果"——布达拉宫外墙转经道

"囊果""帕果""林果"都是以大昭寺为中心的转经道。现在我们来看看以布达拉宫为中心的几个转经道。布达拉宫始建于松赞干布时期，"布达拉"是梵语音译，与汉语的"普陀"同意，是观音菩萨居住地的意思。在藏传佛教密教典籍看来，与贪、嗔、痴三毒对应的是密续三部，即莲花部对应贪毒，金刚部对应嗔毒，佛部对应痴毒。每部密宗分别有保护神，佛部文殊菩萨、莲花部观音菩萨、金刚部金刚手菩萨，三尊菩萨分别代表大智、大悲、大力，合称"三怙主"，在藏传佛教中备受尊崇。布达拉宫所在红山玛波日在藏族人眼里就是观音菩萨的道场，而曾经生活于此的松赞干布及历代达赖喇嘛便是观音菩萨的化身。据说当年红山上的堡寨建成之后，松赞干布立即派人从尼泊尔南部请回一尊檀香木雕刻成的观音菩萨像，叫鲁格夏热，是松赞干布修炼佛法的本尊。这尊观音菩萨像是布达拉宫的镇宫之宝，经历颇为神奇，历史上因战乱几经丢失又失而复得。

布达拉宫的中心地位在历史上并不是一贯的。公元 8 世纪时印度佛法并没有在吐蕃大地上完全传播开来，吐蕃赞普赤松德赞执政后抵制住信仰苯教的旧臣们的反对，迎请了印度高僧寂护进藏传法，世事难料，一场罕见的特大雷暴轰击了红山城堡的屋顶，烧毁了大量宫室房舍，雪上加霜的是老百姓中又出现了瘟疫等灾难，一时间拉萨城谣言四起，说外来佛教的闯入让念青唐古拉山神愤怒了，再这样下去百姓还会灾祸不断，于是大家纷纷要求寂护离开拉萨。佛教传播不成，先人所建城堡被毁，此后赤松德赞的政教活动中心也转移到山南的雅砻河谷。一直到吐蕃末期朗达玛灭佛，红山城堡都没再恢复过往日威严。在藏传佛教重新兴起后，古堡内才开始有陆陆续续的诵经、传法等活动。17 世纪格鲁派兴盛、达赖喇嘛被推上最高政教首领宝座后，红山及布达拉宫的地位再次被推崇到最高峰。因为达赖喇嘛和松赞干布一样，都是以观音菩萨化身身份执政，红山作为观音菩萨道场，自然再次成为世人

关注的焦点。

布达拉宫旁的药王山是金刚手菩萨的道场，赤热巴巾是金刚手菩萨的化身。拉萨人叫药王山为"加波日"，东面山腰上有一座十分隐秘的洞窟小庙，藏语叫"扎拉鲁普"，据说是松赞干布在位时让自己的三位王妃每人修建一座神庙，其中的木雅妃茹央扎请来工匠凿开了山腰的整个崖壁，中间留一个石柱，供上扎拉贡布护法神像，围绕石柱形成一圈转经的廊道。现在这个小庙仍保存完好，常有信徒或游客来这里转转。

药王山和红山中间的白塔，如今横亘在北京路中间，传说是吐蕃时期金城公主修建的。原来红山和药王山之间有长长的铁索桥互相沟通，桥上系着铃铛彩带等，赞普和王妃侍女们通过铁桥在两地之间来回，每每路过，铁桥在风中晃晃悠悠，铃声叮当悦耳，从底下看就像是天上仙境一般。金城公主进藏后与赤德祖赞生下了一个儿子，但是被藏族王妃纳朗萨强行夺走，公主万分恼怒，一气之下命人砍断铁桥。一年过后，王子满周岁，在宴会上王子重新认母回到公主怀抱。公主转而大喜，又让工匠在两山断开的地方修一白塔，以示连通，并取名叫"扎噶噶日"。

磨盘山在药王山北面、红山西面，是文殊菩萨的道场，赤松德赞是文殊菩萨的化身。磨盘山顶上有关帝庙，山下有功德林寺。山体北面也就是今天北京路和德吉路交叉路口处，有一处被磨得黑亮的崖坡，据说当年文成公主曾在此坐下休息。转经路过的人一般会将自己的背部、腿等靠在崖坡上蹭上几下，大家相信这样做可以治疗背痛、关节炎等疾病。山上的关帝庙修建于 18 世纪，那时抗击廓尔喀侵军的清朝官兵大获全胜，大家一致认为这是关圣帝君护佑的结果，于是纷纷出资在磨盘山上修了一座关帝庙。不过因为关老爷和格萨尔实在太相像了，红脸、青龙偃月刀、赤兔马……渐渐地拉萨藏族老百姓也纷纷来关帝庙朝拜，到现在很多拉萨人都认为那就是格萨尔神庙。

以上三座山及其周边的庙宇圣迹都在"林果"范围之内，也在"麦果"范围之内。"麦果"何为，下文再续。

五、转"麦果"——下游转经道

绕布达拉宫外墙的转经叫"孜果","孜"意为山顶,拉萨人说布达拉宫常说"孜布达拉",意思就是红山上的布达拉宫,"孜果"就是专门围绕布达拉宫的转经道。最早的布达拉宫在松赞干布时期建成,当时红山上建有999间宫室,加山顶一间红楼共1000间,为"王与后互通往来"的王宫,并不用于宗教目的。人们在转"林果"时其实已将布达拉宫围绕在内,但"林果"的中心仍是大昭寺,"孜果"与"囊果""帕果""林果"的最显著区别就是它以布达拉宫作为中心。

另外一个以布达拉宫为中心的转经道叫"麦果",藏语"麦"是向下的意思,因为拉萨河从东往西流,大昭寺在拉萨市东边,属上游区域,布达拉宫在拉萨市西边,属下游区域,"麦果"叫法由此而来。其大概路线是从"孜果"路上的红山东侧的尼姑庙经康昂东路到江苏路,向西过金珠路,林廓一号胡同处往北,经药王山千佛崖,到德吉路,经功德林、磨盘山到北京中路,十字路口处走林廓西路方向,经龙王潭公园内的"江孜塔",回到"孜果"。这样,以布达拉宫为中心的"孜果""麦果"可分别对应、平行于以大昭寺为中心的"囊果""帕果"。

在"孜果"路上,布达拉宫山脚下距离龙王潭公园二三十米的地方,有一个小佛堂。佛堂原来是个民居,后来经改造而成,里面供奉了几块非常珍贵的莲花生大师的石刻。敏琼寺藏语的意思是雏鹰,关于这座寺庙的来历有个有趣的故事。话说当年有一位青海的少年活佛,来到拉萨后发愿要在拉萨建一座寺院,于是他独自一人来到北面山上挑选地方,活佛正摆出各种法器准备祈求神灵指示,一只雏鹰俯冲而下叼走了他手中的法器。雏鹰直飞到山顶,活佛抬头一看,这山就像一个法螺一样散发着吉祥之光,奇妙的是,恰巧这时山谷里响起了法螺的声音。活佛茅塞顿开在此地建立了敏琼寺。后来少年活佛居然在敏琼寺里修炼成了女儿身,从此敏琼寺改成了尼姑庵。

以上介绍的各个转经道,都有层层外扩的格局特点。这与藏传佛教密宗的宇宙观有紧密关联。在佛教密宗看来,整个世界以须弥山为中心,外扩五万由旬的环圈内是宇宙的范围,再外扩二点五万由旬的环圈是宇宙的四大洲和八小洲。须弥山是佛生活的地方，城市空间中供佛的寺庙自然是须弥山的象征，处于中心位置。以大昭寺为中心的转经道和以布达拉宫为中心的转经道虽然中心不一致，所围绕的内容也不全相同，但它们在精神观念上表达的意义是一样的，都是向着人们精神世界的中心"佛"祈祷膜拜。（详见附录1）

六、磕长头——身体对大地的丈量

转经路上的人们手上往往拿个转经筒，边走边摇。这种转经筒其实是诸多转经轮中的一种。转经轮有很多种，拉萨市内最常见的就是手转经轮，包括人们手上拿的小经轮和转经道旁的大经轮，另外还有水转经轮、风转经轮、土转经轮、火转经轮等。转经轮中放置了各种密咒，最多的是观音心咒，经轮转起，密咒的力量就可以通过人或水、空气等各种自然力量无限传递，利益众生。

比起步行转经，磕长头转经的人们更显虔诚，也吸引着更多人的眼球。磕长头，藏语叫"恰册瓦"，"恰"在藏语里是手"喇"的敬语，在这里表示礼节、敬礼的意思，"册"是做、作、举行的意思。"恰册瓦"整体意思可以理解为拜、磕头、献花等，也可以笼统地表示敬奉佛、法、僧，或神山圣湖等圣地的意思。

"恰册瓦"分几种形式。一种叫"杠恰"，指的是用人的身长去磕头，双手向上高举"啪"一声合十后，在额头、喉咙、胸口三个地方做短暂停留，然后整个身体像鱼儿一拱，全身伏到地面上，伏地时双手合十伸直在头顶。这时候的人就像把小尺子，在转经路上一点一点地丈量。"杠恰"是我们在路上最常见到的磕头方式，有的信徒以纯粹"杠恰"的形式转经，也有的信徒每走三步做一个"杠恰"。不管选择哪种方式，只要订好了计划，中途就不会改变。第二种形式叫"撒恰"，指的是用人的身宽来磕头，这时候的人面朝神圣中心，侧身在路上，每侧走一步，做一个磕头动作。"撒恰"比"杠恰"更费时间和精力，但很多人在萨嘎达瓦时仍会选择这种方式。第三种形式叫"棍恰"，是手、脚做收缩状，弯曲上身礼拜的一种方式。这种形式一般不会用在转经的路上，但在寺中佛像前或家中佛龛前常用。

不管是"杠恰"还是"撒恰",朝拜者都是以自身的身语意来向神圣中心行礼。磕头时,双手合十,首先放在额头处,这个部位代表身体,然后双手合着下到喉咙处,这个部位代表声音,再双手合着下到胸口处,这个部位是心,代表意。整个动作下来有点像汉语里讲的五体投地。佛经讲我们人的恶都是从身体的行动、嘴里说出的话,还有我们的心发出的,也就是说我们的身语意产生了贪嗔痴三恶,藏语叫"虐蒙吐诵",而用身语意来磕头朝拜,正是为了消除这三恶,将众生造业和烦恼的身、语、意三业转变为佛的身、语、意三密,就可获得成就。

主巴次西

每年藏历六月初四是主巴次西,这是纪念释迦牟尼首次宣讲四谛、初转法轮的日子。在西藏,纪念佛祖释迦牟尼共有四大节日,一个是藏历正月的神变节,相传是为纪念释迦牟尼在世时有一次在藏历正月初一到十五通过种种神通变幻制伏了众多邪魔外道;第二个是整个藏历四月的萨嘎达瓦节,在四月十五日这天节日达到高潮,因为这天刚好是释迦牟尼的诞生日、涅槃日、成佛日;第三个是藏历九月二十二日的天降节,释迦牟尼母亲死后转生在三十三天,佛祖在这天专程前往天界为母亲讲经,后应印度国王祈请再降人间传法;第四个就是藏历六月初四的主巴次西,相传释迦牟尼曾于藏历六月初四在婆罗奈城向他的五个弟子婆沙波、跋提梨迦宜、陈如等讲述自己获得彻悟的过程,也就是佛祖初转法轮的日子。

法轮,原本是古代印度战争中使用的一种武器,形状像轮子。这个轮子到了佛教中黏附了更多的意义。戒定慧是佛祖教导我们应培养的三学,它们有循序渐进的次第关系,戒就是要完善自己的道德品行,有了品德后才可修定,即尝试让自己内心平静,内心平静了再修慧,即培育智慧。法轮的中心轴代表戒学,辐条代表慧学,外框代表定学。古代印度人将征服四方的大王叫作转轮王,转轮王出世,天空就会出现此轮,佛祖所转法轮当然不是武器，以轮比喻佛所说的法，佛的法轮转起，世人开始修习戒定慧三学，世上一切不善之法自然破碎无余。所以佛祖转法轮其实就是佛祖说法众人尚法的意思。

一、相约去转山

主巴次西拉萨人主要的活动就是去拉萨北郊的山上转经，或说转山。拉萨北郊的山上聚集了很多大大小小的寺庙，是个吉祥宝地。据说这与文成公主有关。文成公主进藏后对拉萨北面山群做了详细勘查，认为它们有的像莲花，有的像伞盖，是吉祥招福之地。因她之言，此后一座又一座寺院、小庙、修行洞等陆续在此建立起来。

佛教密宗认识世界的方式里，可以在一个小小的洞孔中容纳千军万马，或显现诸佛的坛城。在一般人看来是普普通通的山、山洞、泉水，但在有缘者或成就者的眼里，它们都是净地刹土所在。能成为圣迹或圣地的往往都是各类佛或佛的化身加持过的地方，佛的加持以不可思议的力量保护众生。所以虔诚的信徒每每路过这些圣迹，总要恭敬地顶礼一番，到山洞里钻一遍，从泉水中捧点水淋在头上等，以此获得加持。常言道信则有不信则无，加持的力量也是如此。藏族老百姓常说，如果有信心，靠犬牙也能成佛。犬牙被一个虔诚者认定为真正的佛牙后，在虔诚者本人看来就具有了无比的加持力，加持力的根本来源其实是虔诚者本身的坚定信念。正因如此，转山的人们不会去质疑脚印是否真是佛当年留下的，或山洞是否真是宗喀巴修行过的，他们有的只是从圣迹中获取加持的信心。

其实来转山的前藏、后藏、康区、安多等各地的人都有，大多数是来拉萨定居后才来转的，长途朝圣来此转山的人几乎没有。人们在上山前，都要在山脚买些煨桑用品，因为上山后，在山崖边一些突出的大石头平台上，或寺庙煨桑炉边，人们都要稍做停留煨桑拜佛。在大平台的桑堆边，不管认识不认识，大家都会围成一个圆圈，由其中的长者领唱颂歌，最后大家手捧一把糌粑粉，撒向空中，高声呼喊"神胜利咯"。随后大家又各自分头走上转山的道路。有一首歌恰到好处地表达了这个过程，歌词大意是：六月初四那天，我去燔柴供桑；乌孜云雾之中，与老教友相逢；去年本巴山上，没

有相会诺言；今年甲普山上，未料再次相遇；品性高贵善良，教友美若天仙；见到你的面孔，心情平静舒畅；吉日此处相会，你我结缘象征；只要盟誓坚贞，还会再次相遇。

所谓教友，指的是过去拉萨及周边地方信仰同一教派的人组成的民间团体，藏语叫"吉都"，同一"吉都"的人在一些宗教节日或吉祥日子里一同去朝拜。像主巴次西时，如果"吉都"里有一个教友爬上了哲蚌寺后的拉萨最高山根培乌孜，那都是整个"吉都"共享的荣耀。"吉都"作为一种自发的民间团体，不光在宗教活动中有，还分布在各行各业，如制陶业的"吉都"、屠夫组成的"吉都"、表演囊玛的"吉都"。

二、曲折转山路，众多朝圣处

转山的起点有几个选择，一般人们都从现在的西藏军区总医院右侧进入，经"帕崩卡"古城堡进山，之后的路基本无分叉。帕崩卡是一块巨大的龟形磐石，传说松赞干布有一天在红山宫堡上四面观望，突然发现北面娘热沟宝伞山下，有一大块乌龟形状的巨石在阳光照射下闪闪发亮，松赞干布随文成公主学了不少堪舆，一看便知这是吉兆，立马派人赶往北山仔细查看，并决定要在上面盖一座九层城堡。大石头上建房子，而且还是九层，谈何容易！工匠们几经商量决定先除掉磐石表层，用石头垒上第一层墙基，然后把钬块熔化，往墙基中注入铁水，经过如此复杂工序后墙基和磐石就紧紧黏合成一体了，接着再往上一层一层地垒城堡。最后九层宫堡终于建成。

后来，拉萨西边尼木地方的吐蕃大臣吞弥·桑布扎在印度学习创制文字的方法。一回到吐蕃，松赞干布就迎接功臣吞弥·桑布扎在刚建好的九层宫堡里住下，让他安心创制藏文。吞弥·桑布扎效仿兰扎体创制了藏文楷书，效仿乌尔都体创制了藏文草书，另外还创制了拼写藏文最基本的三十个辅音字母和四个元音。松赞干布十分高兴，马上拜吞弥·桑布扎为师，随后自己也在帕崩卡城堡住下，集中学习藏文，并用刚学好的藏文书写成了吐蕃第一个法律"十善法"。现在城堡遗址上建有帕崩卡寺，寺庙往上有个修行洞叫"达点厄桑"，传说达普朵吉强、帕崩卡活佛等都曾在此修行，修行洞的下方有一眼泉水，是当年修行的各大高僧加持过的，可以医治百病。

从帕崩卡上山后，可以看到深褐色山腰上被人踩出的一条淡褐色小道，弯弯曲曲地绕着山腰，不过到了主巴次西这天，小道上行人后脚跟前脚，个个身穿节日盛装，远远眺望转山者犹如山腰上的一条彩链。帕崩卡之后沿着山间小道，依次要经过曲桑寺、扎西曲林庙、卡日尼姑寺等地。

曲桑寺是17世纪时西藏地方政府的第巴为仲麦巴家族修建的家庙，五世达赖喇嘛曾在这里修行，寺庙旁边有一眼叫作秃鹫泉的泉水，据说当时五世达赖喇嘛亲眼看到一只秃鹫在这里饮水，因而取名，藏语"曲桑"也是泉水寺的意思。扎西曲林庙在曲桑寺和色拉寺中间的山上，是18世纪初期统治西藏的蒙古首领拉藏汗建立的，当时色拉寺密宗院派出了21个僧人日夜为拉藏汗念经，到20世纪20年代，色拉寺把这座小庙赠送给了帕崩卡活佛。小庙附近有很多修行洞，常年有密宗大师们在此闭关修炼。

卡日尼姑寺传说最初是由印度高僧帕·丹巴桑杰修建的，他在青藏高原辗转多次，最后来到卡日寺所在山，累极了便坐在半山腰一块巨石旁休息，突然这块巨石旁出现了一头白色奶牛，为高僧献上了新鲜牛奶，帕·丹巴桑杰不禁喊了声"阿妈"，于是巨石上清晰地出现了藏文"阿"字，这块巨石后来也被称为阿字巨石。高僧决定在这座山上勘测地形修建一座寺庙，这个想法出现的时候恰好天上飞来空行母，带领高僧来到卡日寺所在位置，并停下来为高僧跳起了法舞，高僧在空行母的指引下最后决定在此建立一座尼姑寺，于是就有了这座全名叫卡日桑丹林的尼姑寺。在尼姑寺外面，如果我们仔细观察还可以看到一块奶牛模样的大石头，据说当时帕·丹巴桑杰建好寺庙后，有一天从寺大门出来，看到原先那头白色奶牛也跟随到了寺庙附近，高僧激动万分，忙喊"阿妈留步"，奶牛居然真的"留步"了。

随着山道曲折拐弯，人们不知不觉就从一个山头来到了另一个山头，山里的各种圣地也陆陆续续出现在眼前。从色拉寺后面登上色拉乌孜山后，半山腰有座色拉曲顶寺，再往上快到色拉乌孜山顶时有个黄色禅房，就是珠康庙，珠康庙往东是热卡扎山洞。这三个地方传说都是当年宗喀巴修行过的地方。当年为了躲避明成祖的邀请，宗喀巴就藏在热卡扎山洞里专心著书立说，阎罗护法神沿着宗喀巴大师的脚印来到了修行处，却没看到门，于是阎罗护法神用自己的角不停地磨石壁，终于磨出了一个石门，藏语"热卡扎"的意

思就是用角开辟的岩洞。

在热卡扎山洞附近是热卡扎庙，18 世纪时由第一世珠康活佛修建。继续往东，在悬崖峭壁之间有一座小庙叫格藏寺，正对着色拉寺的天葬台，因为格藏寺边的大岩石上有释迦牟尼的摩崖石刻，所以拉萨人认为尸体送到这个天葬台是不需要僧人超度的，因为头顶有释迦牟尼一直在保佑，一定可以顺利转世投胎。

从热卡扎庙出来沿盘山路再走个两三千米就到了普布觉寺，"普布觉"的意思是金刚橛顶上，该寺在 12 世纪时由蔡巴噶举创始人祥·宇扎巴建立，寺庙刚好建在一块形状酷似金刚橛的山崖上，因此得名。在普布觉寺外面，可以看到 17 世纪时由色拉寺麦扎仓堪布邦龙·洛桑土吉建立的邦龙寺遗址。现在我们的转山道路已经从娘热沟方向转移到了夺底沟这边，在夺底路向西往前有个叫乃囊的地方有座尼姑寺叫乃果东强林寺，是 18 世纪末修建的，建寺者有两种说法，一种说法是三世卡多活佛仁增曲多，一种说法是夏钦·朗卡坚赞。

整条转山路上除了有很多比较大的寺庙，还有一些"日追"，也就是小神殿，像色拉寺天葬台北面的吉仓西日追、卡多日追、宫布萨日追等，有些日追现在仅存部分遗址，它们用散落在山腰上的残垣断壁，默默地向过路人诉说着过去的某段历史。另外沿路还有很多修行洞、圣水、圣迹等，不过现在转山的人们一般不会全部转完。用一天时间想把北山的所有圣迹朝拜完，是不可能的。现在很多转山小道都逐渐趋于便利化。一些偏僻的日追、圣迹等就逐渐被人们遗忘。

三、"龙达"飘经文传

主巴次西时来转山的有些人，要在途中完成挂经幡的仪式。经幡是汉语的说法，在藏文化世界里，就是一串串或一片片将经咒图像用雕版印在丝绸、麻纱、布、土纸等上面的各色小旗，藏语称"龙达"。"龙"在藏语中是风的意思，"达"是马，总体大意为风是传播流散印在小旗上的经文的工具，风是无形的马，马是有形的风，它们都是僧俗信众与神灵精神沟通的一种媒介。

龙达印制的图文有很多种，最典型的传统图案中间是一匹骏马，马背上驮着燃起火焰的宝贝，马肚子下刻有六字真言的头字"嗡"，四周环刻四种动物作为保护神，象征圆满的金翅鸟、象征力量的龙、象征稳重的老虎和象征胜利的狮子。这些动物分别对应构成生命的五大元素，金翅鸟是古代藏族信奉的火神，象征火，龙一般居住在水中，象征水，老虎生活在森林中，木生风，所以老虎象征风，狮子居住在雪山上，山由土构成，所以狮子象征土，居于龙达中央的马则象征土、水、火、风所依附的"空"。五种元素密切关联构成所有生命的五大元素。有的龙达印制佛、菩萨、度母、圣僧、师祖、大师、护法等的造型，还有的印制曼陀罗、佛塔、日月、雍仲图和各种吉祥图徽等，有的则纯粹印制佛教密宗咒语，专门为了满足某种愿望。总的来说，拉萨地方的龙达图案比其他地方较为严谨和富丽，宗教感和艺术感都显得强烈、正统一些。

　　主巴次西时挂的经幡不同于过年时插在屋顶的树经幡，而是用绳子将很多方形经幡连接起来的形式，经幡两头分别固定在两个小山头，中间是山沟崖壁，一头挂好后，得牵着经幡爬到另一个小山头挂住另一头，整个过程就算是强壮男子也得一个多小时才能完成。不过越是高、陡、险的地方，人们越愿意挂。因为只有风不停地吹动经幡，经文才能流布世界，人们的愿望才能实现。

　　除了经幡，还有一种纸质风马，巴掌大小的五色纸印上吉祥图案。人们一边把一沓风马往高处抛洒，一边大念颂词：风马上升啊，上升吧，带着我的福运上升，叽叽索索，神胜利咯！满是吉祥哟，风马，愿你全都升入高空！一沓风马随风散开，越飘越高，越飘越高……这不由得让人想起藏族世界起源神话中的风轮，风转而山、水生。在很早以前，有位名叫南喀东丹却松的国王，拥有木、火、土、铁、水等5种本原物质，他收集5种本原物质，放入自己体内，轻轻地"哈"一声，风产生了，当风以轮的形势旋转起来的时候，从中产生了火，凉风、热火的相互作用产生露珠，露珠又凝结成微粒，微粒堆积成山，世界就这样形成。风是世界之所以得以形成的重要环节，也是人们福运能够得到的重要保证。

四、转山的观念来源——神山崇拜

藏地对于神山圣水的崇敬观念及行为，并非全是佛教影响的结果。佛教传入之前，这里曾盛行苯教，苯教之前还有本地的原生信仰，这些信仰经历了苯教解读的过程，又经历了佛教再解读的过程。换种角度看，我们也可以说藏族先民对神山圣水的观念和信仰先后接纳了苯教、佛教的进入，以苯教或佛教的方式继续流行于藏族人民之中。《贤者喜宴》《红史》《雍仲苯教目录》等藏文典籍都曾强调最初在吐蕃地方并没有人类，而是充满了各种非人的精灵、女魔、男魔、龙王等，这些神灵统治着不同的区域。人类出现以后，某些强大的家族便将世系往上追溯到神灵祖先，一些高山便在一些仪轨之后成为祖先灵魂所在地。一个典型的例子就是吐蕃赞普最初来到人间就是降临在高山之上，山是连接天与地的柱子。

哲蚌寺后面的根培乌孜山上有大量的石柱，这些石柱树立的时间已很难稽考，应该是本地非常古老的信仰。老百姓一般称这些石柱为"朵仁"，有时它们被当成"朵居"，意思是男性生殖器官的象征，有时它们也被当成保持友谊持久的盟誓标志。总的来说，这些石柱是祭祀山神和神灵的标志，有辟邪驱魔等各种作用。在根培乌孜山巅上有两层平坦的敞台，第一层拉萨人叫它"拉萨乌孜"，意思是拉萨的头顶，第二层叫"根培乌孜"，是根培山的最高顶，两层敞台之间就是前面说的大量石柱所在地。根培乌孜的中央有个奇异的泉眼，直径15厘米左右，只有用小碗才能取到水，拉萨人认为这里的泉水是"圣水"，只有有福气之人才能喝到它。因为根培乌孜是拉萨周边最高的山，能爬到山顶取到圣水，确实很不容易。

山，对于古代藏族人来说有着非同一般的意义。根据藏族苯教资料记载，雪域大地上共有九大神山保护着青藏高原以及这片土地上生活着的人们。《西藏王统记》曾这样解说吐蕃地理形貌："知有雪域藏土为女魔仰卧之相，卧塘湖即魔女心血，三山为其心窍之脉络，此地乃纯位于魔女之心上，东方有一地煞，状如鳄鱼占据小山，是乃巴琅中坝山，当作一右旋白螺形以向之。东南有一地煞，状如魔女张阴，乃降堆森浦，当造一大自在天像以向之。西南有一地煞，状如黑蝎撄食，乃至玉麻山之东山，当造一大鹏金翅鸟以向之。

西方有一地煞，状如黑魔探头，乃泛岩之岩顶，当建一石塔以向之。北方有一煞，状如大象上阵，乃位于娘镇与格德之界山，当造一石狮以向之。"藏土犹如一个巨大的魔女静卧地上，于是这里的山川河流都成了她身上的某个器官。

在松赞干布时期，文成公主从汉地带入"五行算经"，用古代中原地区流行的五行推算山川地理的吉凶，当时的拉萨南北两面高山包围，中间是沼泽蛮荒之地，沼泽地中的红山像一头安卧的大象，旁边的药王山像一头向天腾跳的雄狮，磨盘山则像一头钻进沙丘的猛虎，一条东西走向的大河横穿其间，整体地貌呈八瓣瑞莲之形，天空现八辐金轮之状，所以总体讲是个殊胜之地。但局部也有凶恶之地，像东西方有水怪兀立之状，应建海螺塔镇压，南面有乌龟摄食之状，应建大鹏鸟嘴塔镇压等，佛法的寺、塔、像等是各类凶恶的镇压法宝，帮助实现凶恶之地向吉祥之地的转换。

《西藏王统记》这样描述拉萨的山："东方，则呈现梵塔形，此乃班柯贡瓦日山。南方呈现宝聚形，乃治之后山。西方呈现螺碗置于拱架形，乃堆隆丈浦山。北方呈莲花开放之形，乃格德拉浦山。他如娘镇潘迦山，其头如伞盖；墨竹后山，其眼如金鱼；洞卡岩山，其舌如莲花；治之冰川，其声如海螺；宗赞之山，其颈如宝瓶；王玛之山，其心如吉祥结；潘迦之山，其身如幢幡；堆隆丈浦之平川，其手足如轮辐。诸如是等乃具足八吉祥之相也。"从这里可以看出，最初堪舆的形式在佛教盛行后注入了许多佛教术语，拉萨周围的山体也被赋予了更加丰富的形容。梁正彭迦山如同宝伞形状，玛仲山现出鱼形，东喀山现出莲花形，帕崩卡后面的色东岩山现出右旋海螺形，仲赞日山顶如宝瓶，裕巴山上现出吉祥结，澎迦山如胜幢，帐普山现出金轮。宝伞、金鱼、宝瓶、莲花、右旋海螺、吉祥结、胜幢、金轮是藏传佛教的八大吉祥徽，藏语叫"扎西大结"。"扎西大结"包裹着的拉萨，加上众多寺庙佛塔的点缀，变得更加神圣。

过去，很多神山都是苯教的守护神，佛教传入并逐渐占据主导地位以后，一些苯教神山被纳入佛教体系，成为佛教守护神。如西起拉萨市当雄县东到昌都市八宿县的念青唐古拉山脉由念青唐古拉山神统治，该山神居住在拉萨地区当雄地方，是一位凶猛的掌管冰雹的苯教神灵，人们必须向山神供奉牛

羊使其愉悦才能避免灾害。传说莲花生大师来雪域传扬佛法之时，念青唐古拉雪山之神一条巨大蟒蛇之相现身，光脑袋就有山峰那么大，脚伸开直到现在青海西宁一带，山神两手按在前藏后藏之上，大嘴朝莲花生喷出雪暴，莲花生大师既无奈又恼火，于是坐下来观想恰那多吉，做了一番瑜伽术，弄得念青唐古拉山神十分害怕，不得不臣服于莲花生大师，做了他的护法，成为佛教的护法神，后来还成为布达拉宫所在红山的保护神。

山，是有生命的，较高的山峰或形态奇特的山总是被人们看作众山之王，它们有着无比的威力和无上的地位。不知从什么时候开始，藏族人民就用各部落祖先或图腾神灵的名号去为山命名，祖先名号由此流传下来，那些山也因此成为雪域神山。所以现在的主巴次西虽然以纯粹佛教意义的节日出现，但在老百姓的实践层面它有着更久远更丰富的含义。转山实践中的无意识层面应该与藏族的古老神话有关，体现的是生命产生的曲线形式。山就是祖先，祖先的灵魂生活在山上，人们一次次地转山，从自身的生命节点走向死亡，又从死亡回到生命序列之中。

苯教神话中经常有旋转形成各种新物质的情节，佛教神话中天地之间也是通过须弥山的旋转而结合，再往远的说，道教其实也讲究旋转运动的世界形成方式。这些宗教都充分认识到螺旋形是宇宙的根源，在动与静、生与死、阴与阳的二元世界观中，呈现一种从静到动、从生到死、从阴到阳，生成、发展下去的无限循环的运动形态。在神话中，宇宙的诞生是对理想境界的破坏，宇宙的发展同时意味着衰亡的临近。也就是说物质世界越来越丰富的同时精神世界将越来越消亡，这是苯教和佛教都持有的观点。为了缓和这种倒退，人类发明了各种宗教仪式试图回到神话中的创世起点。这也许就是人们不停转经、不停转山的无意识内容。

五、历史悠久的转湿地传统

过去人们转山还要把山脚下的拉鲁湿地连同着转进去，现在年轻人已很少转湿地，偶尔还可以看到一些老人或腿脚不便的人转。转湿地路线大致从二环路向西经拉萨海关到哲蚌寺山下，沿拉鲁湿地经西藏自治区党校、贡巴萨、巴尔库村向南折回到二环路。

转山与山神、神山信仰有关，转湿地则与龙神信仰有关。龙神是一种生活在地下的神，藏语叫"鲁"。早期的龙神大多指的是水中的一些动物，如鱼、蛙、蛇，它们生活在水井、河流、湖泊等有水的地方，守卫着秘密的财宝。后来龙神的居住范围超出了与水关联的场所，开始住在奇怪的山尖上，黑色的岩石上，猪鼻子似的坟堆上，像卧牛的山上，或柏树、桦树、云杉等地方。龙神对人类有强大的威慑，是瘟疫、梅毒、天花、麻风病等424种疾病的根源，所以人类必须对它们谨慎地侍奉、恭敬地供祀。

苯教兴起后，"鲁"的形象演变为各种人身怪头，如人身狮头、人身熊头、人身虎头，后面一般带有鱼尾或蛇尾。在苯教宇宙观里面，龙神居于地下，属于阴性，类似于原始地母的观念，世界的形成、陆地的陷落或消失与它有关，扩展开来说，人类的平安、社会的稳定都与它有关。"鲁"到底有多重要，让我们来看一段《十万龙经》的叙述：龙头的上部变成天空，龙的右眼变成月亮，龙的左眼变成太阳，龙的四颗上门牙变成四颗行星。当它睁开眼睛的时候，白天就出现了；当它闭上眼睛的时候，黑夜就降临了。……龙的声音形成了雷，龙的舌头形成了闪电，龙的呼吸之气形成了云，龙的眼泪形成了雨。它的鼻孔产生了风，它的血液形成了宇宙的五大洋，它的血管形成了无数的河流，它的肉体形成了大地，它的骨骼变成了山脉。"鲁"与人类所依存环境以及人类生活自身的关系密切，使得"鲁"崇拜在藏族民间盛行不衰。我们经常在住宅的院外墙壁上、门板上或厨房灶头及灶壁墙等地方见到画着的蝎子或蛇等动物，这就是"鲁"崇拜的一种遗存，在藏族老百姓观念中，这些地方都是鲁神的依附之处。这些地方往往有很多禁忌，违反禁忌就触犯了鲁神，将招来灾祸。

佛教盛行后，很多鲁神都被收服成为佛教护法神。在进入佛教万神殿之前，鲁是一种毒性很强随时可能危害人类的可怕神灵。直到有一天，莲花生大师来到藏地宣扬佛法，正巧在雅鲁藏布江边修炼之时，迎面过来一位全身发光通身紫色的青年，这位青年头顶九个乌鸦脑袋，下身如蛇又长满眼睛，嘴里发出雷声阵阵并狂喷冰雹，这就是当时的一位鲁神。莲花生大师连念一百零八种咒语，终于逼鲁神露出原形，折服为佛教的护法神。随后吐蕃所有的鲁神都陆陆续续降伏于莲花生门下，不再危害人类。鲁神进入佛教系统

之后变得温柔善良多了,她们常常以女性造型出现,人首蛇身,穿着羽毛长袍的丝绸长衫,骑着一匹白色水纹的蓝马,手持装满宝石的水晶花瓶。

　　藏传佛教的神灵系统有着严格的等级制度,按照六道轮回理论大体可分为世间神和出世间神两类。出世间神没在六道轮回以内,是更高等级的神灵,而山神、龙神等大多是没有出六道轮回的神灵,也就是世间神。世间神与人们的生活息息相关,更具本土特征,在佛教传入之后,这些神灵被收服到佛教神灵体系中,它们拥有的能力与满足人们各种世俗事务有关。正因为龙神、山神等世间神没有走出欲界、色界、无色界的轮回,它们对物质和感受还存有贪恋,所以人们才能投其所好用各种祭品祭祀取悦它们,世间神在享用这些祭品后就要实现人们的各种愿望,双方形成一种相互依赖的关系。所以主巴次西时人们转山、转湿地,虽说是为了纪念释迦牟尼初转法轮,但在很多老百姓的实践中,也许更多的是为了祭祀山神、鲁神祈求安康吧。

雪顿节

　　雪顿节是拉萨市夏季节日中最隆重的节日,于2006年被列入第一批自治区级非物质文化遗产代表性项目名录,同年又被列入第一批国家级非物质文化遗产代表性项目名录。拉萨雪顿节从每年藏历六月三十日开始,为期四五天左右。藏语里"雪"是酸奶的意思,"顿"是宴会的意思。雪顿节佛事活动基本上只在拉萨地区的几大格鲁派寺院举行,如哲蚌寺、色拉寺、甘丹寺,其中以哲蚌寺展佛最为著名。

一、雪顿节的起源

　　雪顿节的来历有好几种说法。一种说法是早在松赞干布时代,每当将士们征战凯旋,藏王就会为归来的每位将士恩赐酸奶,日久沿袭成现在的雪顿节。还有一种说法与著名佛学大师阿底峡有关,大师在聂当地方定居时,曾规定寺院僧人不得在春天外出,因为此时大地苏醒植物返青,外出踩踏难免

犯下践踏生命的罪过，到了夏天，僧人们才被允许出寺，于是各地寺院纷纷举行展佛、藏戏表演以及请僧人吃酸奶等各种活动。还有一种说法是，雪顿节最初本是与牧事活动密切相关的节日。夏季，草场水草丰美，牛羊肥壮，是产奶的旺季，此间人们制作大量的酸奶，以庆丰收。第四种说法是，雪顿节起源于拉萨的格鲁派寺院哲蚌寺。该寺的比丘和沙弥在长静、夏住、解制三种仪轨的夏住周期圆满时，也就是藏历六月三十日上午日出前，在哲蚌寺西边的诺日山上悬展弥勒佛的唐卡。全寺僧众从当天早上开始就在山前进行祈愿会供等法事活动，下午人们特地向僧众供养酸奶米饭，"雪顿"由此得名。到五世达赖喇嘛时期，哲蚌寺内建立了甘丹颇章地方政府，之后哲蚌寺有关的很多活动也随之丰富起来。过去藏历六月三十日的展佛活动也增加了不少新内容，包括延续至今的哲蚌寺铁棒喇嘛换届和任命书交接仪式等。

比较以上四种说法，"雪顿"最初很有可能是一种纯宗教性质的活动，依据佛教戒律僧人不得外出的禁律解除以后，大家纷纷下山获取百姓酸奶施舍。到15～16世纪时，格鲁派各大寺院规模逐渐扩大，经济实力不断增强，原先僧人下山化缘酸奶的习惯也逐渐改为寺庙为本寺僧众发放酸奶，并逐渐增加了藏戏表演等内容。哲蚌寺将"雪顿"活动正式化，当时西藏政教合一制度已基本巩固，格鲁派建立了噶厦地方政府，基本掌握着西藏的政治经济大局，设立雪顿节正是政教盛世的象征。

哲蚌寺喇嘛吃酸奶过雪顿节一般在藏历六月三十，这天是寺内"措青协俄"也就是铁棒喇嘛换届的日子，大家共享酸奶，不仅欢度雪顿还有祝贺新任铁棒喇嘛的含义。过去哲蚌寺的铁棒喇嘛可是威风凛凛，据一份20世纪30年代的文献记载，当时哲蚌寺的铁棒喇嘛每日下午都要到拉萨街头维持治安，卫队20多名、下役20多名，加上督办、帮办、总务长等一行共40多人，列队游行全拉萨。督办、帮办手持四尺长八寸方的镀金空铁杆，身披鲜红氆氇偏衫，脚穿金丝缎官靴，领队前行。卫队人员脸上涂满黑锅烟灰和酥油面，手持碗口粗的木棍，腰间斜插三尺长宝剑，黑中透亮威武至极。铁棒喇嘛队伍走过的路上，沿街民众纷纷退到道路两侧肃静回避。由此可见，过去在哲蚌寺当铁棒喇嘛是何等威武之事，新任铁棒喇嘛当然值得好好祝贺一番。

哲蚌寺喇嘛吃的酸奶不同于其他寺院，雪白的酸奶上要加入一点红色，

这跟一个有趣的传说有关。相传过去哲蚌寺西面的山上住着一个魔鬼，魔鬼一般沉睡山中，但每到雪顿节的时候就要醒来残害生灵，不见血迹绝不罢休，寺中喇嘛为了哄骗魔鬼，便在酸奶中放入一点红色，让魔鬼以为是生灵的血迹，以为自己战胜了寺中佛光，他便会满意地继续沉睡，这样，直到第二年的雪顿节前，这个魔鬼都不会再醒来害人。

为了庆祝铁棒喇嘛的换届仪式，哲蚌寺还专门邀请了穷结扎西宾顿和喜荣仲孜在仪式上举行简短表演。若干年后，这种表演逐渐增多，在展佛前一天下午就开始演出，三十日当天上午在展佛地点简要演出，下午又到西藏地方政府行政长官驻地布达拉宫前的石板地上演出。

18 世纪中期罗布林卡建成后，雍正皇帝批准七世达赖喇嘛每年夏季在此处理政务，这种做法后来被历代达赖喇嘛沿用，罗布林卡也成为达赖喇嘛处理政教事务的夏宫。到 19 世纪中叶，十一世达赖喇嘛在位期间，继续扩建了罗布林卡格桑颇章，并在 1848 年结合他的坐床典礼，在罗布林卡举行了丰富多彩的庆典表演活动，很有可能就在这个时期，罗布林卡开了雪顿藏戏表演的先例。达赖喇嘛赏赐僧俗官员酸奶盛宴以及藏戏表演的场所，也从布达拉宫逐渐转到罗布林卡，各地藏戏团纷纷涌向这里。到十三世达赖喇嘛时期，西藏地方政府有了专职的部门来管理并以固定模式安排雪顿期间的藏戏演出，并以"差"的形式固定了下来。

二、两座寺院的展佛活动

哲蚌寺的展佛是全体拉萨人每年最期待的喜事之一。过去哲蚌寺展佛结束后，在哲蚌宫殿以及桑罗、擦瓦、工布、藏巴等四个康村的院子里就开始藏戏表演。现在藏戏表演大多集中到罗布林卡举行。所以很多人一看完哲蚌寺展佛，就开始奔向罗布林卡。看哲蚌寺展佛，最好在凌晨四点左右就出发，这时候虽然天空仍然漆黑一片，但拉萨市的大街小巷早已涌动着不少人群，越靠近哲蚌寺，人越多，大家都急切地奔往哲蚌寺西面的山上，争取占据一个最有利的位置。

山体面朝东方，山的上半身上架着一个巨大的铁架子，山的下半身布满密密麻麻的人群。太阳还未出来天边泛起淡淡金色的时候，寺庙喇嘛吹响短

哲蚌寺展佛场面一角

暂的法号，提示着展佛即将开始。法号结束后，在高举旗幡的仪仗队导引下，有四五十名喇嘛挑着一幅卷起的唐卡从寺院措钦大殿出来。这些喇嘛一个个头戴金色鸡冠帽，身披绛红色氆氇斗篷，脚上穿着毡底布靴，一律庄严肃穆的表情。这时的唐卡因为是卷起的，看起来像一根橙黄色的长幡，有几十丈长。唐卡经过的路边，围观的人们纷纷用头、手去触摸，为了不耽误太阳升起的时辰，唐卡周围的喇嘛不得不催赶人群。待唐卡被抬到铁架底部，喇嘛们慢慢解开绑在上面的绳索，从铁架底部一点点往上推开，佛像的胸部、脖子、嘴巴、鼻子、眼睛、额头依次展露出来。佛像全部展开之后，在法乐和诵经声中，喇嘛们又把遮在大佛上面的纱罩小心翼翼地揭开。渐渐地，庄重慈祥的佛画更加清晰地展现在人们面前。

等太阳刚好升上东边山顶时，佛像也刚好完全展现，整个过程大约半个钟头。这时静待已久的人群全面涌动，临近唐卡的人们向佛像敬献哈达和钱币，远处的人们默念六字真言，对着大佛祈祷。大佛唐卡周边的喇嘛一方面要抚平唐卡边幅，拉扯平整；另一方面还要维持唐卡边人群的秩序，保证唐卡不被损坏。

在佛像跟前的人能仔细地看清唐卡的局部，但无法纵观全景，所以一些人在近距离敬供唐卡后慢慢退到远处，再一睹全貌，有的在下山后走到一些

街区的路口仍再次向着唐卡脱帽致敬。因为唐卡悬挂于高山之间，在十几千米外的地方还能清楚地看到。

色拉寺的雪顿节与哲蚌寺大同小异，也举行展佛、吃酸奶等活动。六月三十这天，色拉寺大殿的屋顶上会展出巨幅唐卡。色拉寺在雪顿节时要跳"噶玛夏"神舞，大殿前的广场上由拉萨护堤队员"热杰巴"、拉胡琴的人"比东巴"、治安巡防员"郭恰瓦"等进行跳神表演。还有很多拉萨乞丐都在这天汇聚色拉寺扮神助跳。这些跳神者都是拉萨社会下层人士，生活条件差，平时衣着破烂，但在跳神这天，他们必须穿上节日盛装，于是很多人只有向他人借用服饰上场。所以很多拉萨人都说"噶玛夏人孜认孜认，借人服饰孜认孜认"。"孜认"是锣鼓伴奏时发出的响声词。

噶玛夏神是一位民间巫师类型的人物，住在八廓街东面的噶玛夏神庙中。神庙初建于15世纪，那时候的楚布噶玛巴七世想增强自身实力，与色拉寺、哲蚌寺抗衡，于是在拉萨东郊修建了规模宏大的噶玛新寺，噶玛夏就是噶玛巴七世在拉萨的府邸。但是后来支持噶玛派的藏巴汗政权在17世纪时被五世达赖喇嘛和固始汗的联合势力推翻，噶玛新寺被毁，噶玛夏也被没收改成色拉寺的护法神殿。之后色拉寺选派了一名巫师在这里降神，他就是第一位噶玛夏神。

每年藏历六月三十日雪顿节来临之际，色拉寺都要派出很多僧人迎请噶玛夏神到色拉寺广场降神。神巫进入癫狂状态以后，表示降神成功，降神师变成万鸡独眼护法神，他用含糊不清的话预测着拉萨未来的吉凶。事后他还会把预言写在一张张藏式纸片上，或用各种神秘图案表示，有时还用一些旗帜等物品演示。降神结束返回噶玛夏途中，他的跟随者就把这些纸片展示给沿路的老百姓看，于是噶玛夏神巫的预言就成了轰动整个拉萨城的大新闻，成为大家热议的话题。

在降神结束后，色拉寺从七月一日开始一直到七月十五日结束，都要给每个僧徒布施糌粑、油煎果等食物，大家欢度节日。

三、重头戏藏戏表演

罗布林卡的雪顿节主要与藏戏表演相联系。藏戏是藏族丰富多彩的民间

文化艺术，其形成过程中吸取了宗教寺庙舞蹈中的不少养分。历史上，藏戏主要采取广场演出的方式，演出时，有简单的化装，戴面具，从面具的造型上可区分人物的善恶。西藏最早的藏戏团是山南市的宾顿雪巴，最有名望、最受群众欢迎的是拉萨的觉木隆戏团，该戏团由18世纪觉木隆地区的民间女艺术人唐桑阿妈组建。此外，还有拉萨的木如寺剧团、尼木的尼木娃剧团、后藏的祥巴剧团、炯巴剧团、山南的扎西雪巴剧团、仁布的江喀剧团等等。藏戏的传统剧目尚存10多种。其中，以民族团结、汉藏友谊为题材的有《文成公主》（又名《汉妃尼妃》）；以社会现实生活为题材的有《囊桑维蚌》《白玛文巴》；以阐释藏传佛教观念为题材的剧目有《赤美更登》《诺桑王子》《顿月顿珠》《卓瓦桑姆》《索吉尼玛》等。以上八大剧目，影响广远，最具代表性，合称"八大藏戏"。过去的藏戏表演时间基本上集中在七月二日到五日。罗布林卡曾经是达赖喇嘛们的夏宫，从五世达赖喇嘛以后的每世达赖喇嘛都会在七月初二这天召集大小官员及高僧到此，以酸奶赐宴，吃完酸奶，还请僧俗民众观看藏戏表演。

藏戏团来自西藏各个地方，其中主要以蓝面派藏戏为主。蓝面派藏戏指的是14世纪唐东杰布对旧藏戏改造之后发展起来的新流派，许多唱腔曲牌都是在后藏的"谐青""夏"等基础上加工发展而成。蓝面派的后期新派有四大剧团：第一个是流行于冈仁波齐峰附近的昂仁县、拉孜县的迥巴派，迥巴派的表演中有古老的杂技、后藏地方的歌舞艺术，还有独具特色的高昂唱腔，脑后音和胸腔共鸣的音运用得较多。第二个是流行于雅鲁藏布江中游仁布县、江孜县、日喀则市的江嘎尔派，带有古朴沉郁的喇嘛戏风格。第三个是南木林县的香巴派，与江嘎尔派有很多相似之处，但又有香河地区的地方色彩。第四个是产生最晚却发展最快的觉木隆派，主要流行于拉萨山南等地，觉木隆派最大的特色就是喜剧表演较多，唱腔、舞蹈都丰富多彩，深受老百姓的欢迎。2006年，觉木隆藏戏被列入第一批自治区级非物质文化遗产代表性项目名录，同年又被列入第一批国家级非物质文化遗产代表性项目名录。

古老的白面派藏戏也是必不可少的，白面派藏戏孕育于雅砻河谷，是在雅砻地方民歌、野牛舞蹈等基础上加工发展起来的一种藏戏，到近代时，过去六大白面派剧团都已基本衰退，只有雅砻扎西雪巴派中还有少数老艺人能

第三章　夏季节日

野牦牛舞表演

够表演。白面派的表演古老、质朴、雄健，但是因为表演者很少，所以一直以来都是作为一种古老吉祥的象征进行展览式演出。另外，还有表演野牛歌舞的"协荣仲孜"班子、单人表演的阿卓鼓舞等。各类戏团到罗布林卡表演都是他们必须完成的一项差事，叫作"支戏差"。"协荣"为藏语，是明镜般的村庄之意，它是拉萨市曲水县一个优美的自然村落。"仲"指野牛。"孜"是舞蹈或玩耍的意思。它是协荣人表演的模拟野牛动作的一种舞蹈，在西藏乃至全国都是独一无二的舞蹈品种。2011年，它被列入第三批国家级非物质文化遗产代表性项目名录。"协荣仲孜"作为独具一格的舞蹈品种，有悠久的历史、古朴的服装、别致的面具、优美的唱腔、欢快的舞步、诙谐的道白，是藏族各阶层人们都喜爱的一种民间歌舞艺术。这种歌舞形式集唱腔、道白、舞蹈于一体，表演者加上伴奏者共7人，均为男子，分别为：野牛两头，由两人一组表演（与汉地狮子舞相似）；阿让或称阿热瓦一个，为领舞者，敲钹者一人，击鼓者一人。野牛分雄和雌，雄牛叫达姆青曲杰（阎魔护法神），雌牛叫班丹拉姆（吉祥天母），阿让称乃穷扎拉庆姆。表演过程中，两头野牛和阿让的动作欢快热烈，表现了庆贺场面；野牛从地上捡哈达，阿让向天扬洒糌粑等动作，表现了吉祥圆满的寓意。阿让在道白中会这样描述："我们'协荣仲孜'是吉祥的象征，任何庆典场合我们都参加过。"因此，每年的雪顿节，"协荣仲孜"都以一种独具风采的民间艺术团体身份参加。虽然不像其他藏剧团那样演出一整天或两三天传统剧目，演出时间也只有十五到二十分钟，但它不可或缺，而且以"谐普"（仪式性的献演）形式来表演。

甘丹颇章政权建立初期，五世达赖喇嘛住在哲蚌寺，所以雪顿节基本上先以哲蚌寺为中心开展活动，后来五世达赖喇嘛移居到布达拉宫，雪顿节仍保持传统，各路藏戏班子先在哲蚌寺演出一天，次日再到布达拉宫为达赖喇嘛演出。到 18 世纪达赖喇嘛夏宫罗布林卡建成后，雪顿节的藏戏表演从布达拉宫转移到罗布林卡，也开始准许拉萨市民一同观戏。各地藏戏团就要在藏历六月二十九日先到布达拉宫向地方政府报到，进行简单的仪式表演，后到罗布林卡向达赖喇嘛致敬，当晚回到哲蚌寺，次日在哲蚌寺演出一天，七月一日再聚集到罗布林卡联合演出。

对于老百姓来说，真正的藏戏表演从七月二日开始，直到七月五日结束，在此期间由拉萨、江孜、昂仁、南木林四个地方的藏戏团在广场轮流演出，拉萨市民和郊区农民都可前来观看。与现在罗布林卡观看藏戏表演的随意性不同，那时的人要进入观看得严格遵守一系列规定，如不得戴帽子、不得喝酒、必须穿藏靴、离罗布林卡一里路就得下马步行、在罗布林卡中严禁进入黄墙内的达赖喇嘛宫殿。

传统的藏戏大多以宣传佛教教义为主，如《赤美更登》《顿月顿珠》《诺桑王子》，主题一般都是劝人从善和惩罚邪恶。藏戏表演在一个露天戏台上进行。原先的露天戏台是个面积不大、比较低矮的土台，后来在 20 世纪 50 年代时将其扩建成现在看到的样子，面积很大，整个戏台也加高了不少，上面铺了石板。露天戏台直接靠着达赖喇嘛观戏楼阁下的大门，观戏楼阁是个两层的装饰精致的藏式建筑，戴着金顶。达赖喇嘛和他的经师就坐在两层楼阁上的大窗台口观看演出，西藏地方政府的全体官员和其他贵族活佛等，都一字排开，坐在露天戏台的南、北两个边沿。露天戏台的东边是广大僧俗群众席地而坐看戏的地方。

过去在罗布林卡演出的藏戏团一般有自己的保留剧目，大家都是在最热

闹、最荣耀的时间献出自己最拿手的作品。觉木隆藏戏团是个半专业的剧团，边演戏还边趁节日人多做点生意。觉木隆的队员大多常年生活在拉萨，有时有些人还流浪到印度、尼泊尔等地卖艺，他们的表演不像传统藏戏一板一眼必须到位，而是比较随性，中间还穿插一些新花样，在老百姓当中最受欢迎。参加雪顿节的所有藏戏团中，只有觉木隆有女演员，但雪顿节时女演员是不能进罗布林卡演戏的，她们只能在帐篷里做饭熬茶，或趁着节日另谋收入。

演出结束后，达赖喇嘛和西藏地方政府当场要给每个藏戏团比较丰厚的赏赐。孜恰列空的官员代表达赖喇嘛给演员送东西，按照惯例有成袋的青稞、糌粑，还有包裹好的酥油、茶叶等。前来看戏的僧俗官员和部分商人、百姓，用哈达包裹钱币，在戏剧演到预定时间即吉祥欢庆的时刻，就将哈达抛向舞台，抛的过程中，哈达散开，钱币雨点般哗哗地落在演员们的身上或地上。剧团有专人上来收钱，演出完毕后按规定进行分配，参加演出的演员一人一份，孩子算半份，没上台演出的算四分之一份，戏师最多，有两份，他们的助手甲鲁一份半。据说有一年，十三世达赖喇嘛还颁布了金面具奖和金耳环奖，最佳男演员被授予一个饰有金子日月图案的面具。每个剧团的戏师，奖给一个金耳环。

四、新的发展与新的内容

随着拉萨经济的发展，改革开放步伐的加大，如今的雪顿节已成为城市文化标签，吸引着国内外旅游者的参与。在传统时间、传统形式的框架下，增加了很多新的时代内容和意义。雪顿节现已成为拉萨文化旅游和招商引资的重点窗口，是地方经济发展与文化繁荣的融合结点，是旅游休闲、文艺会演、商务洽谈等相结合的节日盛会。不过上面提到的哲蚌寺展佛、色拉寺展佛、罗布林卡藏戏表演等传统节日仪式仍在继续。2006年，被誉为西藏文化"活化石"的藏戏经国务院批准，被列入中国第一批国家级非物质文化遗产名录。2009年，藏戏被列入联合国教科文组织人类非物质文化遗产代表性项目名录。国家对西藏文化的重视与保护将更加有力地促进传统节日的传承与发展。

如2012年的雪顿节，从藏历六月三十日哲蚌寺的展佛开始，标志着一

雪顿节上的啤酒展销活动

年一度的拉萨雪顿节拉开帷幕。主办方以"幸福拉萨,文化雪顿"为主题,把为期七天的雪顿节活动安排得满满当当,使拉萨人和来旅游的人都能够依照自己的喜好,享受到节日的欢乐。节日的各种活动文化味儿特别浓,除了传统的宗教节庆活动、体育活动、旅游活动,以及学术交流活动,还首次举办了藏戏大赛、"雪顿之星"歌手大赛、首届中国藏地音乐高峰论坛等活动。一个节日就是一个契机,把西藏悠久的历史、灿烂的文化、丰富的世界文化遗产和经贸洽谈、旅游休闲等以现代方式结合起来,吸引了不少游客。

2013年雪顿节,主办方坚持"政府主导、企业参与、市场运作、节俭精致"的原则,借鉴历届雪顿节成功举办的经验,紧紧围绕"展佛、藏戏、酸奶"三大传统活动展开,以"美丽家园·幸福拉萨"为主题,开展了"共话中国梦"研讨会,雪顿主题曲创作征集,"微雪顿",雪顿之星暨音乐高峰论坛,藏戏会演,藏戏比赛暨论坛,唐卡、书画、摄影作品展,"雪顿之夜"大型音乐会暨雪顿节闭幕式等九项重点活动,比往年又增加了不少新亮点、新特色、新形式,展现了璀璨的西藏优秀传统文化,促进了国内外民族文化的交流与融合,成为世界了解中国的亮丽名片。

2014年雪顿节,主办方以"美丽家园·幸福拉萨"为主题,在哲蚌寺、色拉寺展佛,藏戏表演等传统项目的基础上,创设了唐卡艺术博览会、珠穆朗玛峰摄影展、藏式特色美食展、房产展销会等9大活动项目13个子活动项目。同时,在罗布林卡邀请国家级非物质文化遗产传承人说唱"喇嘛玛尼",

举办啤酒节、歌舞表演等活动。

在节庆特色上，除了突出群众性、文化性、宣传性、商务性等传统特点，还紧跟时代要求，突出了安全、特色、精彩、节俭等特色。2014年的雪顿节，拉萨人民度过了一段美好的节庆时光，游客们享受了一段精彩的旅行，商家们也在节庆最后收获了一份可喜的成绩，据了解，2014年雪顿节举办的经贸洽谈会共达成项目86个，签约资金466.65亿元；房产展销会吸引了全区共31家房地产开发企业携45个楼盘参展。节日最后以在拉萨市民族文化艺术宫举行的"2014泰和国际·中国拉萨雪顿节闭幕式音乐会"圆满收尾。

贡堂梅朵曲巴

藏历四月十五日的贡堂梅朵曲巴与拉萨酥油花灯会、桑耶寺的"多德修供"、热振寺的"杜鹃修供"合称为藏地的四大修供。贡堂梅朵曲巴的大意是贡堂寺的鲜花供佛节。贡堂寺和蔡寺合称为蔡贡堂寺，位于拉萨大桥向东沿公路大概6千米的位置，在蔡贡堂乡的中央。藏语"蔡"是碎布的意思，据说当年藏传佛教史上"三至宝"之一的蔡巴噶举创始人祥·宇扎巴，在飞越拉萨城北面山脉的"普布觉"山崖时，衣服上的几块碎布掉了下来，于是这个地方就被命名为蔡。"贡堂"的名字据说是米拉日巴大师在蔡贡堂寺南面的曲阔林修行时取的。后来人们习惯将两名合用，称此地为蔡贡堂。

祥·宇扎巴当年创立的蔡巴噶举势力曾盛极一时，统治过整个拉萨河谷和雅鲁藏布江流域的部分地区，元朝建立以后，西藏被划分为13个万户，蔡巴噶举就是其中之一，其中几代万户长还被元朝和明朝皇帝封授为大司徒。当时的蔡寺拥有三个属寺，贡堂寺拥有四个属寺。贡堂梅朵曲巴的女主角贡堂拉姆神像就被供奉在贡堂寺内，不过贡堂寺主殿主供的还是释迦牟尼大佛。据说贡堂梅朵曲巴最初就是在释迦牟尼大佛开光的时候，周边僧俗纷纷采来鲜花进行供奉才形成的。至于贡堂拉姆怎么就取代释迦牟尼大佛成了这个节日的主角之一，那是后来的故事了。

一、男主角的传奇故事

一个地方的保护神，藏语叫"希达"，"希"是区域、根基的意思，"达"是管理、主宰的意思。很多地方的"希达"跟当地的山神是重合的，藏族民间谚语说，山顶上的是希达，山腰上的是拉则，山脚下的是拉康。青海、四川等地的藏族聚居区常在神山顶上建立插箭台，这就是祭祀"希达"的地方，叫作"拉则"。但在拉萨及周边地区，佛教的保护神充当了大部分"希达"的位置。贡堂梅朵曲巴的男主角赤宗赞就是这样一位神灵。

赤宗赞是一位长相颇为英俊的护法神，"人生经历"也颇为丰富。传说当年文成公主带着释迦牟尼等身像来到西藏的时候，赤宗赞是负责护送、保护工作的一位汉族将军，他随着文成公主在拉萨落脚，死后成为大昭寺释迦牟尼佛像的守护神。

当时大昭寺和拉萨城的最大护法是松赞干布专门从印度迎请过来的大命女王班丹拉姆。班丹拉姆是藏传佛教万神殿上的首席密宗女性护法大神，性情古怪，几乎不近人情。在班丹拉姆来到西藏的1000年里她都是孤身一人，有时以温和法相出现，有时以威猛法相出现，有时还以蛙脸像出现。不知从什么时候开始，人们逐渐地将她的蛙脸相演变成了她的大女儿白巴东则，把她的温和相演变成了她的小女儿白拉协姆，后来又把住在东孜苏巷对面的东苏拉姆变成了她的二女儿。

赤宗赞忍受不了寺院里守护佛像的枯燥工作，悄悄爱上了老太太的大女儿白巴东则。班丹拉姆得知情况后哪肯罢休，用强硬手段将这对情侣拆散，把赤宗赞驱赶到拉萨河对岸的次角林，同时还规定女儿和赤宗赞只能在每年藏历十月十五日这天隔着拉萨河相望，一年一次隔河相望已经够苦的了，班丹拉姆还出了更古怪的招，这一年一次的见面还不能超过半炷香的时间。于是，人们就在每年藏历十月十五这天将两尊神像抬出来隔河相对，这就是"白拉日追"，这天拉萨妇女会提着青稞酒来到大女儿的蛙脸神像前，把酒倒进神像肚子前的大铁桶里，铁桶尾部有个软管，酒从管子里流出来后，就算是白巴东则女神加持过的酒了。加持过的青稞酒无论是喝下还是抹点在头上，都会给妇女们带来好运。"白拉日追"节日这天拉萨妇女还可以随意向男人

要钱，这时候的男人不论自身富裕贫穷或与对面女人熟悉与否都要多多少少拿出点。看来白巴东则用一年的寂寞换来的半炷香幸福也给拉萨妇女带来了一天的快乐。

据说，在西藏和平解放前，拉萨有一群祭祀和追随白巴东则女神的妇女，大家称她们为"白苏玛"。白拉日追这天，"白苏玛"们会穿上她们最漂亮的藏袍，戴上各种精美的金玉首饰，跟在背负着白巴东则神像的喇嘛后面，手上拿着燃烧的藏香，口中唱着赞颂女神的歌，簇拥着神像围绕八廓街转圈，然后陪同神像一起到拉萨河边。这些"白苏玛"的虔诚拥戴可以让女神高兴万分，保佑这些崇拜者永葆青春娇颜。

班丹拉姆的母性强权也用在了另外两个女儿身上。二女儿东苏拉姆有点好吃懒做，被赶到了八廓街的拐角处以乞讨为生，"东苏"就是经杆拐角处的意思，现在位置在八廓街内玛吉阿米茶馆对面。小女儿白拉协姆因为一件小事没有尽力而为被惩罚全身爬满老鼠。班丹拉姆的威猛形象可见一斑。

话说回到赤宗赞，他在爱上班丹拉姆大女儿被流放到拉萨河南岸次角林后，住在崩巴日山脚下，无论春夏秋冬风吹雨淋都无处藏身，真是十分可怜。有一天，八世达赖喇嘛在布达拉宫顶上观望拉萨四周，朝南看时发现了赤宗赞在寒冷中哆嗦的身影，心生同情，马上派人到河对岸为他专门修建了一个神殿，还封他为次角林村的地方保护神，也就是"希达"，负责掌管该地的晴雨气候五谷丰歉。那时候半山腰上刚好建了个寺院叫次角林寺，是当年廓尔喀人入侵后从吉仲县逃难来到拉萨的僧人请求八世达赖喇嘛建立的，赤宗赞的神殿就是以次角林寺分寺的身份存在，赤宗赞也顺其自然成为次角林寺的护法神。

二、不省油的女主角

赤宗赞有了神殿，日子比以前好过多了，可他终究是位多情种，后来又爱上了东边蔡贡堂村的贡堂拉姆。贡堂拉姆也不是一位省油的女神，拉萨老人常说，挖人家墙角，夺别人丈夫，都是从贡堂拉姆开始的。除了赤宗赞和白巴东则这对神灵情侣，贡堂拉姆还曾活生生拆散了一对民间情侣。

故事的男主角是拉萨城里的一位名叫噶旦的青年。噶旦和邻居琼吉青梅竹马，互有爱意，但琼吉家境贫寒，噶旦母亲极力反对两人在一起，几经波

折,最终有情人终成眷属。这婚后的日子可就不好过了,噶旦母亲想方设法折磨琼吉姑娘,可怜的琼吉每天得干很多苦力活,吃的却是剩饭冷茶。母亲让这对小夫妻去砍柴,吩咐儿子只要砍回一小捆就行,媳妇必须砍回一大捆。噶旦心疼自己的媳妇,在砍完一小捆后就去帮琼吉,还唱着歌安慰琼吉:琼吉别哭别悲伤,琼吉别哭别难过,你到树荫下歇歇,阿哥我来帮你砍。琼吉躺到大树底下累得很快就睡着了。这时贡堂拉姆出来了,她看见噶旦小伙子长得标致,心生爱意,一心想把他弄回去当自己丈夫,于是贡堂拉姆化身为一位美丽的姑娘来到噶旦身旁,唱着"咱俩结为夫妻,好不好?咱俩同居三年,成不成?"噶旦一听断然拒绝,"我有妻子琼吉,不能和你结为夫妻,我有妻子琼吉,不能和你同居。"贡堂拉姆很不高兴,说着"梅朵曲巴节上,我等你"就化作清风不见了。

噶旦砍完柴背上大捆的和琼吉一起回家,快进门时,他把大捆的给琼吉,自己提起小捆柴进了门。噶旦母亲看到儿子背的柴就像山羊那么小,媳妇背的柴就像牦牛那么大,十分高兴。第二天凌晨噶旦母亲躺在床上又命令小夫妻俩去河边割草,"儿子割一小捆就行,媳妇要割一大捆才能回家!"两人哆嗦着来到河边,走进冰冷的水里开始割草,噶旦割了小捆草后又让琼吉到岸边休息,琼吉累得很快睡着。贡堂拉姆再次出现,化身成一位俊俏的尼姑,唱着"咱俩结为夫妻,好不好?咱俩同居三年,成不成?"噶旦听后断然拒绝,"我有妻子琼吉,不能和你结为夫妻,我有妻子琼吉,不能和你同居。"贡堂拉姆更不高兴了,说:"梅朵曲巴节上,我等你!"说完,她就化作烟雾不见了。

到了藏历四月十五这天,拉萨河南岸贡堂寺的梅朵曲巴节开始了,周边村子的男女老少都前去凑热闹,噶旦想着贡堂拉姆的话怎么也不肯去。母亲生气地说:"去吧,去吧,比你富的人去了,比你穷的人也去了,和你作对的人去了,跟你要好的人也去了。怕什么?"噶旦无奈带着妻子和大家一起坐上牛皮船(详见附录2),准备渡过拉萨河去参加梅朵曲巴节。这时,贡堂拉姆变成一只花喜鹊不停地在河面上盘旋,牛皮船也跟着不停地打圈圈,眼看着一船的人都快要掉入河中,噶旦急忙朝喜鹊唱道:"你恨一匹马,何必害死百匹马?你恨一个人,何必淹死满船人?"喜鹊一听扇扇翅膀飞回到贡堂寺。

可是过了一会儿，贡堂拉姆又变成一只黑乌鸦在河面上不停地叫，顿时拉萨河上狂风乱作波涛汹涌，眼看着船都快翻了，噶旦再次唱道："你恨一匹马，何必害死百匹马？你恨一个人，何必淹死满船人？"乌鸦听后扇扇翅膀飞回到贡堂寺。船上的人高高兴兴地上了岸去庆祝梅朵曲巴节。噶旦一上岸却头痛得要命，断断续续地告诉琼吉："我……走……了，贡堂……拉姆……逼我……做……她的……丈夫……"说完，他的灵魂就被女神勾走了。琼吉见噶旦断了气，马上掏出一把刀刺向自己的胸膛，她的灵魂也慢悠悠地跟着丈夫进了贡堂寺。

噶旦的灵魂虽被勾到了贡堂寺，但他还是不肯屈服和女神结婚。贡堂拉姆气急败坏，罚噶旦在贡堂寺里背水劈柴，她把所有的气都撒在琼吉身上，可怜的姑娘变成水井边的一块搁桶石，每次噶旦来背水，琼吉都说不了话，只有眼泪一滴滴从石头里渗出来。后来人们知道那块石头是琼吉姑娘后，都十分同情，每逢过年过节，都到搁桶石边插上经幡，撒上糌粑，慰问琼吉姑娘。

不过神灵毕竟是神灵，平时谈笑间再怎么嘲讽，人们在心里还是理解他们，尊重他们的感情，并在关键时候设法愉悦他们。每年藏历四月十五日的贡堂梅朵曲巴就是村民愉悦赤宗赞和贡堂拉姆的日子。这天，大家专门把赤宗赞的神像抬到贡堂寺，让赤宗赞和贡堂拉姆同宿一夜，两位人神还可以和村民一起欣赏羌姆表演，然后再依依不舍地再度分开，直到来年的四月十五再相会。

三、梅朵曲巴仪式过程

对于次角林村的人们来说，护送大神去贡堂寺是一件神圣的大事。藏历年刚过，村里便开始组织选拔十二位强壮的男子，到时负责抬神像。这十二名男子必须由血统纯正的十二户人家派出。梅朵曲巴前一个月，这些男子聚集到赤宗赞神庙，用浸泡过藏红花的水洗脸洗手，并发誓此后的一个月里不吃鱼肉、不吃大蒜、不和女人发生性关系。到梅朵曲巴前一天，村民为大神换上新的战袍甲胄，大神的坐骑宝马也换上新的笼头、红缨，当天晚上十二位男子就在神庙留宿陪同大神，等待激动人心的第二天的到来。

藏历四月十五贡堂梅朵曲巴当天的清晨，十二位男子中的一位到地里为赤宗赞的坐骑扯一把青草，放进坐骑像的嘴里。这个小仪式完成后，大家才恭恭敬敬地抬着赤宗赞大神像朝东出发，十个人轮流抬神像，一个人给大神撑宝伞，一个人沿途收取僧俗信众供奉的财物，中间的村民吹法号、唢呐，敲锣打鼓，煨桑举旗，有点像望果节转田队伍的阵势，最后是浩浩荡荡的次角林全体村民。

大家热热闹闹地把大神送到贡堂寺后，迎面就是贡堂寺的僧人背着贡堂拉姆女神像在大门外等候迎接。两神相见后互相贴着脸依偎在一起，来到蔡寺和贡堂寺中间的跳舞场上，并肩而坐开始观看羌姆表演。羌姆起源很早。据说在公元8世纪桑耶寺建成后的庆典上，莲花生大师结合当时西藏地方的土风舞首创了这一形式。莲花生选择了西藏土风舞中的一些法器舞、模拟动物的舞步以及苯教仪轨中的面具舞等内容，加上他自创的金刚力士舞，混合成各种以驱鬼逐魔为目的的寺院宗教舞蹈，后来经过改进、规范化，逐渐演变传播开来，形成现在的羌姆，即跳神。羌姆正式开跳之前，一般要举行传统的祭祀仪式，因为杀生与佛教教义违背，所以一般用图案器物来代替。仪式开始时，舞场上吹起唢呐、长号，鼓钹齐鸣，群"神"聚集出场，踩着鼓点，绕场一周，然后缓缓开跳。每段舞蹈都有各自的宗教情节，段与段之间，可以穿插喇嘛的摔跤、角斗等表演娱乐观众。最后所有"神"出动带着火花兵器送"鬼"到寺外空地焚烧。这个"鬼"藏语叫"朵玛"，是用糌粑、酥油等制作的象征品。"鬼"被焚烧之后，就可以驱逐一年的邪气，祈祷来年之福。

梅朵曲巴上的羌姆表演中，僧人们戴着各种各样的面具，扮演着天神、护法神、战神、咒师、小鬼等各种角色，娱乐神灵。羌姆要跳一整天，上午由蔡寺的僧人跳，下午由贡堂寺的僧人跳，最后赤宗赞大神和贡堂拉姆女神也要双双进入舞场，男神在前跳女神在后跳，男神跳到左边女神跳到右边，鼓点敲着鲜明的节奏，男神和女神前后、左右、快慢、高低地互相应和，表演十分精彩，看得在场观众如痴如醉。最后两位大神一起跳一段"吉祥九步"舞后，双双进入贡堂寺同宿一夜。

现在寺院极少举办羌姆表演，更多的是邀请娘热藏戏团等拉萨的藏戏班子来表演。两个村子分别承担演出费用。

第二天，赤宗赞就要离开贡堂寺回到次角林，贡堂寺的僧人背着贡堂拉姆神像前来送行，走几步一停留，依依不舍，难舍难分。一年的相思用一天的时间哪能抚平呢！回到次角林后，村里为赤宗赞举行迎接仪式，用青稞酒来招待大神。在迎接仪式中，村民们恭敬地取下大神身上的一个铜钥匙，轮流在自己身体上擦几下，据说这样可以祛除晦气。迎接仪式结束后，大家还不急着把赤宗赞大神送回神庙，而是请他到村子西边的草地上，和村民一起过上一天欢快的林卡。不知道大神过了林卡之后，之前忧伤的"情绪"是否能够得到些缓解？

从佛教万神殿的等级体系来说，赤宗赞为了爱情是被降了级的，从一个释迦牟尼的护法神沦落到一个地方的保护神。不过从另一个角度看，赤宗赞倒是位颇为可爱的神灵，老百姓也从自己的角度理解着神灵的情感世界，所以赤宗赞的两段爱情传奇直到今天还在民间继续传说着。

望果节

"望果"主要是雅鲁藏布江、拉萨河、年楚河等两岸农区的活动，各地叫法不同。日喀则市的拉孜、定日等地称"望果"为"雅吉"，江孜县称为"达热"，工布、林芝西部等地称为"邦桑"。望果节是西藏农村一年中最盛大的节日，一般没有固定日子，每个村子根据本地庄稼生长情况请喇嘛占卜定时。藏语"望"是庄稼的意思，"望果"就是绕着庄稼转。

望果在有的地方被称为"曲果"，"曲"是佛经的意思，"曲果"可直接理解为转经，另有一种说法为"曲望果"，这些称谓都较晚产生，主要是为了突出转田地时必须背着寺院的经书。还有一些地方的老百姓称现在的望果节为"辛果"，"辛"是农田的意思，"辛果"就是绕着农田转。不过现在一般的书刊报纸都只提望果节这种说法。

望果节的仪式（一）

一、望果节的由来

关于望果节的来源，民间有个动人的神话故事。很久以前的一片草滩上住着几户牧羊人，生活困苦潦倒，大家纷纷离开，最后只剩一位老人实在舍不得丢下故土留了下来。他每天早晚都对着神山朝拜祈祷，希望家乡时来运转，希望外出的乡亲富足地生活。老人的真诚感动了掌管当地的神灵，神灵拿出"梅龙"（神镜）照了照那片草滩，发现是旱魔作怪，就派出三个弟子前往救助。大弟子化作千万颗五谷种子，二弟子化作一头勤恳耕牛，三弟子化作不断流的大河，很快庄稼繁茂地生长出来。流浪在外的乡亲们知道情况后纷纷回到故土，看到一片片金灿灿成熟的庄稼，心中无比感激和喜悦，大家列队举着经幡、唱着赞歌，围着庄稼地、绕着大河，转呀转。有人点燃松柏枝条感谢神灵，有人收下第一穗青稞放入火中献给神灵。从那以后每年庄稼成熟的时候，家家户户的男男女女都主动出来围绕庄稼地举行活动，感谢神灵，年复一年就形成了如今的望果节。

望果节作为一种与农业生产有关的节日，它的起源应该与某一地域的土

望果节的仪式（二）

地神或者说土地主有一定关系，也与保护庄稼的一些神灵有关。土地神是一种具有很强地域性的神灵，一个地方的土地神只掌管本地方的各项事务，所以各地的望果节都是围绕自己的神圣土地转圈，转别人的庄稼地是没用的。庄稼长在地里，而土地是土地神的，所以想要收获庄稼就必须征得土地神的同意。土地神居住着的那块土地是神圣的，当然不能随意开垦种植，否则就相当于拿着兵器向土地神示威了。要征得土地神的同意必须好好做一番祭祀，这样他才会开心地离开，农人才能使用这块土地。所以每年繁忙春耕前都会有个启耕仪式，专门祭祀土地神。

庄稼守护神在拉萨及周边地区叫作"阿妈色多"，意思是金石头妈妈。有的叫"阿妈鲁姆杰姆"，意思是龙王老奶奶，总之都与女性有关。这是一块白色的近似圆形的石头，具有生殖的功能。藏族有一则神话故事这样讲道：很早以前，世界混沌不分，万物俱无，只有在东方的白地上呈现出了一片白海和一块白石。天神纽阿姆布得看见后，便吹了一口仙气，化作一只白鹏鸟。这只鸟常常飞到白石上来栖息，久而久之，白石怀孕了，生下一只猿猴。之后，这只猿猴又生出了他们的支系祖先。春播时人们把白石放到庄稼地中，

意味着金石妈妈开始守护庄稼生长。秋收时田间的白石堆边上要留几十束青稞不割，作为祭祀金石妈妈的食物。秋收以后人们会把白石抱回家好好供奉，这样金石妈妈才会在来年继续保护庄稼。除了土地神和金石妈妈，望果节还和另外一些神灵有关，比如掌管风雨冰雹的山神，因为在庄稼成熟的关键时期，一场冰雹下来，往往颗粒无收，这时候好好祭祀山神就显得极为重要。

堆龙德庆区望果节上的赛马活动

望果节上的骑马射箭活动

有些学者认为，望果最早流行于雅鲁藏布江中游河谷地带，依据是《苯教历算法》等一些古老资料的记载。大约在公元5世纪末期也就是布德贡杰赞普统治的时候，雅鲁藏布江的中游河谷地区已经兴修水利，人们还会用木犁耕地，可以说农业发展有了一定的水平。为确保粮食丰收，布德贡杰向苯教师请求赐以教旨，苯教师根据苯教教义，就教农人绕田地转圈，在开镰收割前进行一些祀神祈福的活动。当然这个时期的望果还没有成为一个正式的节日。苯教师创立的望果具有鲜明的苯教特征，全体村民组成的队伍里，最前头是捧着炷香和高举幡杆的引路人，接着由苯教巫师举"达达"（绕着哈达的木棒）和羊右腿领队，意思是收地气，求丰收，后面是手拿青稞穗的村民，绕圈结束之后，村民要把青稞穗拿回家插在谷仓或供在祭祀台上，祈求当年的好收成。

公元8世纪后期，藏传佛教宁玛派兴盛起来，宁玛派是藏传佛教各大教派中最早也是与苯教较为接近的一个派别。因为在公元9世纪中叶朗达玛禁佛后，一些分散在民间的修行者以十分隐蔽的方式继续传播旧密宗，同时他们把盛行在民间的一些苯教神祇、仪轨、咒语都吸收了进来，所以这时期的

第三章　夏季节日

堆龙德庆区望果节上的拔河比赛

望果仪式中自然就增添了不少宁玛符咒的色彩。到 14 世纪格鲁派成为藏传佛教的主要教派，拉萨更是格鲁派势力聚集之地，许多地方的望果活动又变得独具格鲁派风格。

到近代，古老的望果已变成乡间传统的节日，与各地的豁卡经济紧密结合，并融合了赛马、射箭、唱藏戏等各种娱乐内容。像拉萨西面的堆龙德庆地方，在西藏解放以前有个豁卡叫"囊如嘉措"，这个豁卡包括两个村，家如村和噶仲村，那时候的望果节就以豁卡为单位两个村共同进行。

望果节转田的队伍里领头的是巫师"阿巴"，巫师后面是吉祥男童女童，藏语叫"巴乌""巴姆"，大概 12 岁，父母要健在，五官要端正，而且名字还得起得吉祥。如果当年父母为了避邪给取了些丑名，像狗屎"其甲"、猪屎"帕甲"、呆子"郭钦"之类的，那就不可能当上吉祥男童女童了。相反，叫"罗雅"（丰收）、"扎西"（吉祥）、"央宗"（福星）之类的孩子才有机会。吉祥男童女童后面是威武的骑兵队，骑士们有的手拿"达达"，有的拿风马彩旗，有的拿护法神像，每到一个重要地段就停下来煨桑唱颂歌。

—— 117 ——

转田完毕后举行赛马、藏戏等活动。民主改革后，豁卡体制崩溃，两个村分别进入行政区划体系，每个村都开始有了独立的望果节。

西藏解放特别是民主改革后，很多地方的望果节都产生了新一轮的变化，有的地方将举佛像改成举红旗、抬毛主席像等；过去一般由寺院喇嘛或当地巫师卜算决定的时间也发生了变化，如拉萨西郊的东嘎村在每年阳历的8月1日建军节时过望果节，拥军新风尚与传统节日结合，军民同乐，移风易俗，坚持至今。再如，尼木县的望果节也是一个移风易俗的极好例子。尼木县位于拉萨市西边，318国道旁，是一个以农业为主的半农半牧县。尼木县的望果节最初同其他大部分地方一样，由当地负责驱赶冰雹的咒师或寺院喇嘛掐算过节时间，西藏民主改革以后，在节日时间选择和活动内容等方面都发生了一些变化。例如，尼木县塔荣地方的农民一般在秋收结束后，即公历10月1日这天，随国庆节一起过望果节。骑手们打着五星红旗和彩旗转田，随后的僧人等不转田。待骑手们转完田后，便要举行赛马活动，骑手们穿着黄缎子袍服，头戴圆形红穗蒙古帽，骑着装饰非常亮丽的骏马，轮番进行各种形式的比赛活动。赛马有长跑、短跑，还有骑手们在马背上表演奔跑捡哈达和钱币等技巧。村民们还在赛场上每隔一段距离树立一个用牛皮缝的靶子，由骑手们一个接着一个从靶子面前飞驰而过，朝着靶子轮番骑射，中靶者为胜。这里的望果节，不仅是农民庆祝丰收的节日，也成为农民休闲娱乐、移风易俗的一种创举。

二、娱神防雹灾

为了确保庄稼丰收，农民们想尽办法应付着最严重的威胁——冰雹，特别是在庄稼成熟快收割的时节。青藏高原气候复杂多变，夏季时强烈的太阳照射使高原上空的大气比同高度的其他大气热，高原上的热气流不断上升，周边较冷的气流不断涌入，极易出现雷暴、冰雹、积云等天气。冰雹等自然灾害对农民的打击是沉重的，这不仅意味着过去几个月的劳动白白浪费，也意味着未来几个月家人的口粮将无处着落。不过，农民和科学家看待冰雹的方式完全不同，在农民们看来，之所以会有冰雹，完全是因为人们得罪了山神、水神或地方保护神等。比如，庄稼生长关键期的夏日里农民违背禁忌入

田踩踏或折叶，村里妇女在禁日里洗头，村人在神山附近燃烧了不洁之物等，都会使各类神灵不悦，降下冰雹。

过去，拉萨地方的望果节，由拉萨的原业仓、大昭寺、小昭寺，以及喜德寺、木如寺、拉萨措巴等的僧俗人民组成彩马队，人人佩箭持矛，背着经书以及大、小昭寺释迦牟尼的法衣，围绕田地转圈，转完后举行赛马射箭、宴会歌舞等活动。《西藏志》这样记载这个过程："七月十五日，另雇牒巴一人，以司农事。其他之头目牒巴，陪之游街，佩弓挟矢，旗幡导引，遍历郊圻，以观田禾，射饮一日，经庆丰年。然后，土民刈获。"转田仪式结束后直到青稞收割归仓，拉萨的咒师章热·拉堆巴和欧珠丁就要保证拉萨东西两边的田地不受冰雹危害，如果咒师保护有效则当地每户农民都要献给咒师一捆青稞，如果这年遭了灾，反过来咒师们就要受到惩罚了。

拉萨市墨竹工卡县的工卡地方，过去举行望果节时，都要由当地负责驱赶冰雹的巫师，藏语叫"阿巴"，或附近塔巴寺等寺院喇嘛掐算吉祥日子。日子定下来以后，由当地的两位女巫降神、领转、跳舞。两位女巫分别代表当地的土地神和龙女墨竹色钦，墨竹色钦原来住在工卡附近的色青湖，后来迁移到龙王潭。两位女巫身穿盛装，头上胸前都挂满饰品，摇摇晃晃地召唤神灵附着于自己身上，降神结束后，她俩带领百姓绕着村子转上三圈。因为这时的女巫已经是土地神和龙女的附身，所以她们所到之处妖魔逃窜，转完以后村子再无鬼怪作乱变得安宁。三圈转完后大家回到节日场地开始歌舞，歌舞也由女巫带领，男人边打鼓边跳舞，女人们唱祈神歌。打鼓的男子团队叫"朝巴"，跳舞的女子团队叫"谐玛"，过去很多村子都有自己固定的"朝巴谐玛"队伍。大家把女巫围在中间，唱唱跳跳，直到夜幕降临才零零散散、摇摇晃晃地回家。

第二天是转庄稼地的日子。村里的巫师"阿巴"高举彩色丝绸包裹的"达达"走在最前面，寺院僧人背着《甘珠尔》《丹珠尔》等紧跟其后，接下来是村里自发组织的乐队，吹唢呐的、长号的等，乐队之后是骑马的男人，他们在马背上高举佛像唐卡，队伍最后是村里的其他男女百姓。大家唱着古老的祈神歌，高喊着"恰古秀""央古秀"（福气来了！吉祥来了！），列队转着村里的庄稼地，每转到自家田地时，主人就在地里拔三株青稞穗，拿回

家供在佛龛上，这是粮食的灵魂，带回家供奉好了，来年还可以有好收成。转田完毕又是一轮歌舞狂欢，有时还有抱石头、赛马、赛驴等各种活动。赛毛驴其实说不上是比赛，因为毛驴活蹦乱跳难以掌控，选手和毛驴的互动表演常常逗得全场观众大笑不止，倒更像马戏团的滑稽表演。

到了晚上，大家在场地上点燃熊熊篝火，跳果谐。"果谐"是圆形歌舞的意思，是流传在整个雪域高原的一种传统歌舞艺术。虽然各地叫法不同，比如拉萨、山南、日喀则等地叫果谐，昌都叫果卓，那曲叫卓，林芝叫波，但它们的基本含义都相同，都有丰富多彩的音乐旋律、包罗万象的歌词，还有最典型的圆圈舞蹈。望果节跳的果谐常以男女分成两半，先慢后快，最后互相唱和。过去中间篝火旁边会摆上一个大铜缸，每家都拿一壶青稞酒来倒进去，大家在唱唱跳跳的时候，有几个年轻女子提着酒壶轮流为跳舞的人敬酒。篝火、美酒、歌舞，大家在狂欢中结束一年一度的望果节。

拉萨及周边的望果活动比别的地方拥有更多娱神的部分，这与当地巫师也就是"阿巴"的存留情况有关。比如，拉萨东面工卡地方的望果过程，其中第一天的活动就是两名女"阿巴"占卜预言，带领村民转村子三圈，最后带领村民转圈歌舞，第二天才是"阿巴"带领村民转田地，这里的队伍最前头是举着"达达"和羊腿的"阿巴"，其后才是寺院喇嘛。如果一个地方的老巫师都去世了，又没有新的巫师成长起来，那这个地方的望果过程必然会由寺院喇嘛主导，少了很多民间宗教的趣味性。拉萨堆龙德庆区的望果节也颇具特色，它于2009年被列入第三批自治区级非物质文化遗产代表性项目名录。

三、望果节拥有的更多意义

现在人们普遍认为望果节是农民们庆祝丰收的节日，其实从历史上看，望果节有着比庆祝丰收更广泛而且更深刻的意义。《新唐书·吐蕃传》曾说"其四时，以麦熟为岁首"，这个时间恰是雅鲁藏布江流域、拉萨河地区农民过望果节的时候，因此望果节有可能是古代藏族麦熟过年的遗存。

据一些西藏民俗专家介绍，过望果节的意思还有另外一种可能。过去农村在夏季田间管理上有很多禁忌，比如不能随意踩踏入田特别是孩童不得入

赤康村望果节，往孩子们的衣服上抛洒糖果

田，大人也极少到田里干活，更不能随意摘折苗叶等，老人们常说："那时候麦子还没垂下来，不能到田里割杂草，因为那时候天气最热，再加上人身体的热量，麦子即使长出来，里面也会是空的。"而且如果不遵守这些禁忌，还会招来冰雹等自然灾害，导致庄稼减产甚至颗粒无收。所以青稞麦没熟的时候，田地中一般是不能进去的。到了青稞粒饱满但颗粒尚青还未变黄之时，这种禁忌才可以消除，人们便以望果节的方式来解除夏日禁忌。所以最初过望果节的时间是青稞颗粒长好尚青的时候。等青稞颗粒逐渐成熟变黄等待收割之时，农民们还会再转一次田地。按藏族学者的说法，灌浆时的转叫"望果"，成熟时的转应叫"辛果"。

青稞颗粒长好之后，人的禁忌解除了，此后直到青稞变黄冰雹成为最主要威胁。在青稞灌浆的节骨眼上举行"望果"的意义一方面是解除禁忌，另一方面是为了请求神灵防冰雹。青稞成熟之后在收割之前举行"辛果"主要为了敬奉神灵，感谢一年来的保佑，这时候除了祀神仪式更多的是为了欢聚歌舞庆祝丰收。有的地方将两次活动合并到青稞成熟之后，敬奉神

灵防冰雹以及庆丰收娱乐等活动也就混杂在一起。现在，人们一般将"望果"和"辛果"合二为一，"辛果"的说法渐渐退出，甚至一般的书刊报纸也都只说"望果"不再提"辛果"这个词，而事实上现在说的"望果"其实就是以前的"辛果"。

拉萨东边墨竹工卡县甲玛沟内赤康村的"望果"是一个有趣的例子。这里是松赞干布出生的强巴敏久林宫所在地，在这里，人们叫望果为"曲望果"，时间上比其他地方都要早。在每年藏历五月初七，这正是前面说的青稞长穗但还没黄的时候，是当地传统的望果时间。五月初一、初二的时候，村里的巫师"阿巴"先将贴有防冰雹咒语的木楔子插入转田途中的几个点，这些地点用石块堆成实心圆柱体的样子，当地人叫"色喇多"（"色"是冰雹的意思，"多"是石头的意思，总的意思是防冰雹的地方）。每个"色喇多"在的地方都是冰雹过来的必经之地。到初七当日，由"阿巴"领头在赤康拉康门口举行仪式，仪式完成后队伍径直走到赤康大院门口处，顺时针转大院外围一圈，回到大院门口后再开始转田。这里的转田过程并不注重将村里所有田地都包围其中，从赤康大院门口出来后，沿途最重要的事情就是在"色喇多"的地方放置青苗或青草，并煨桑、唱颂歌。更有意思的是，赤康村举行"曲望果"时，附近各村的小孩都会将自己的衣服脱下来摆在沿路上，孩子们悄悄隐藏在灌木丛中，想要嬉笑打闹又故作冷静地藏着。按传统习俗，转田的队伍经过这些孩子留下的衣服时，都要往衣服上抛洒一些糖果糕点。等队伍过后，孩子们就可以欢呼着出来，用衣服包裹起糖果糕点等礼物开开心心地回家。

从现在的情况看，各个地方的望果节在转完庄稼地后，重头戏都转移到赛马、赛牦牛（详见附录3）、抱石头（详见附录4）、射箭（详见附录5）、藏戏、牛皮船舞、协荣仲孜、过林卡等娱乐活动上了。其中，曲水县的牛皮船舞（藏语称之"郭孜"）2007年被列入第二批自治区级非物质文化遗产代表性项目名录，次年（2008）又被列入第二批国家级非物质文化遗产代表性项目名录。大家在庄严的仪式后，身穿节日盛装，面带轻松喜悦，手提青稞酒和各种丰盛食物涌向赛马场地。骑士们穿着绸缎藏袍，头戴蒙古帽，腰上插着弓箭或枪，好一副威武的古代骑士模样。马儿们在这些时候也显得无比

激动，常出现骑士被马"控制"得团团转的景象。赛马是骑士与马互相配合夺取胜利的过程，优胜者可以得到一些奖品。赛马结束后还会有马上射箭、马上射击、马上捡哈达、马术表演等各种项目。精彩的比赛、惊险的项目之后，很多人选择成群结队进入林卡，舒舒服服地娱乐一天。

民风民俗不可能一成不变，随着时代的前进、社会的变迁，节日风俗也不断发生变化。可以说望果节在历史的长河中几经变化，各种文化元素进进出出，节日内容和功能从单一性向综合性发展。望果节就像一个文化传统的"贮存器"，包容了各种各样的知识，有宗教的、艺术的、时节的、农事的、政治的、组织的、娱乐的等等。而哪些属于宗教，哪些属于艺术，哪些属于娱乐，实际上并不容易泾渭分明地加以区别。作为民族历史传承的产物，望果原属于远古生活的一部分，经过历史的变迁，这种仪式已经留下了被驳离的痕迹，即使是本民族的人们也已经无法真正还其"原生形态"，更别说我们这些观察者。但节日最核心的内容，绕田地转圈的形式与确保庄稼丰收的目的基本未变。正是望果节与农业生产的密切相关性以及它应对时代变迁的开放性，才使这个节日顽强地流传下来，至今流行。

牛皮船舞表演

赛马节

一、经久流传的赛马习俗

赛马是藏族历史上流传已久的习俗。《格萨尔王传》中就有关于赛马称王的叙述，用赛马的方式选拔君王是当时的社会政治制度。吐蕃时代，骑兵征战沙场留下了显赫威名。赛马也成为吐蕃与邻邦异族文化交流的重要项目之一。在盛世大唐流行的击鞠，据说就是从波斯经吐蕃传入的，当年的唐玄宗李隆基、唐穆宗李恒、唐敬宗李湛都是击鞠迷。《封氏闻见录》记载，从松赞干布开始，吐蕃派遣了大量学子到长安的国学读书，正是这些学子把击鞠技艺带到了长安。当年吐蕃派遣使者到长安迎接金城公主时，吐蕃球队和长安球队还举行了击鞠对抗赛。

不管岁月如何流逝、历史如何转折，赛马活动在西藏始终盛行未衰。清代时西藏地方政府在各大节日时都要举行赛马活动。到近代，西藏各地大大小小节日中仍少不了骑射竞技的项目，如西藏北部有专门的赛马会，后藏有跑马射箭的达玛节，工布地方过新年也有赛马环节。拉萨也不例外，过去每年藏历正月初三或初四到二十五是规模盛大的传召大法会，到正月二十六这天，布达拉宫后面的拉鲁地方就要举行赛马活动，藏语称为"宗久香白"，另外拉萨周边农牧区的重大节日中，也一般都含有骑射项目。

赛马活动之所以流传不衰，与马跟藏族人生产生活的密切关系以及马在藏族人观念中的神圣性有关。在佛教传入之前，西藏本地的原生信仰以及苯教都将马作为崇拜对象，是神圣不可侵犯的。在苯教观念里，马是沟通人神的神圣动物，杀马祭神是一项十分庄严的法事。在盟誓仪式中，被杀的马作为沟通神灵的中介，使盟誓有了人神共鉴的效力。

佛教传入以后，吸纳了很多西藏原有的信仰，在护法神殿中安置了一位法力无边的马头明王。另外，各种祭祀活动中常常出现的放风马也与马有关，

当雄赛马节上的骑手

风马藏语叫"龙达",是一种印有神马图像的方形小纸片,龙达一抛出,随风飘散,人们心中美好的愿望就能像乘风的马儿一样快速顺利地得到实现。所以,马与祈祷福运、求得吉祥的各种仪式有关。过去人们习惯上认为赛马活动中谁家获胜,就预示着他家在接下来的一年都将得到神灵的保护,风调雨顺,人畜安康。

二、当雄赛马节的由来

拉萨市当雄县的赛马节是西藏北部草原赛马节的重要组成部分。相传,当雄赛马节由蒙古人传入。故事从何说起呢?1576年,被明朝皇帝封为顺义王的蒙古土默特部落首领俺答汗,邀请33岁的格鲁派活佛索南嘉措到青海讲经说法。从此,格鲁派在青海的蒙古族、藏族中受到广泛尊奉。两年后,俺答汗赠予索南嘉措"达赖喇嘛瓦齐尔达喇"的尊号,这就是达赖喇嘛称号的由来。后来宗喀巴的弟子根敦朱巴,以及根敦嘉措被追认为第一世、第二世达赖喇嘛。蒙古部落与格鲁派的喇嘛施主关系由此延续下来。

17 世纪中叶，五世达赖喇嘛时期，格鲁派寺院集团与后藏第司藏巴地方政权的矛盾激烈化，在青海，信奉噶玛噶举派的蒙古廓尔喀部领袖却图汗，联合第司藏巴企图一举消灭格鲁派势力。在这危急存亡的关键时刻，五世达赖喇嘛邀请在新疆天山南麓驻牧的蒙古和硕特部领袖固始汗带军进藏，帮助排除敌对势力的威胁。固始汗答应，并率部从新疆起兵进入青海，偷袭了廓尔喀部，并在青海湖畔拿下了却图汗的首级；后来固始汗又向康区用兵，灭掉了反对格鲁派的白利土司势力；最后，他引兵进入卫藏，灭掉了格鲁派最后的劲敌第司藏巴地方政权。

固始汗打败第司藏巴政权后，于 1642 年将西藏 13 万户赠予五世达赖喇嘛，以达赖喇嘛驻锡地甘丹颇章宫为名，正式建立甘丹颇章地方政府。为了解决固始汗驻军的战马饲养问题，五世达赖喇嘛让固始汗在拉萨附近选一块理想驻地，结果固始汗选择了今天的当雄地方。这支驻军后来还到阿里三围地区收复失地，因为当时阿里地方仍被拉达克王占据，拉达克土司对当地格鲁派十分仇视并加以迫害，五世达赖喇嘛不得不召集将领对阿里地方用兵。当时有一位蒙古王室后裔叫甘丹次旺笃信格鲁派且英勇善战，五世达赖喇嘛命他率当雄地方的蒙古骑兵前往阿里交战，大获全胜。凯旋的蒙古军队继续驻扎当雄草原，用蒙古族的行政管理手段建立了相对独立的政权，称为"达木蒙古八旗"。达木（今当雄县）地方曲考、窝托、果查、恩结、潘加、巴加、瓦林、索布 8 个蒙古部落的总称，亦称达木蒙古或当雄八部。原属青海恰克图部，1641 年固始汗领兵入藏后，杀死藏巴汗，其长子达颜汗领丹木八旗的蒙古军队驻扎在拉萨北部丹木地方，以控制卫藏地区。清乾隆十六年，即 1751 年，清廷平定珠尔默特那木扎勒之乱后，对管理西藏的措施做出了重大调整，将丹木八旗地方划归驻藏大臣直接管理。1912 年十三世达赖喇嘛把当雄拨给色拉寺，成立了宗，八旗直属宗政府管辖。

在一系列战役结束后，格鲁派基本掌握了西藏地方的统治权。蒙古驻军也在很长时间内再无用武之地，但他们仍坚持军事训练，并规定每年藏历七月十日在当雄草原举行年度骑兵检阅仪式。在阅兵式上官员念花名册清点人数、马匹和兵器，再进行赛马等活动。到近代骑兵队伍解散后，其中的赛马活动等环节流传下来，成为今天的赛马节。

赛马节的场面

历史上很长一段时间内,当雄各部落都归蒙古和硕特部管辖,1717 年,准噶尔侵扰西藏杀死拉藏汗后,当雄各部落曾归属颇罗鼐和珠尔墨特那木札勒管辖,珠尔墨特那木札勒之乱后,直至清朝政府在辛亥革命中被推翻前,当雄由驻藏大臣直接管辖,历时 160 多年。所以,当雄部落有个称呼叫"达木嘉效介",意思是汉属地管辖的八部落。也就是说,当时当雄的各个部落中有的归汉属地管辖,有的归藏属地管辖。清政府在当雄地方设置了"基巧"即总管一人,统管八个旗。各旗又设有甲本、藏革(即章宗)、坤都、久本等头人,各旗所辖部落设有马本、休令等官职。

过去主持赛马节的就是当雄八个部落的头人诺马基巧,在赛马节的跑马射箭等比赛中获胜的人可以做八个部落的甲本。1912 年,西藏地方政府把当雄封赐给色拉寺,部落头人也改由色拉寺和宗政府任命。

赛马节的时间从每年藏历七月初十开始,历时三天左右。地方百姓一般称当雄的赛马节为"当吉仁","当"是沼泽地的意思,在这里指当雄,"吉仁"是公众诵经的意思。"当吉仁"是当雄归属色拉寺以后的叫法。色拉寺在当雄设立宗以后,赛马节由宗本主持,八个部落的甲本每年两个轮流具体负责赛马节的事项,同时每年赛马节都有色拉寺和色拉寺附属寺庙的一百名喇嘛到场念经,叫"吉仁"。念经的费用、消耗的酥油、青稞、茶叶、盐巴等都由当雄牧民摊派。而且当时的当雄牧民一年的牧业生产税都在赛马节的时候征收。所以那时候的赛马节给当雄牧民带来欢乐的同时,也成为牧民们的一个大负担。当雄"当吉仁"赛马会2007年被列入第二批自治区级非物质文化遗产代表性项目名录,次年(2008)又被列入第二批国家级非物质文化遗产代表性项目名录。

参加比赛的有以各部落头人名义参加的,有以各部落名义参加的,还有牧民自由参加的,骑手一般是12岁以上、20岁以下的青少年,为的是减轻马的承重量,提高速度。正式比赛前,所有骑手都要围绕巨大的煨桑炉转上几圈,表达了对神灵的敬意之后,他们还要接受寺院高僧大德的祝福,这些赛前仪式使骑手个个精神抖擞充满信心。

赛程一共有12千米左右,各部落甲本作为裁判,在起点拉起绳子作为界线,鸣枪开赛,骑手们驾驭着马儿飞速前进,到终点线的前20名都可以得到适当奖励。有些资料显示,有时候最先到达终点的骑手,可以得到一匹马或者相当于一匹马的赏金,奖赏力度很大。而且最后一名也要给奖,但挂他脖子上的是一串马粪,同时还给他献一条哈达。观众被逗乐了,不过真不知当时被挂马粪的骑手都是些什么心情。

除了男子赛,当时的赛马还有姑娘赛,赛程上也有长程、中程、短程的区分,短程赛一般1千米~2千米。按参赛马的类型分还有骏马赛、马驹赛、母马赛等。另外,还有一种没有骑手的骏马赛。赛马结束后有各种马上技巧的表演,如马上弯腰拾宝、马上射击、马上拔旗,有一些技巧表演现在已很难见到,像马上献青稞酒、马上口摘鲜花等。技艺高超的骑手还会在马上做各种形体表演,马上倒立、侧转、单挂、仰翻及镫里藏身、左蹦右跳等。马上竞技比赛:包括马上射击、马上射箭、马上拾哈达及各种骑术表演。按照当地老人的说法,马上拾哈达算不上高超的技艺,表演者的肘关节要擦着地面跑,才可称得上是高难度的动作。

宗本、头人等头面人物一般都会在赛马节时期互相宴请,宗本宴请各部

落大小头人，部落头人又互相依次宴请，还要邀请宗政府的所有官员参加，每个部落还要向宗本赠送酥油、奶渣、藏银等物品，让牧民叫苦连连。民主改革后，当雄脱离了与色拉寺的关系，广大牧民也有了自主生产生活的权利，过赛马节当然变成一件更轻松、欢快的好事。

随着时光流逝，当年的蒙古骑兵，现在已与当地的藏族牧民融为一体，变成了今天西藏北部牧民的先辈。赛马节是当年蒙古骑兵曾经生活在当雄一带的活生生的证明。另外，当雄地方一些老人仍在使用着少量蒙语，比如，过年的时候互道吉祥如意，藏语说的是"扎西德勒"，老人们用蒙语会说"阿玛司桑贝那"。

三、如今的赛马节依旧辉煌

现在的赛马节比赛项目已远远没有过去那么丰富，更多地将焦点集中到了娱乐商贸方面，成为集文化、体育、经贸、旅游为一体的大型民族节日，"文艺搭台，经济唱戏"，成为向国内外宣传当雄发展进步以及当地自然风光、民族文化的重要窗口。最近几年，在北京和江苏的对口援藏下，当雄推出了"中国西藏圣地游·羊年天湖（纳木错）生态游""纳木错国际徒步活动"等重大活动，赛马节都作为其中的一个重要组成部分进行。

节日前几天，当雄各地牧民就会身着节日盛装，带上青稞酒、风干牛肉、各种奶制品等，到赛场周围搭起帐篷。藏历七月的草原已是绿草如茵，到处呈现生机盎然的景象，茫茫绿野上点缀着白底蓝花的帐篷，景色更加美丽动人。赛马节开始前有个隆重的开幕式，组织方会依照传统惯例，请来高僧活佛念经祈福，大家煨桑祭神，请当雄草原旁的念青唐古拉山神保佑风调雨顺、人畜安康。

赛马节的主要活动当然是赛马，项目包括长跑、小跑、马上竞技等。参加长跑赛的骑士一般均为少年，他们从小在马背上长大，练就了一身善骑的本领。参赛者身穿鲜艳的服装，一般不备鞍具，一是可以减轻马的负重；二是一旦骑手被摔下来不会被马拖走，避免重大伤亡。由十几岁的少年充当骑士仍是为了减轻马的负重，使参赛的马能够保持充足的体力跑完全程，并争取拿到好名次。参加小跑赛的马和参加长跑赛的马在装扮上有很大区别，参

赛马的装扮十分讲究。首先，马的全身用特制的细齿铁刷梳理干净，再用五颜六色的绸布彩条把马的鬃梳成许多细辫子，并用同样的彩条将马的尾巴打成各种漂亮的结，让马匹显得格外精神抖擞。马垫、马鞍、嚼子等马具也十分讲究，经济条件比较好的主人在马具的购置上比较舍得花钱，在赛马会上显示自己的富有。参加小跑赛的骑士大多是身着节日盛装的中年人，他们有丰富的赛马经验，既不会让马狂奔乱跑，又能保持领先的速度。骑士在跑动中要求有优美的姿势，还要避免大的颠簸。小跑赛讲究的是平稳，稳中求快，最后由裁判员打分评定名次。参加赛马的选手会依据项目特点选择不同特长的马，如长跑比赛要求马的耐力较好，骑手在快速奔驰的马背上要求掌控能力较强，小跑比赛则讲究稳中求快，所以无论对于马还是骑手都要求平稳。马上竞技包括马上射击、马上射箭、马上捡哈达等，这些项目对骑手控制马的能力以及灵活应变的能力都要求较高。

参赛的马不同于一般喂养的马，是经过专门饲养的，而且它们平时一般不用来驮运东西。特别在赛前几个月，赛马一直用精细的粮草喂养，根据祖辈传下来的经验训练，就连洗澡都有一套完整细致的程序。在临近赛马节的几天时间里，这些马儿还可以每天享受到一两个鸡蛋、几杯酥油茶，甚至是熬好的鱼汤肉汤等。保证充分的营养之后，这些马儿每天都要被带到旷野草地上让它奋力地短跑、长跑。有时候牧民还会牵着马进入河流湖泊，让冰凉的水浸泡，直到马儿浑身发抖才拉上来，擦干身体后覆盖上暖和的毛毡，就像冬泳爱好者一样，锻炼耐力。

训练赛马需要大量的时间精力和资金投入，相对来说，比赛胜利后得到的金钱或物质奖励完全是杯水车薪。老百姓对于赛马的投入更多地出自对马的热爱以及对赛马活动的兴趣。赛马结果出来后，胜利的马匹往往受到人们的关注，有时还会引来高价购买的商人，但一般来说，主人经济再拮据都不会卖马。一匹好马对于一个家庭来说，就像保护神一样，不是钱财能够衡量的。

赛马节不仅仅是观看跑马比赛这么简单，往往融合了抱石头、"北嘎""押架"、歌舞等多种元素。抱石头比赛用的石头一般半米见方，没有尖锐棱角，选手将石头抱举，从肩膀上方抛到身后，才算成功，有些大力士

还可将石头扛在肩上绕场一圈,大显身手。藏式摔跤有固定式、自由式、背抵背式和马上摔跤四种形式。固定式摔跤要求双方互相交叉抓住对方的腰带或搂抱住对方腰部以上的部位,用摔、拉、掀、提等方法将对方摔倒,使对方背部着地,连续三次摔倒对方者为胜;自由式摔跤要求双方互相抓住对方的肩膀,用脚勾、踢对方的脚,将对方踩倒即为胜;背抵背式摔跤要求双方背抵背站立,双方向后与对手双手相挽,同时用力,将对手背起双脚离开地面为胜;马上摔跤要求在奔驰的马上两人互摔,谁先将对方从马上摔下为胜。比赛前选一块平地,并在地上画两条平行线作为河界,双方在长约 4 米的绳子两端打结,且将绳子套在各自脖子上或在绳子中间系一块红布作为标志,垂直挂在中界,两人背部相对,将绳子经过腹胸部从裆下穿过,然后趴下双手着地,把绳子拉直。听到比赛开始的口令,两人用力互拉。用腿、腰、肩颈的力量拖动绳子奋力向前爬,将红布标志拉过界者为胜。做生意的人会抓住这个好时机进行物资交流,不做生意的用这段时间与亲朋好友在大草原上见面,对于青年男女来说,这更是谈情说爱的绝佳时机。

前来赛马节凑热闹的不仅仅是当雄本地人,西藏北部各县、拉萨、山南、日喀则等地方的人也会纷纷涌入当雄,有的来做生意,有的来探亲访友,有的纯属游玩。大家各自归位到一座座形形色色的帐篷里,尽情狂欢。到了夜里,每个帐篷都灯火通明,像密密麻麻点缀在草原上的星星,如同童话世界一般美妙。

不管赛马节的细节内容如何变化,肯定不变的是草原人民与马的紧密关系与深厚感情,马就像草原人民的灵魂,灵魂像风,只有飞奔起来才能彰显草原人的生命意义。

逛林卡

藏语"林卡"本意是围成圆圈的一个地方,不过老百姓嘴里的"林卡"一定是有淙淙流水和绿色树荫的地方。对于海拔 3600 多米、年平均气温只有六七摄氏度的拉萨来说，夏天是美丽而短暂的。拉萨的夏天常常昼晴夜雨，空气中的湿度达到一年中的最高值，而且白天里虽阳光普照却不酷热难熬，加上徐徐微风拂面而来，使人精神倍增。

整个舒适的夏天，拉萨人最喜欢做的就是成群结队选择在有草地、树荫、河水的地方搭起帐篷或铺上卡垫，摆放上各种食物和茶、酒，聊天、唱歌、打牌、玩骰子、戏水……过上一天或几天狂欢的日子。这些都是现在人们逛林卡做得最多的事情。

一、过去的逛林卡习俗

其实逛林卡的习俗最初与煨桑节有密切关联，后来人们渐渐淡化了煨桑仪式，成了纯粹的逛林卡。藏历五月开始，拉萨市民陆陆续续走出家门，进入浓林密布的林卡，搭起帐篷，享受自然的沐浴，到藏历五月十五，逛林卡的活动达到高潮，这天藏语称"卓林吉桑"，也就是平常所说的世界焚香日，是该月中上弦月圆满的吉祥日子，人们身着盛装，带上酥油茶、青稞酒和各种美食到林卡中聚会，唱歌跳舞直至尽兴。有些性急的人从藏历四月十五萨嘎达瓦节就开始过林卡，五月十五煨桑节、六月初四主巴次西、六月三十雪顿节、入秋以后的沐浴节等，大大小小的节日都离不开逛林卡的环节。

过去，拉萨有很多著名的林卡，截止民主改革前拉萨大概有大小林卡79处。我们从布达拉宫附近的开始说起，布达拉宫东面有江丝夏林卡，林卡中有名为尧西达则的十四世达赖喇嘛家宅，沿北京路往东林廓北路以南片区有惜德寺林卡、策默林寺林卡、木如寺林卡和小昭寺林卡等。布达拉宫北面的龙王潭公园古柳盘踞，绿树茵茵，更有一潭碧湖荡漾其间，过去也是逛林卡的好去处，现在规划成公园后出台了不得在园内搭建帐篷、不得践踏草坪等一系列规定。龙王潭往西原来有个名叫古雪的林卡，意思是苹果园林，现在是西藏广播电台所在地；再往西走有德吉林卡，在原印度领事馆所在地；现在西藏自治区交通厅所在地方原来是功德林寺的朵加林卡，旁边还有介于青藏公路和拉萨河之间的加拉林卡；再往西就是著名的罗布林卡，罗布林卡的意思是宝贝园林，是历代达赖喇嘛的夏宫。在拉萨北郊，原来有两个最古老的公共林卡——雄噶林卡和扎细林卡。东郊，现老西藏大学所在地周边过去

都是仲吉林卡的范围，仲吉林卡占地广阔，过去是大小贵族们游玩、宴请的聚集地。老西藏大学往西现在波林卡路周边过去都是著名的波林卡所在地，从转经的林廓南路往南直到拉萨河边，过去都是波林卡的范围。另外，现西藏军区所在地周边原来是孜仲林卡的范围，过去是西藏地方政府僧官们夏日游玩的聚集地。除了这些较大的著名林卡，过去拉萨还有噶玛夏林卡、尼雪林卡、热交林卡、甲玛林卡、雪策林卡、药王山林卡等等。可见过去拉萨的林卡之多。

这些大大小小的林卡按拥有者的不同来分，大概可分为行宫林卡、庄园林卡、寺庙林卡以及平民林卡等。

行宫林卡是历代达赖喇嘛或班禅喇嘛的行辕。拉萨的罗布林卡和龙王潭过去就是两处主要的行宫林卡。罗布林卡所在地原来是野兽常出没的地方，藏语叫"拉瓦才"。五世达赖喇嘛执政时曾到这里搭建帐篷避暑，七世达赖喇嘛时清政府驻藏大臣办事衙门在这里为达赖修建了第一座建筑乌尧颇章，后来七世达赖喇嘛自己在乌尧颇章东面又修建了格桑颇章，罗布林卡内部建筑与格局逐渐丰满起来。到十三世达赖喇嘛时罗布林卡的内部结构和今日之貌已相差无几，观戏台、观马宫、动物园、辩经场、噶厦办公处等都已齐全。龙王潭最初是五世达赖喇嘛扩建布达拉宫时在山脚取土留下的大坑，六世达赖喇嘛将大坑改造为水潭，并在水中小岛上建起小楼阁，当年的小楼阁如今已是供奉墨竹色钦龙女的神殿。

庄园林卡一般在旧时领主及其代理人的住所附近。领主居住的庄园一般用高墙围成大院，主人卧室、经堂、仓库等重要房舍都集中于一个建筑内，形状像碉堡，内部环境颇为封闭。领主们一般会在这个主要建筑的周围开辟出开阔场地，种上松柏、杨柳、苹果、核桃等各种树木，有的还在场地中开凿水池或水渠。庄园林卡作为领主们的后花园，是领主们平时休息闲逛的好去处。如果林卡够大，领主们也会在自家后花园宴请宾客。过去西藏地方政府的俗官们每年都有一次例行的林卡聚会，称为"仲吉"，他们惯去的林卡也就被称为仲吉林卡。僧官们也不例外，每年全体僧官都会在孜仲林卡中宴请度夏。可以说，过去的夏日林卡宴就是贵族们维系彼此感情或自家名声的一种手段，有的贵族哪怕家道中落也要把宴会办得风光体面。

寺庙林卡其实就是过去喇嘛们集会辩经的地方，辩经场周围一般设有高大围墙，里面种上柏树、榆树、桃树等，绿荫映衬下的坐北朝南位置建一个辩经台，有重要辩经活动的时候那里就是高级喇嘛就座的主席台。现在拉萨的三大寺里仍保留了一些辩经场，喇嘛们在这里集体诵经、听堪布讲经或练习辩经，是学经喇嘛日常生活的重要场所。

对于普通老百姓来说，林卡则是庄重的宗教活动或劳累的生产活动结束后亲近自然放松心灵的好去处。比如说萨嘎达瓦节、煨桑节、主巴次西等时候，人们转经煨桑后，总习惯进入林卡休息一番，或唱歌跳舞，或喝酒野餐。像拉萨城北的雄嘎林卡和扎细林卡，过去就是人们六月初四转完城北神山后的聚集地。这些节日的时候虽然拉萨的气候已开始转暖，不过还没到绿草茵茵的时候，直到雪顿节前后，才是拉萨人逛林卡的高峰期。

二、林卡活动与时俱进

过去拉萨人过林卡都要自带帐篷安营扎寨，连续数日，尽兴才归。现在城里休闲娱乐去处不断增多，很多人虽然还是沿袭传统喜欢到林卡里逛逛，但大多当天回家。而且现在的很多林卡都承包给小企业或个体商户，他们负责在林卡里搭建帐篷，提供酒水食物，完全市场化的操作方式。在拉萨市周边的一些山沟里、河谷边，有一些农牧民也学着做起了林卡生意，有时还提供自家种的土豆等食物，他们一般只收帐篷费，拉萨人开着私家车过去玩，车上自带酒水、馒头、饼子、水果、零食等。很多有经验的人会买点牛肉带上，到了地方，请帐篷主人加上自家土豆一煮，一盆香喷喷的土豆牛肉就上桌了。

现在随着拉萨城市的发展，城内人口密度越来越大，城边不断向外延伸，过去的很多林卡都已成为居民聚居区或商业区，在高楼大厦的光辉下隐退到老拉萨人的心底；而城外的很多林卡渐渐进入人们的视野，拉鲁湿地旁的疆觉曲米，哲蚌寺下、色拉寺下的大片树林草地，甚至周边县乡的很多地方，现如今都是拉萨人逛林卡的好去处。

过林卡的时间也从过去的传统节日扩展到现代的节日，像五一劳动节机关事业单位放假，于是大家一起去过个林卡，六一儿童节带上孩子过林卡等

等，现代的节假日已经成为逛林卡的一个个高峰日。林卡是拉萨人夏季休闲娱乐的一种方式，平时要上班的人周末可以过林卡，不上班的人更是天天都可以去逛林卡。大家饮酒唱歌，直到夕阳西下，摇摇晃晃的人们才哼着小曲相扶而归。十月之后拉萨的天气渐渐变凉，很少再有人会去过林卡。所以，拉萨人给十月一号国庆节取了个新名字，叫"林秀"，意思是林卡结束的日子。

其他节日

拉萨的夏季节日很多，除了前面重点介绍的几大节日，还有很多其他节日，不怎么为外人知晓，而且其中的大部分节日都与藏传佛教有关。

一、热振库秋曲巴

藏历四月十五日是萨嘎达瓦节的高峰日，同时也是热振寺的吉祥日，藏语叫"热振库秋曲巴"，是热振寺春季祭祀的意思，以供奉杜鹃为名跳各种神舞。热振寺由阿底峡亲传弟子仲敦巴建于1057年，是噶当派的主寺。该寺后山上生长着很多神奇的柏树，相传是松赞干布剃头后抛发许愿而长出来的。在拉萨人看来，这些柏树枝叶是最上等的煨桑材料，不过由于林木资源保护政策，除了当地人的零星采摘，这些柏树并没有遭到大规模的砍伐利用。在"热振库秋曲巴"这天，热振寺喇嘛会在这个大法会上供祭噶当派始祖阿底峡大师，各地信徒都会聚集热振朝圣，或到后山游玩。

二、祭龙节

这里的"龙"是指拉萨布达拉宫北面的龙王潭中的龙王。祭祀每年藏历四月十五日举行。

拉萨的祭龙节与一些美丽的传说有关。在藏历四月十五日那天，居住在拉萨北郊娘热乡果卡王宫的果卡国王，按照以往的风俗把一位名叫普琼顿珠

的属虎孩子扔到湖里当作龙王的祭品。但是，过了很久，普琼顿珠又来到了果卡国王面前，并且请求国王把心爱的公主嫁给他为妻。国王看着他惊奇，又不知如何是好，以为普琼顿珠是神，就答应把公主嫁给他。从此，国王就颁布了新的法令：禁止把属虎的小孩扔进湖中作为龙的祭品，改用上等食物做祭品。这就是拉萨的祭龙节。

另一种说法是，在修建布达拉宫时，龙王献出了大量的石土建筑材料，为了表彰龙王的功德，在湖中修了一座寺庙，以此供奉龙王及释迦牟尼，定为藏历四月十五日将上等的供品扔进潭内，以此报答龙王。

在1939年以前，西藏地方政府的噶伦们每年藏历四月十五日都要来到龙王潭举行投供品的祭祀。祭祀完毕，他们乘上牛皮船游玩，拉萨及附近的百姓也在这天穿上节日的盛装，聚集在龙王潭，参加一年一度的向湖里投供品的祭礼。

三、纳卡尔寺七佛会供

同在藏历四月的宗教节日还有拉萨东边林周县纳卡尔寺的七佛会供。纳卡尔寺在林周县一个叫"顿振"的地方，最初该寺右侧有间6名修行者坐禅的小禅房"珠典岗"，后来萨迦派班智达释迦室利的弟子班钦·多杰瓦创建了该寺。所谓七佛会供，就是供养毗婆尸佛、尸弃佛、毗舍浮佛、拘留孙佛、迦那迦牟尼佛、迦叶佛和释迦牟尼佛的宗教仪式。

四、卓林吉桑

每年的藏历五月十五日是煨桑节，藏语称"卓林吉桑"，意思是南瞻部洲焚香祭祀神的吉祥日。煨桑节的来历有两种说法。一种传说是公元8世纪吐蕃赞普赤松德赞在位时，莲花生大师来到雪域大地弘扬佛法，先后降伏了南瞻部洲所有的外道凶神。这些神灵对莲花生大师的神通广大佩服得五体投地，一一改宗成佛教护法神。为庆祝佛法的胜利，每年藏历五月十五日这天，人们都要煨桑祭祀并庆祝。另一种传说是吐蕃时期赤松德赞建桑耶寺时，屡遭自然神力阻挠，建设不成，后来莲花生大师创立焚香诵经节，让僧俗群众广行焚香祭祀之礼，渐渐地所有阻挠都消失了，寺庙也圆满建成，由此莲花

生创立的焚香诵经节流传下来。

不管煨桑节的来历如何，煨桑的确是一项古老的习俗。有专家考证煨桑最初起源于部落时代，那时部落里的男人出征或狩猎回来，部落首领连同妇女儿童都会到部落外迎接，他们点燃一堆柏树枝、香草等植物，升起袅袅香烟，外出者一一归来，妇女儿童们列队不断向出征的男人身上洒水，用烟和水除掉归来者身上的污秽之气，避免将不洁之气带回部落。

在苯教时代，焚香煨桑主要是对天神的祭祀。天空是天神"拉"的世界，吐蕃时期的赞普就是天神为了拯救人类并支持他们繁衍发展而派到人间来的，天赤七王在人间完成职责后都像彩虹一般飞回到了天界，可怜的止贡赞普在与人决斗时不小心将天绳砍断，回天通途被断，从此只能滞留人间。天神是全善的，就像是藏族人的祖先一样，总会在人类危难的时候出面拯救保护，人们迎请天神的时候必须先把人间污秽清除干净，人与神之间的沟通渠道才会通畅。煨桑正是祛除污秽净化环境的重要方式。

《格萨尔王传》讲当年格萨尔赛马称王后，为了让各路神灵助佑他南征北战，吩咐手下到右边的山顶采来艾蒿，到左边的山顶折来柏枝，分别要给格萨尔保护神、岭国的天神龙神念神、天母阿内贡闷吉姆、姑娘长寿白度母、走路的道路神等煨桑，煨个大桑要像大帐房，煨个小桑要像小帐房。

佛教传入以后，用焚烧的物品供养神灵进行祭祀成为煨桑更重要的意义，煨桑发展到现在已经不再仅仅局限在净化的概念之上，在各种宗教节日或日常转经道旁都可见到，功能更加泛化。所以现在流行的煨桑仪式并不是单纯的原始宗教或苯教、佛教的祭祀方法，更多的是一种经历历史长河洗涤、混合多重文化要素的宗教现象。

煨桑用到的植物有柏树、松树、冬青子、杜鹃花枝等。过去贵族煨桑用到的植物种类更多，除了最普通的柏树枝叶，还有"白罗"（高山上的一种灌木）、"肯巴"（一种野草）、甘丹艾蒿、"阿荣"（一般生长于高山顶的一种爬地木本植物）等，其中的一些材料现在很少见，老百姓已很少使用，但在藏医治病的药桑中还可见到。现在老百姓最常使用的就是柏树枝叶了。我们在拉萨街头常常能见到出售各种煨桑材料的小商贩，他们聚集在各大小寺院周围，或转经道的一些关键路口，高喊："桑塞！桑塞！"

煨桑祭神

  市场化的大潮中，煨桑材料也经过很多工序加工后出售，老百姓用得更方便，桑贩们卖的利润也更高。像"甘丹康芭"就是拉萨十分常见的一种市场化的桑料，依托着甘丹寺的名声，将"康芭"这种煨桑材料碾碎装袋，市场销路十分通畅。遇到藏历初八、十五、三十等吉祥日子，各种煨桑用品更是大卖。

  在老百姓看来，煨桑材料也是有等级区分的，其中生长在热振寺附近的各种煨桑材料是最好的，也最能达到效果。有个比较的说法是，一般的材料燃烧出的桑烟需要七天才能升到天界或佛界，而热振寺附近的煨桑材料燃烧的桑烟当天就可以抵达。如果有的选，拉萨人肯定更愿意使用热振寺附近的煨桑材料。但是，热振寺附近的林木资源毕竟有限，如果将那些抢手的桑料市场化，恐怕不出几年热振寺周边就成秃山了。所以说法归说法，大家用的还是市面上常见的普通桑料，只要内心虔诚，外在形式终究只是形式。

  煨桑节这天西藏各地信众都要到高山上、江河边煨桑烧香，烟祭雪域大地上所有的天神、地神、山神、水神等。对于拉萨的居民来说，大昭寺或其

他寺庙的楼顶、城东的法瓶山、城西的药王山以及甘丹山、本巴日山、根培乌孜等周边其他山头都是煨桑节的主要去处。这天，人们带上杜松、冬青、柏枝等晒干后的植物，布袋里装上糌粑、盐巴、炒焦的青稞粒、茶叶、白糖等，这些东西藏语叫"桑载"，在点燃各种供品后，人们一般不会让桑烟燃烧出明火，火势很旺的话供品往往会被迅速地燃烧掉，不会产生很多烟雾，出现明火时人们一般会用水扑灭，让它形成大量的烟。滚滚浓烟弥漫天宇，浓浓芳香随风飘动。

与过去用煨桑供养天神的观念不同，现在煨桑供养的对象主要有四大类。佛法僧三宝是一类，怙主一类，六道众生一类，还有魔道一类。这四大类基本包含了整个世界出世的和在世的所有鬼神，其中以世间神居多，天神在人们的想象中已逐渐模糊。神灵在做了煨桑供养的宾客后，他们就要为煨桑者完成四业。即息业，消灭病魔之灾；兴业，得到福禄寿喜；慑业，慑服天地人三界；诛业，消灭一切敌人。五月十五日这天，世界所有神祇都来享受人间香火，家神、出生神、地方保护神等，众人当然要积极上山顶下河沿多多煨桑，才能实现自己的愿望。老百姓常开玩笑说哪个哪个地方的神灵多么忙碌哟，奔波于民众中间帮助他们实现各种愿望，铁靴子都不知被磨破了多少双！

特殊的日子煨桑是必要的，但不能天天煨桑。老百姓认为大多数的世间神就像朋友一样，常请客、常联络当然关系会密切，但这种关系是危险的：如果先前关系密切后来却不常联络了，他们就会不高兴；如果平常本来不经常联络，关系不远不近，保持适当距离，那么他们不会特别地照顾你也不会故意伤害你，这才是应有的距离。

五、达孜区帕木寺"亚羌"

藏历六月初四是拉萨的主巴次西，也是东边达孜区帕木寺夏季跳神的节日，藏语叫"亚羌"。帕木寺全称为第司帕木曲迪寺，最初由帕木竹巴创建，属竹巴噶举派寺院，后来遭到入侵的准噶尔军队破坏，此后，堆增·扎巴坚赞对该寺进行了修复，并改宗为格鲁派。距离帕木寺12千米的地方有座巴寺，最初由止贡噶举派高僧所建，后来克珠·旦巴达杰对该寺进行修复，

羌姆神舞表演

也改宗格鲁派。每年藏历四月二十四、二十五两天，巴寺都有跳大威德金刚十三势法舞、土地神法舞等传统。

六、楚布雅曲

藏历六月十日是"楚布雅曲"，意思是楚布寺夏季祭祀大法会。这是藏传佛教噶玛噶举派祖寺楚布寺一年一度的祭祀节日。每年藏历六月十日至十二日举行。楚布寺位于拉萨堆龙德庆区，由噶举派创始人杜松钦巴初建于1189年。传说当年大师来到这里，建了一座叫"扎芒楚西"的小房子闭关修行，随后又在修行房附近修建了一座小寺院，也就是今天楚布寺的堆钦护法神拉康，当时这附近有个叫作久囊的苯教寺院，苯教信众看到佛寺建成，立即卜卦问吉凶，卦言结果是立即铲除该寺。于是大家请来巫师下咒，但巫师咒语未灵，反而下咒用的糌粑碗"楚"的一声裂开了，于是佛寺保留下来，并且取名为"楚布"。楚布寺建成后，为纪念莲花生大师的诞辰日，举行了夏季祭祀大法会，延续至今。

"楚布雅曲"主要有"会供"、辩经、展佛、羌姆等各种活动，向莲花生大师祝寿。其中，首要的佛事活动是展佛。藏历六月十日凌晨天刚亮时开始，以佛乐迎请出一幅用锦缎精织而成的大唐卡佛像，由 32 名青年僧侣抬到该寺对面山腰的展佛台上展出，让云集到该寺的善男信女们瞻仰朝拜，半小时后收起唐卡大佛送回寺庙珍藏。全寺僧众齐聚经堂举行会供法会，念经向莲花生大师敬献各种供品。佛事活动告一段落后，以羌姆、歌舞等娱乐为莲花生大师祝寿。第二天上午举行斗牛、赛马、抱石头等各种体育竞赛。

七、甘丹司唐节

藏历六月十五日是拉萨东边达孜区甘丹寺展佛的日子，藏语叫"甘丹司唐"，"司"是汉语"绣"的变音，所以也有人叫甘丹绣唐节。甘丹寺内藏有二十四幅丝织绣画，绣有十六罗汉、四大天王等佛像，是明朝永乐帝赐赠给大慈法王释迦也什的，十分珍贵。当年，释迦也什得到这些锦绣唐卡返藏后，立即奉献给他的上师宗喀巴，宗喀巴为纪念这套珍贵唐卡佛像的恩赐，规定每年从藏历六月十五日开始展出 21 天，分三个阶段在三个佛堂展出。前 7 天在甘丹寺的措钦大殿中展出，供僧俗瞻仰朝拜；中 7 天在寺内"赤妥康"展出供奉；后 7 天在寺内的"斯托康"展出，让修习显密法要的弟子们朝礼。这样分时分地展出后又珍藏起来，等来年六月十五日再次展出，于是逐渐形成了甘丹寺一年一度的展佛节。

现在寺内珍藏二十三幅丝织绣画，据说另外一幅作为装藏品供在布达拉宫第十三世达赖喇嘛的灵塔里。每到甘丹绣唐节时这些绣画作品就拿出来展示，六月十五日当天早晨，全寺僧众聚集在措钦大殿诵经会供，供养上师三宝以后，全部仪仗队伍，在乐队的伴奏下，把 26 米长、10 米宽的锦缎织绣而成的释迦牟尼佛像大唐卡迎请到展佛台，从甘丹羊八井经堂的屋顶挂下来，供僧俗民众观瞻。同时羊八井经堂的侧墙也会展示巨幅唐卡，喇嘛们诵经祈祷。半小时左右即收起来送回珍藏佛殿。其后，有拉木地方的藏戏班子表演藏戏，很多拉萨人都前去朝拜，甘丹寺外的大转经道上人流不息。

同天，热振寺也有个供奉六鱼的宗教节日。

藏历六月二十四、二十五、二十六 3 天是拉萨东边达孜区德庆桑阿卡寺

的跳神节，藏语叫"德庆噶美"。该寺原属噶举派寺院，后来宗喀巴大师到寺里为修行喇嘛传授了密集金刚法门，改宗格鲁派。

八、夏令安居

藏历七月十五日至八月三十日，除上下密院的执事，其余绝大多数僧人承认夏令安居。下密院的堪布及僧人到堆龙齐米龙和上密院的堪布及僧人到扎叶巴举行夏令安居。在此期间，在堆龙齐米龙的大经堂顶上，下密院的堪布向修行者们进行胜乐和密集的八大解。在扎叶巴由上密院的堪布对僧众进行坛城制图和绘画技艺的考核。一年中，上下密院外出进行定期法会的次数多，会期各不一样。故在此只选了坐夏时间较长的上下密院去齐米龙和扎叶巴的这一活动，做简要介绍。民间有"像喇嘛居巴（上下密院僧人的称呼）出行法会一样"的说法，其含义是经常外出，不在一地安居之意。密院僧人外出举行定期法会的习惯，有近六百年的历史。现在上下密院僧人的定期法会没有外出，均在小昭寺（上密院）和居康（下密院）举办。

附录1：多种积累功德的方法

萨嘎达瓦时拉萨各条转经道上会出现比平时多得多的乞讨现象。有些老人聚集在寺院周围，席地而讨，有的老人边自己转经边向路过的人乞讨。有些僧侣三五个一组盘腿坐在路边，面前放着经卷，经卷外再放几个纸盒子，僧侣们自己闭眼念经，坦坦然然，路过的人想给就给，毫无勉强。人群中最活跃的是孩子们，他们一般游走在街头的人流中，有的直接伸手要钱，有的拿着弦琴弹唱小曲，他们收到一块或几块"大钱"的时候会表现得欢天喜地，完全不像修炼得泰然的老人和僧侣。2013年，拉萨扎念弹唱被列入第四批自治区级非物质文化遗产代表性项目名录。老人和僧侣毕竟懂得上供下施的道理，在功德增翻十万倍的四月里，坦然接受些众人的施舍，也是给众人提供积累资粮修取福德的机会。因为布施是"六波罗蜜"也就是六度之首，给他人施予钱财、物品、体力、智慧等，都可以为自己

积累功德，功德积累到一定量就可以解脱，这也是一种修行方法。萨嘎达瓦节是布施的最佳时期，因为节日里布施一块钱，等于平时布施一万块，所以很多人在节日来临前就忙着拿大钞到银行或各类商店换取一元、五毛等的小票子。

过去萨嘎达瓦节时有一类等候布施的人十分受欢迎，那就是说唱佛教故事的"喇嘛玛尼"。关于喇嘛玛尼的来源，有两种说法：一种说法认为，它随着佛教从汉地传入时一同传入，类似于唐朝十分盛行的"变文""俗讲"。另一种说法认为，喇嘛玛尼是唐东杰布在14世纪时创造的，是从教徒们为修建铁索桥四处演唱募化资金而来。总的来说，喇嘛玛尼是藏戏产生的一种民间说唱艺术，它们每一个说唱本都与当时藏族人民的现实生活有着直接或间接的关系，拥有广泛的群众基础。喇嘛玛尼说唱于2007年被列入第二批自治区级非物质文化遗产代表性项目名录。说唱喇嘛玛尼的民间艺人被称作"喇嘛玛尼娃""玛尼巴"或"洛钦巴"。他们主要来自后藏仁布一带的色金寺庙。所谓色金寺庙就是男的入寺为僧，女的入寺为尼，他们组成家庭生儿育女，平时居家种地，规定的日子到寺庙念经。色金寺庙里的僧尼统称为色金喇嘛，"喇嘛玛尼"就是他们的传统职业。"喇嘛玛尼"的故事大多来源佛教故事或藏戏故事，题材广泛，内容丰富，曲调委婉，很受拉萨人的欢迎。色金喇嘛在萨嘎达瓦的四月常三三两两地蹲点在拉萨的各个地方，节日一完，他们就结群转移到日喀则市的江孜县，因为藏历五月江孜有个"喇嘛玛尼节"。

在萨嘎达瓦节里，放生现象也比平日多了几倍。放生的动物可以是牛、羊、鸡、鱼等，现在被放生的动物以羊、鱼居多。有些放生羊是在屠宰现场利刀架脖子上的时候善男信女及时买下的，这时候的羊就像是跌宕起伏的戏剧主角，在关键时刻经历了生死惊吓之后，突然人生大幅度转折，脖子系上漂亮的脖套，头顶或身上用红色颜料染了几道，有的耳朵打了耳洞拴上红色彩带，一副雍容华贵准备参加晚宴的模样。这些放生羊或者被放逐到附近山上随意生活，或者跟随主人天天在转经道上溜达，不怕汽车，不怕人流，俨然已变成一个个虔诚佛教徒。放生的鱼大多被投入拉萨河或

艺人说唱喇嘛玛尼

龙王潭公园的人工湖之中，转经路过公园或来游玩的拉萨人常常在湖边抛洒碎馒头、碎饼子或小糌粑坨坨，成群的鱼就会围拢过来，场面十分壮观。过去，拉萨周边的农民还常把自家喂养的老公鸡或老母鸡放生到磨盘山关帝庙前。那时关帝庙经常可以看到数以百计的鸡群集合的壮观场景，现在这种现象已经很少。

附录2：牛皮船

牛皮船是西藏常见的用牦牛皮制作而成的水路交通工具。西藏境内河流众多，地形复杂，河床沉积巨石，河水湍急。为适应这种自然环境，藏族人民创制了牛皮船这种水上交通工具。在西藏的雅鲁藏布江、年楚河、尼洋河、狮泉河等河流上均有牛皮船的使用。

牛皮船起源很早，唐代居住在康区境内的东女国和汉地的水路交通就已经开始使用牛皮船。古代康藏地区，如拉萨、日喀则、昌都以及道孚、甘孜、邓柯等许多城镇，均使用牛皮船。牛皮船吃水浅，牛皮入水一经浸泡，有弹性，对水中暗礁等物耐撞击、耐磨，是特别适合西藏高原河流特点的船。

雅鲁藏布江上的牛皮船

　　这种船的构造简单，以坚硬、有弹性的树木做骨架，将牦牛皮拼对缝合，以湿牛皮包在骨架上，用牛皮绳子捆紧绑好、晒干、擦油定型。为避免牛皮缝口处进水，多采用牛羊油加以密封。牛皮船一般船身长3米、高1米、宽2米。其形状有圆形和梯形两种，每船均由1名船夫操作，通常能容纳3到8人，有时也可将四个牛皮船绑在一起使用。另外，牛皮船轻便灵活，重量只有30公斤~40公斤，船工可随时搬运，遇水可撑身，上路则扛在肩上，十分方便。牛皮船在西藏高原长期盛行不衰，除了轻便灵活，另一个重要原因就是制作工艺简便，成本低，所用木架、牛皮、牦牛绳都可自己制造。

附录3：墨竹赛牛会

　　望果节仪式之后常伴有各种竞技娱乐活动，像赛牦牛、赛马、抱石头、拔河等。位于拉萨东边墨竹工卡县的赛牛会，就是深受老百姓欢迎的一种民间传统体育竞技表演活动。牦牛性格倔强，不像马匹般温顺驯化，驾驭不善，便会横冲直撞，甚至偏离方向直捣人群，观众惊吓之后，喜剧连篇。赛牛会在墨竹工卡县的如多乡、尼玛江热乡、门巴乡、甲玛乡等地都十分

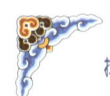

盛行。活动上还有双人拔河等比赛,藏语叫"押架",即由参赛者两人用一条较粗的绳子,套在双方的脖子上,绳子从裆间穿过,两手着地相互扯拉,直到拉倒对方便成为获胜者。

赛牦牛

附录4:抱石头——"朵加"

抱石头,是西藏具有广泛群众性基础的集力量和技巧为一体的体育活动,是藏族特有的体育竞赛项目。该活动源于吐蕃时期,最初为显示男子的力量和权威,并没有比赛规则。后来经过逐渐演变,成为藏族男子必须具备的技艺之一,形成了独特的比赛规则。现如今,一些地方的望果节期间,也有女子组抱石头比赛。抱石头比赛的形式大概有三种,第一种是先把重75公斤左右的石头或装满沙子的皮袋抱到肩上,或抱到胸腹部,或从腋下移到背上,按规定范围走圈,走圈多者为胜;第二种是把重约100公斤的石头抱到肩头,再向后抛,以远者为胜;第三种是把重约150公斤的椭圆形石头涂上酥油,加大抱举难度,以抱举的高度决定胜负。西藏自治区第四届运动会曾将该项目列为表演项目。

附录5：射箭

射箭在西藏具有悠久的历史和广泛的群众基础。过去，射箭与西藏各族人民的劳动生活、狩猎和军事有着密切的关系，它来源于生活和战争的需要，而今，它已逐渐演变为体育项目，成为西藏人民普遍爱好的一项体育运动。

据资料记载，骑马射箭最早开始于后藏的江孜地方，后来逐渐传到拉萨、羌塘等地。过去拉萨的跑马射箭，一般在藏历年初，历时四天，在项目内容上比江孜更加丰富，除了跑马平射远近，还要对空射比高低。林芝还有一种传统的射箭表演叫"碧秀"，意为响箭，每到藏历十月一日，也就是林芝的"工布节"时，当地人们都佩带弓箭，熙熙攘攘地来到事先商定的地点比试射艺。选手每射出的一支箭都会发出"呜——"的响声，非常有趣。射箭作为在西藏广泛流传的一种体育项目，在南部的察隅地方以及珞巴族、门巴族等人民群众中都十分普遍。对珞巴族人民来说，射箭是每个男子必须掌握的生活技巧，男子从一出生时就会得到亲友邻舍赠送的竹箭，这些弓箭成为他的终身伴侣，走到哪儿，带到哪儿。

第四章
DI SI ZHANG

秋季节日

顾名思义，节日是具有特殊意义和特殊活动内容的日子，并且以年度为周期，循环往复，周而复始。秋季是一年四季中的第三季。进入秋季，正午太阳高度角渐低，温度渐降，秋风送爽，炎暑顿消，硕果满枝，四周田野到处一片金黄。正因为如此，秋季，自然景观最明显的变化莫过于树木，城市里开始清扫大量的落叶，山区则涌进众多观赏红叶的游客们。按照气象工作者研究的物候学标准，炎热过后，连续五天平均气温稳定在22℃以下时就进入了秋季，低于10℃时秋季就算结束。

由于地处高原，拉萨的秋季来得仿佛有些稍早。藏历七八月，拉萨的天碧空万里，秋高气爽，每当金风拂过，气温不冷不热，正是人们过节的黄金时节。在长期的生产生活实践基础上，藏族人民对高原有着独特的理解和感悟，认为秋季是沐浴的最佳时节。也许，就连神仙佛龙也阻挡不了高原秋季美的诱惑，于是人们在过完沐浴节后，就迎来了"神仙下凡节"。被誉为十万神龙慕名听经而来的哲蚌鲁崩节，紧随其后，也在这个季节接踵而至。这个季节人们还会纷纷走出家门，从事其他一些游动和庆祝活动，这是他们对人生和信仰的感悟。

沐浴节

在西藏拉萨有一个富有浓厚民族特色和地方特点的沐浴周。之所以说它富有特色，是因为在四季分明或常年温暖的我国南方，下湖洗澡或者说到江湖里游泳，是一种不足为奇的事情。然而，在雪域高原，气候严寒，下河洗澡，就成为一个郑重其事的活动了。人们世代相传，选择一个好的时机，约定俗成为节日。在藏语中，"沐浴节"称为"嘎玛日吉"。这种集体的沐浴活动在西藏的拉萨、日喀则、山南等地至少具有七八百年的历史。

一、节日来历有传说

沐浴节及其传说与藏族人民的天体（星辰）崇拜有关。藏族天文气候的原始预测，主要是以星辰的有无及其位置的变化为依据。自11世纪起，星相学传入西藏，西藏人民根据日月星辰的运行规律推算进一步完善了藏历，这时人们能够借助弃山星（即金星）的出没来区分春秋季节。在藏历七月至八月初的拉萨，人们凡是能用肉眼看见南方的弃山星，便说明季节已入春或入秋。传说，经弃山星光照射之水均成药水，这时的水最清洁、最卫生，并且具有抗灾治病的功用。据《五世达赖喇嘛传》记载，"在水神之子将一切河流都改变成甘露的七天之间，我们在丹布林卡中举行了消除病灾的医药喜宴，我在那里下榻住居。从这一年（1644）起，我每次过去沐浴时，都受到仲麦乃的盛宴款待"[1]。每当七月弃山星出现时，洗澡活动便进入高潮，弃山星隐没，洗澡活动便结束。在沐浴节期间，人们每天都要洗浴玩耍到南边的弃山星隐没才回家。

在民间，人们认为沐浴周的来历与藏族名医宇托·云旦贡布的行医故事有关。传说，在很久很久以前，草原上出了一个很有名的医生，他的名字叫宇托·云旦贡布。他的医术十分高明，什么疑难杂症都能治。于是，赞普赤松德

---

[1] 五世达赖喇嘛阿旺·罗桑嘉措：《五世达赖喇嘛传》，陈庆英、马连龙、马林译，北京：中国藏学出版社，2006年，第156页。

赞请他去做御医，专管给赞普和妃子们治病。但是，宇托进宫以后，心中仍旧忘不了草原上的百姓。他经常借外出采药的工夫，给百姓治病。有一年，可怕的瘟疫流行，许多牧民卧床不起，有的被夺去了生命。这时，宇托奔跑在辽阔的草原上，为一家家患病的牧民治病。他从雪山和老林里采来各种药物，谁吃了病就会好起来。不知有多少濒临死亡的病人，恢复了健康。草原上到处传诵着宇托医生的名字，人们称他为"药王"。不幸的是，宇托医生去世了。他去世以后，草原上又遭到了可怕的瘟疫，比前一次更严重，许多人死了。生命垂危的牧民只好跪在地上，向苍天祈祷，希望天国保佑。说来也巧，一天，一个被病魔折磨得九死一生的妇女，突然做了一个梦，梦中宇托医生对她说："明天晚上，当东南天空出现一颗明亮的星星的时候，你可以下到吉曲河里去洗澡，洗澡以后病就会好起来。"果然，这个妇女在吉曲河（即拉萨河）中洗澡以后，疾病立刻消除了。一个又黄又瘦的病人，在洗澡以后变成了一个红光满面的健康人，这件新鲜事传开以后，所有的病人都来到河中洗澡。凡是洗过澡的病人，都消除了疾病，恢复了健康。人们说，这颗奇特的星星就是宇托医生变的。宇托医生在天国看到草原人民又遭受瘟疫袭击，他又不能来到人间来给人民治病，于是把自己化作一颗星星，借星光把河水变成药水，让人们在河水中洗澡以去除疾病。因为天帝只给宇托七天时间，这颗星星也就只出现七天。从此，藏族人民就把这七天定为沐浴节，各地的牧民们，每年这个时间，都到附近的河水里洗澡。据说，洗澡以后，人就健康愉快，不生疾病。

又有传说，沐浴节是七仙女带来的。相传，在远古的一个秋天，青藏高原发生了罕见的瘟疫，大批牲畜染病死亡，大批的人群被夺走了宝贵的生命，尸横遍野，惨不忍睹。灾情惊动了天上的神灵，观音菩萨为解救人间百姓脱离苦海，便派七仙女到玉液池取七瓶仙水送往人间，仙水洒遍西藏的河流及溪水。这一晚，全藏人做了同样的梦，梦见一个面黄肌瘦、遍体伤痕的藏族姑娘，跳进一条清澈的河水中，待她慢慢从河里出来，一下子就成了冰肌如玉、美丽无瑕的少女了。于是，藏族人们就按照梦的启示，去河里洗澡，驱除瘟疫。从此，人们便在每年秋季金星出现的日子里到江河中去沐浴，以后即固定为藏历的七月六日至十二日成为为期七天的沐浴节，藏族人称之"嘎玛日吉"，意思是洗澡的日子。

二、秋水妙灵佳时节

西藏和平解放前长期"政教合一"的统治制度，使西藏每一个风俗节日或多或少都带有一些宗教色彩。我们且不说对出现"弃山星"时进行洗澡活动有多少流行的神话或种种神异的宗教说法，单据藏文天文历书记载来看，拉萨初秋之水有八大优点：一甘、二凉、三软、四轻、五清、六不臭、七饮时不损喉、八饮之不伤腹。他们认为这一时期的水比"圣水"还灵验，西藏初秋时节是沐浴的最佳时节。藏族人民总结归纳出这时水的八大优点，是藏族人民经过几千年来与水打交道的反映，是他们长期以来对天象观察的结果。

从西藏自然地理与季节变换的角度看，人们认为秋水最佳有一定的科学道理。西藏高原冬长夏短，春天雪水冰人肌骨，人们一般不敢下水；在夏天，或温度较高，冰山融化，汇入江河，或大雨滂沱，山洪暴发，由此致使流量大增、河水浑浊，虽有适当气温，水却不够清净，不宜下水沐浴；冬天更不用说了，天气寒冷，皮袍裹身，又有谁还敢入水洗澡呢？因此，只有到了入秋时节，水温较高，水流中的污物也被夏季洪流冲得一干二净，这时的河水当然具备上述八大优点了，自然是洗澡的大好时节。由此亦可见，藏族人民选择藏历七月上旬、夏末秋初进行沐浴，是有一定科学道理的。有这样一首民谣：强烈阳光晒水热，皎洁月光射水寒，待到弃山星升起，清净温暖好沐浴。这首歌形象地描绘了藏族人民是如何选择一个良好的洗澡季节的。

当我们依据它的文化因子溯源时，还可以看出，沐浴节及其展现的水文化在藏族传统文化中的多种功能。藏族生活的区域，遍地都是圣泉、圣湖、圣河，这些河湖之所以神圣、神秘，很大程度上来自它们之中流动和荡漾的"水"具有神奇的再生、洗礼功能。这些水的宗教意义和文化功能的形成，是藏族远古先民对水"真实"的"科学"的认识，在这种无意识的基础上，形成对水的崇拜和敬仰，其中藏族沐浴节来历的民间解释，就是藏族人对"水"敬仰的最明白的注脚。

三、家家沐浴洗尘污

沐浴节一般在藏历七月六日至十二日举行，历时七天。每年雪顿节过后，

藏历七月六日，当金星高照大地之时，就迎来了一年一度的"拉萨沐浴节"。

藏历的七月上旬，高原雨季刚过，风和日丽，阳光灿烂，勤劳质朴的藏族人民成群结队，阖家而出，扶老携幼，纷纷前往河水之滨，白天洗衣物，等夜晚弃山星高悬头顶之时，就尽情地嬉水游泳，洗刷一年的风尘。

沐浴节，当然主要是沐浴。高山上的雪水在慢慢地流淌中经过了长满"雪莲"之类的名贵草药的山涧坡地，雪水中溶进了名贵药物的有效成分，成为洁身、消毒、保健的天然浴液。每年秋天到来，高原风和日丽，金星高挂，据说此期间的水比"圣水"还要灵验，用这时的河水洗澡可以祛百病，全年身体康健，吉祥如意，洗脸可以耳聪目明，思维敏捷。时值拉萨的沐浴节，人们三五成群地来到拉萨河边，在开阔的石滩上一边洗澡，一边嬉闹。一般藏族老百姓在沐浴节期间每天都要到河边去，第一天洗澡一般很认真，此后每天湿一湿头发和脚，到了第七天再认真洗一次。

沐浴开始，老年人聚集在岸边洗头、擦身；年轻人跳入水中边游边洗；孩子们拥到水中嬉戏打闹；妇女们也情不自禁地跳到水里毫无顾忌地尽情沐浴。江河湖泊敞开了"胸怀"，容纳了聚集的人群，把他们从头到脚冲洗得干干净净。连续七天，天天如此，人们不仅彻底地清洗自身，还要把家中所有要洗的被褥衣物等统统带来一并清洗。雪水为人们祛病除灾带走了污垢，又为人们的健康长寿带来了清洁与温馨，深受藏族同胞的喜爱。

在节日里，人们全家一起到附近的河边、江岸、溪畔或湖泊边，家家户户在树荫下搭起帐篷，铺上垫子，架起锅灶，建起了一个临时的"家"。人们带上青稞酒、酥油茶、糌粑和其他节日食品，洗完澡后，边吃边喝，说古道今，畅叙家常。有的在河中游泳，有的在河滩上翩翩起舞，有的放声歌唱。正是：

金风习习天气凉，
秋高气爽水清亮；
拉萨河畔歌潮起，
男女老少沐浴忙。
风和日丽好风光，

千家万户洗衣裳；

洗净晾在河滩上，

五彩缤纷放光芒。

时值夏末秋初，万里高原风和日丽，天高云淡。无论是城市、农村还是牧区，男女老少全家出动，来到河边溪畔欢度一年一度的沐浴节。沐浴节这七天中，人们不仅天天来到河边沐浴，还要把家里所有的藏装、藏被、卡垫统统清洗干净。所以，沐浴节既是藏族人民所喜爱的传统节日，又是一年一度最彻底的、群众性的打扫卫生活动。

四、圣节流布遍乡城

沐浴节一开始，不管是阳光明媚还是阴天，也不管是城镇、乡村、农牧区的男女老少都要到河边沐浴，尽情地在水中嬉玩，洗净身上的污垢，并携家中所需清洗的，比如，氆氇、地毯、卡垫等东西，迎接这一年的吉祥如意，祈求水神给予再生或健康，更好地面对美好的生活。

这一传统节日在藏区特别是拉萨比较流行。每到这一天，爷爷、奶奶总喜欢带着儿孙，打好酥油茶，煮熟牛羊肉，备齐糌粑、青稞酒等食物，来到青草绿树最多的河边洗澡，洗衣服。河边的人们相互泼水、搓背，还不时听见小伙子和姑娘们的对歌、对唱，有些人还在这一天喜结良缘。这几天人们在野外进餐，玩扑克、捡石子（详见附录1）、玩克郎球（详见附录2），男人们在玩骰子（详见附录3、4），孩子们在玩石子棋（详见附录5）、放风筝（详见附录6）。他们都在这个季节里尽情地享受着人间的无限风光。

沐浴节是西藏群众性的一次洗澡活动。时间是在每年藏历七月上旬。沐浴节时间为一周。无论男女老少，都来到河边先洗头、洗身、洗去身上的汗臭和污垢。他们不分男女老少，三五成群好不热闹。有的还带来一大堆衣物被褥，进行彻底的大清洗。有的还准备了食物和酒菜，洗毕，累了，就在河岸吃起来，直到弃山星（金星）隐没，才满意地回家。

沐浴节是藏族人民的民间文化杰作，它跨越时间长，流播地域广，直到今天还充满着勃勃生机和活力。藏族沐浴节的缘起是以祈求水神给以再生为精神基础，以藏族人民千百年来的科学观察为物质契机，它在流变过程中，

融汇了天体崇拜及不同的文化因素，发展到后来，又吸收了大量的娱乐文化，从而使当今的沐浴节，演变成一个集宗教、娱乐、健身、社教于一体的综合性社会节日。

哲蚌鲁崩节

这是拉萨哲蚌寺的一个宗教节日。每年藏历七月初八，这一天被称为"哲蚌鲁崩节"。"鲁崩"，直译是"龙堆"，意译为"十万龙神"。在哲蚌寺大雄宝殿的西边，有一神秘的殿堂——鲁崩殿。这个佛殿平时总是大门紧闭，每年只有藏历七月初八的这一天，才对广大僧俗信众开放。于是，每到这一天，拉萨城区和郊区的人们都带着哈达、酥油灯、果品和鲜花到这里进行朝拜。那么，朝拜什么呢？鲁崩节这天，人们到哲蚌寺最重要的活动就是去朝拜供奉在寺里的几座神秘佛塔。当然，在这样隆重的时刻，人们也不会错过乃琼护法神在这里降神的场景。

一、白色的泥佛神塔

信徒们朝拜的主要对象是鲁崩殿里供奉着的两座 2 米多高的白色泥佛塔。这两个白色的泥佛塔就叫"鲁崩"。关于它的形成，有一段传说。

相传，江央曲杰·扎西班典是山南桑耶地方一个富豪的儿子，与当时西藏地方最高首领乃东法王扎巴坚赞、拉萨地方长官柳梧·朗噶桑波有着良好关系。他是藏传佛教格鲁派祖师宗喀巴最心爱和最得意的弟子，正是在宗喀巴的授意下，在乃东法王和拉萨长官的竭诚帮助之下，于 1416 年 38 岁时兴建了西藏第一大寺——哲蚌寺。江央曲杰知识渊博，记忆力特别强，所有的经书佛典，只要他读过以后，都能过目不忘，熟记于心。讲经说法时，他根本不需要再看经书，不论讲到哪里，都能脱口而出，倒背如流。在宗喀巴大师的眼里，江央曲杰是经学第一、记忆第一。

宗喀巴还有一位弟子，对江央曲杰很不服气，向他发起了挑战，提出要

和他辩论。这个人就是克珠杰·格勒贝桑，他出生在后藏拉堆强的多雄地方，从小受到严格的宗教训练，在讲、辩、著等方面表现出令人惊叹的才能。从16岁时开始，克珠杰经常参加后藏地区各大寺庙的辩论，口若悬河，无往不胜。当时，西藏的大学者博东·乔列南杰是经学方面的泰斗，佛教方面的绝对权威。他纵横辩经场数十年，没有遇到过一个强劲的对手，也没有一个人能驳倒他。有一回，乔列南杰大师到了昂仁大寺，立宗摆下了经学辩论的擂台。在很多僧人的支持和鼓励下，年龄不到20岁的克珠杰与乔列南杰展开了激烈的辩论。克珠杰从各个方面指出乔列南杰立论的谬误之处，把他驳得体无完肤，只好不停地摸着嘴巴上的胡须，以掩饰自己的狼狈相。从此，克珠杰在西藏被誉为口才第一、辩才第一，乔列南杰大师也不止一次地对他进行表扬。克珠杰22岁时，专程到拉萨投奔宗喀巴大师，大师非常看重他，并对他说，你将会成为把全部教法传播到四面八方的人，又说你要弘传我的密宗教法。当时，宗喀巴大师刚好掉了一颗牙，便把这颗牙送给了克珠杰。据说，这预示着克珠杰将会成为宗喀巴教法的继承人。果然，宗喀巴大师圆寂后，把衣钵传给了贾曹杰·达玛仁钦，贾曹杰·达玛仁钦又把衣钵传给了克珠杰·格勒贝桑。后来，克珠杰被追认为第一世班禅大师。

在克珠杰的提请下，江央曲杰答应与他进行经学辩论。两个人进行辩论的地方，就是哲蚌寺大雄宝殿西边的那间神殿。他们一个摆擂，一个攻擂，你来我往，互不相让。据说，这次经学大辩论，一共进行了七天，最后还是不分胜负，不见输赢。如此场景不仅使得所有在场的喇嘛、活佛如痴如醉、受益无穷，就连十万神龙也争相从地下钻出来听经。辩论结束后，哲蚌寺的喇嘛发现，这间神殿里有两个神龙拱出的土堆，便在土堆上修成两座白塔，作为江央曲杰和克珠杰那场历史性辩论的永久纪念。

从此，人们就称供奉这两座佛塔的殿堂为鲁崩殿。也正是因为如此，每年寺内都举行盛大的纪念法会，民众前往朝圣供奉。

二、神秘的银质灵塔

这座神秘的佛殿还供奉着三座银质佛塔（灵塔），它们一字排开，巍然耸立，但不全是达赖喇嘛的灵塔。其中，居中的灵塔高6.16米，装藏着三

世达赖喇嘛索南嘉措的法体；北侧的灵塔高 5.7 米，装藏着四世达赖喇嘛云丹嘉措的法体；南边的灵塔高 4.6 米，装藏着的是五世达赖喇嘛的摄政第司·桑杰嘉措的灵骨。这三座灵塔造型精美，制作豪华，全部用银皮包裹，嵌满了奇珍异宝，三、四两世达赖喇嘛的灵塔，每座就用去白银 14800 两。广大僧俗之所以前来瞻仰朝拜，并不完全在于灵塔的宝贵，主要是灵塔的主人都是令人景仰和崇拜的历史人物。

三世达赖喇嘛索南嘉措是哲蚌寺西边堆龙德庆桑木乡康沙沟人，3 岁时被认定为哲蚌寺活佛转世，在班钦·索朗扎巴等大学者的悉心帮助下，很快成为精密显通、学富五车的大学者。33 岁时，驻牧青海的蒙古汗王俺答汗派人前来迎请，他不远千里，长途跋涉，到了青海地方，成为俺答汗的宗教上师，在青海地区大力推行藏传佛教。他力劝俺答汗废除蒙古人死后按其尊卑贵贱，以妻妾、奴仆、牛马殉葬的陋俗；禁止杀生祭祀死者，禁止对汉、藏、蒙古族居民杀戮和抢劫。他在宗喀巴大师的家乡，修建了著名的塔尔寺。俺答汗奉送给他一个名号，叫"达赖喇嘛瓦齐尔达喇"。从那时起，达赖喇嘛的名号，就传承下来了。索南嘉措的名声传到了京城，明朝万历皇帝派遣坐着八抬大轿的金字使者，前来请他去北京讲经说法，加封他为灌顶大法师，赐给封诰、诏书、官印和官服。索南嘉措给宰相张居正写了一封致敬信。1588 年，索南嘉措动身进京，途中不幸在内蒙古地方圆寂，终年 46 岁。

四世达赖喇嘛云丹嘉措于 1589 年出生在蒙古地方，据说是俺答汗的一个孙子。因为出生在蒙古王族，父母舍不得离开他，所以他 14 岁时才被迎请到西藏，登上了哲蚌寺甘丹颇章的宝座，在大昭寺释迦牟尼像前拜四世班禅洛桑确吉坚赞为师，学习显密教法。云丹嘉措执政时期，西藏的形势非常严峻，日喀则的藏巴汗，一次接着一次派遣强大的军队，迫害格鲁派和格鲁派的支持者，云丹嘉措的处境非常艰难，28 岁时便过早地圆寂了。

三、迎请乃琼护法神

在西藏历史上，乃琼寺是一座非常重要的寺庙。原西藏地方政府曾有两位主要的护法神：乃琼护法神多吉扎丹和护法女神班丹拉姆（吉祥天姆）。这两位护法神也被称为红、黑护法神。乃琼寺是红护法神多吉扎丹的驻锡地。

乃琼宣谕神是噶厦的特别守护神多吉扎丹与达赖喇嘛及其顾问间的媒介，护法神将通过宣谕神向达赖喇嘛及其顾问提出建议。原西藏地方政府的所有重大决定均需首先询问乃琼护法神，即请护法神降神以传达神谕。

据说，在鲁崩节这天，哲蚌寺要到乃琼寺迎请乃琼神（护法神）到措钦大殿。同时，进行相关法事活动。原先，乃琼护法神是在印度供奉的。最初的乃琼寺建在印藏边境附近的某处，后来因战乱，遂迁到桑耶寺内。在五世达赖喇嘛时，乃琼寺才搬到哲蚌寺附近的现址，并被命名为"乃琼"寺，在藏语中意为"小圣地"。随着藏传佛教后期的发展，乃琼不单是莲师、桑耶寺的独有护法，也成为其他各教派的护法。格鲁派中，安多地区的拉卜楞寺将其奉为主要保护寺院的护法，并建有专门的护法殿供奉。乃琼护法王有三面六臂，中间主面为白色，左面为红色，右面为蓝色，各有三目，獠牙暴露，现愤怒之相。右边三手分别持铁钩、箭和剑，左边三手持刀、弓和杖；身穿白丝上衣，以人虎之皮作为腰裙；头戴圆顶藤帽，骑在雪狮背上。

鲁崩节这天，拉萨及周边广大农牧民前来哲蚌寺朝圣。乃琼护法要在大殿和广场上降神做法，向广大僧俗信徒抛掷经过加持的青稞粒，得到青稞粒的人都非常高兴，像捡到了宝贝一样带回家中。

鲁崩节后的第六、七天，也就是藏历七月十四、十五两天，拉萨东边林周县的曲丁寺有跳羌姆的宗教节日。曲丁寺最初由噶当派高僧所建，寺内喇嘛修行噶当派教义，后来皈依了格鲁派，现在该寺是热振寺的属寺。在七月十四、十五两天，达孜区的霄寺也要举行跳大威德金刚十三势法舞等跳神法事活动。

降神节

佛教传入藏区后，与藏族本土文化相融合，形成了藏传佛教。随着藏传佛教势力的发展，藏族社会进入了长期被"政教合一"统治的社会形态，于是出现了几乎全民信佛的局面。佛教给藏族节日文化注入了新鲜血液，于是

出现了一大批藏族佛教节日，尤其是后弘期，藏传佛教各教派的形成与发展，大规模体系化、正规化的寺院法会出现，不仅丰富和发展了藏族节日，而且使藏族宗教节日文化趋于成熟和完善。每年藏历九月二十至二十九日，就是藏族信教群众一年一度的传统宗教节日——降神节，藏语叫"拉波堆庆"，又称"神仙下凡节"或"天降日"。

一、赐福人间有神降

跟其他民族的文化一样，藏族传统文化中也蕴含着丰富的神佛文化。人们认为，降神节这天，神仙之所以下凡主要是为了了解民情，巡视黎民百姓对佛的信仰程度如何，观看他们点的酥油灯多不多，是否干干净净地迎请神的降临。于是，神仙们每年要在九月二十九日巡视于人间，赐福于藏民。

关于节日的来历，有一则美丽的传说。

传说，在遥远的一天，碧空万里，秋高气爽，居住在天界的旺久神仙下凡来观察民情和佛事。来到凡间，他目睹人世善男信女们点着许多供灯虔诚地信佛，并干干净净地等待神仙的莅临感到心满意足。当时，旺久神仙进入茫茫无际的大草原时感到周身精疲力竭，饥饿难忍，终于走不动了。这时，一只白兔突然一蹦一跳地来到旺久神仙面前，看见旺久神仙痛苦的神情，便询问缘由，旺久神仙如实相告，白兔听后很替他着急，它思前想后，最后决定将自己的身体献给旺久神仙，以此拯救奄奄一息的旺久神仙。白兔说："我没有别的东西，我只能将自己的身体献给您，请您享用吧！"

起初，旺久神仙颇感吃惊，继而坚决推却，但禁不住兔子的再三恳求，旺久神仙只得含泪接受。他用兔子充饥后，体力恢复了原样，旺久神仙为了永远记住和怀念这只兔子，便将这只白兔的形状描绘下来，然后才返回仙境。到了仙境，旺久神仙将兔子的画像展示给每一位神仙，并讲述了自己在遇难之时兔子救活自己的经过。众神仙对兔子这种舍身救神的举动非常感激，他们一致认为：应该将兔子的画像挂在月亮上，好让世间的人也知道这是不惜生命救活旺久神仙的善良兔子。至今，每当满月之时，人们总能看到月亮中有只兔子静静地卧着，它就是传说中那只不平凡的兔子。

藏族人们讲述完这段故事，认为神仙下凡的九月二十九日是吉祥的日子，

因此会在这天举行各种活动祈祷，祭祀神仙，迎接他们下凡。

关于这一节日的来源，还有两种与宗教有关的说法：一种说法，据藏传佛教教义，"拉波堆庆"是佛祖释迦牟尼下凡到人间的日子。释迦牟尼成佛后与佛母摩耶夫人传法，于九月二十九日从佛乐胜境来到人间。同时，诸神仙也降临凡尘，了解民情，巡视黎民百姓对神佛的信仰情况。这一天，人们纷纷到寺院朝佛献祭，焚香转经，接济乞丐，广做善行，祈愿神佛，保佑万物生灵，以虔诚的心态和缭绕的桑烟迎接神佛的降临。另一种说法，则称这是释迦牟尼7岁时，为了报答母恩，来到天堂向母亲讲经说法，安夏修持后于九月二十九日返回天竺（古印度）迦尸城的纪念日。

二、焚香祭祀祈福忙

我们且不管节日的来历到底是哪种说法，但人们迎接这天到来都是为了祭祀神仙和佛祖，祈求幸福和吉祥。也正是因为如此，为了迎接"神"降临人间，人们每年这个日子都要进行纪念。在每年藏历九月二十九日，拉萨的僧俗都要到寺庙朝佛献供，发放布施，家家户户还要在屋顶和河边焚香，迎接佛祖降临，祈求佛祖保佑。

这一天，拉萨上密院（小昭寺）、下密院僧人都要集会，向大昭寺、小昭寺、布达拉宫鲁吉夏日等佛尊会供，向哲蚌寺、色拉寺、甘丹寺供奉布施，祈愿还净，百姓也根据各自的财力，进行供奉，接济乞丐，同时虔诚地朝佛念经行善，希望佛保佑其一切顺利吉祥。拉萨众多信教群众来到大昭寺、小昭寺、布达拉宫等地烧香、朝佛，祈求风调雨顺、幸福吉祥。按照惯例，为迎接降神节的到来，西藏各大小寺院会用几天的时间把寺院外墙粉刷一新，藏族信教群众也会把各家佛堂清扫干净，烧香拜佛，企盼佛祖的降临。从清晨开始，成千上万的信众就在拉萨大昭寺门口排起了长龙，等待朝拜寺内的释迦牟尼佛像，为家人祈福，并且为香灯添加酥油，祈求佛祖保佑众人幸福平安。在围绕大昭寺的八廓街上，每个煨桑炉前挤满了信徒，他们争先恐后地往香炉里添加松柏枝、青稞粒，桑烟弥漫了整个布达拉宫广场和人潮涌动的八廓街。而在布达拉宫，前来转经的信徒也明显增多。

第四章　秋季节日

其他节日

除了以上介绍的几种节日，秋季的拉萨及周边区县，还有各种宗教类、时令类节日，人们也不忘在这个季节出来娱乐和休闲。

一、叶巴次久节

藏历七月十日是叶巴次久节，是拉萨市达孜区扎叶巴寺庆祝莲花生大师在七月初十这天来到本寺的吉祥日子，藏语"次久"即初十的意思。扎叶巴寺位于拉萨东边达孜区的扎叶巴沟里，由松赞干布的藏族妃子孟萨建经堂后，逐渐发展起来。扎叶巴寺始建于10世纪，叶巴扎仓即甘丹桑阿央孜于藏历第十一饶迥火猪年（1641）由五世达赖喇嘛创建。这里的山上松柏挺立，翠绿盎然，山下有涓涓清泉，潺潺流淌，整体气息充满灵气。扎叶巴寺就紧紧

叶巴次久节清晨煨桑

镶嵌在这里的悬崖峭壁之间。在西藏流传着这样一种说法，西藏的灵地在拉萨，拉萨的灵地在叶巴，到了拉萨不到叶巴，等于做了新衣忘了做领。所以，扎叶巴寺一直以来吸引着不少信众前来顶礼。叶巴次久节的时候，据说寺内密宗诸神为迎接莲花生大师的到来，会举行隆重的集会。大会上有孔雀舞、鹿舞、大头和尚舞等各种平常少见的舞蹈表演，周边很多僧俗都会前来观看。其中的狮子舞一般由药王山上的寺院和藏医院演出，因为两者每年都要到扎叶巴山上采药。

在扎叶巴寺有很多可供朝圣的修行洞、经堂和宝塔。据说，这样的山洞有 108 个，这些修行洞的历史比寺院历史要久远得多。其中，最著名的有松赞干布修行过的法王洞，莲花生大师修行过的月亮洞，阿底峡修行过的祖师洞等。另外，还有一个扎拉洞与一段重要的藏族历史有关。吐蕃最后一位王是达玛邬东赞，他长相酷似黄牛，性格倔强，老百姓习惯叫他朗达玛。这位赞普被拥立为王后短时间内还依照佛法治理藏地，后来却与仇恨佛法的人为伍，成为灭佛之王。不久之后，全吐蕃的福业如同春季的冰块一般融化消失，人主的福神犹如枯海的波纹，无影无踪，吐蕃的法律就像被暴雨冲毁的墙只剩残垣，整个吐蕃像万缕布条一样断裂分割，福祉尽衰。那时，在扎叶巴地方扎拉洞里修行的拉隆·贝吉多杰得知情况后，身穿外黑里白的咒师服，头戴外黑里白的帽子，骑上一匹用木炭涂黑的白马来到拉萨，用箭镞刺杀了朗达玛。拉隆·贝吉多杰在河边将衣帽反穿，把马身上的木炭洗干净，随即逃回扎叶巴的修行洞。

庆祝叶巴次久节活动场面

　　为了遮掩洞口出入痕迹，拉隆·贝吉多杰抓住一只鸽子的双腿，顿时洞口尘土飞扬，他又抓了一把蛀虫在洞口放开，顿时尘土上满是蛀虫爬行印记。在扎拉洞躲了一段时间之后，据说拉隆·贝吉多杰后来逃到朵康地方修行。

　　藏历十日，藏语叫"次久"，这时候举行的宗教节日一般都与莲花生大师有关。过去宁玛派教徒和信众十分重视每月十日的宗教祈祷活动，据说这是莲花生大师和他的神属部众的出行日，逢十必礼的规矩就是当年的莲花生大师规定的。叶巴次久这种节日始于何时？现在尚不清楚。叶巴次久节共三天，前两天有僧众的跳神和舞狮等表演活动，最后一天是展佛，扎叶巴寺堪布给群众进行长寿灌顶，在达瓦修行洞进行会供祭祀和展佛活动，朝拜的信教群众和观光旅游者很多。

二、哲蚌寺琼久节

这是拉萨三大寺院之一的哲蚌寺的一个夏天休假的节日。每年藏历七月三十日举行，大约持续一周，主要活动是全寺僧众到罗布林卡朝拜达赖喇嘛，并在达赖喇嘛主持下诵经辩经。佛教徒在进行夏令安居的长期宗教活动之后安排休假机会。

三、祭祀关帝

拉萨市区有一座关帝庙，位于布达拉宫以西约1000米的巴玛日小山岗上，这座小山顶部平似磨盘，故称磨盘山关帝庙，里面过去供奉的是关帝塑像，因关帝塑像与藏族民间传说中的英雄格萨尔王相差无几，所以当地人误认为关帝是格萨尔王，将关帝庙又称格萨尔拉康。此庙建于清朝乾隆年间。

祭祀关帝，据土观洛桑却吉尼玛活佛作的仪轨文中的第二部分记载，祭祀的内容：一是准备阶段，一般称为前行。祭祀者首先要皈依发心，接着将自己视为类似马头明王等密宗本尊神，将所供饮食、野兽躯壳（真品或代替品）、桑祭等物摆好，然后念咒经、结法印各六次。二是请神，要迎请神灵到祭祀的场地，要念诵诗歌体请神文。迎请的对象包括关帝及其妃子、公子、属下大臣、将军和兵卒，迎请关帝坐于宝座，其余则住天地虚空各处。三是献食子等，即向神灵献贡品，对所献供品极尽夸张、形容之能事。四是赞颂和托付事业。这部分主要表明了献祭的目的，也是献祭活动中非常重要的内容。首先赞颂了关帝对教众所做的益事，如守护佛法与世长存，在汉藏地区以各种化身所做的护教事业，也提到卫则、尊赞等。五是送神和结尾部分。将神请来，供奉祭品，并交付了他们该做的事业，就剩下了最后一道程序，即将神送走。

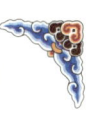

附录1：捡石子

这种游戏的玩法是将两种或三种石子选取一样多的数量，混在一起从手心翻到手背上，在手背上的石子是单数，就可拣1、3、5、7等。如果手背上的石子是双数，就要重新拣，最后数量多的一方取胜。

附录2：克郎球

吉韧即藏式克郎球。设有长宽约1米的正方形球台，球台四角有4个小洞，黑白两种扁形球子各9个，另有1个红色球子放置球台中心，有1个白色母球供双方弹击球子所用。比赛分2人单打或4人双打，双方力争将自己的球子弹入洞中，并设法阻止对方球子弹入洞中。吉韧活动动静结合，趣味性强，老少皆宜，是较为普遍的娱乐项目。西藏第六、七届运动会将此项目列为比赛项目。

附录3：骰子游戏

掷骰子游戏的主要特点：其一，所用道具是大肚小口的藏式木碗一个，圆形垫子一张。这张高约1寸的垫子中间是用高原上常见的牛羊毛及其制品填充。所用的一对骰子并没有什么特色，多为骨制、塑料制品，也有比较稀有的象牙、玳瑁等质地。用以当作筹码的东西可以就地取材，包括三种颜色各9枚的片状物（藏语叫"拉吉"）和108枚其他体积小容易携带的球状物（藏语叫"蹲布"）。其二，特别之处还有人数的限制，即二、三或四、六人，人数多时需组成两人一组的对家。其三，规则中所掷骰子点数的大小并不重要，重要的是所需的点数恰好能够合并或加上自己的"拉吉"，或者能够吃对家的"拉吉"。

在这个游戏中，最有民族特色的当属掷骰子时口中所喊的骰子词。两骰子能被掷出的数字是从2至12，每个数字都关系到人们在这个游戏中的成败，于是人们把自己想要的数字都冠以爱称，甚至谐音谐意。不仅如此，人们还创作了包罗万象的骰子词。比如，掷到2点，会说"2点来的不早

也不迟，对家从我手中跑不了"；掷到3点，会说"格西从马上摔下来了，不用下马讨个巧了"，直到12点，都有类似的句子。但这些句子不会一成不变，其内容非常丰富，这一次说某个点用了这两句，下一次说这一点用的可能是另外两句，包含着历史、文化、宗教、民俗等各种内容。

附录：4：骰子占卜

骰子占卜是西藏民间常用的占卜形式之一。占卜时，占卜者掷出骰子后，根据骰子所掷的点数与卦书上所记的点数相对照后定出吉凶。这种占卜方法在吐蕃时期就已经流行，新疆民间的古藏文木简就有占卜卦辞。后世更有数种骰子占卜的仪轨文献，如央金珠贝多吉著《吉祥天女所依骰子占卜宝镜》。进行占卜时，先要祈请相应的神灵，念诵神类诵文，使占卜在神类的佑护之下进行。占卜使用3枚骰子，掷骰子后的点数预示吉凶，点数与吉凶的关系如下：

17 大吉

5、7、9、11、13、15 吉

8、18 中、趋吉

3、10 中

14 中、趋凶

4、6 凶

12、16 大凶

附录5：石子棋

藏语叫石子棋为"杰布杰知"，它的玩法为在地上或纸上画图，拣24颗小石子和2颗稍大的石子。24颗小石子为民，2颗大石子为王或将。大多数石子被王吃掉了就是民输，如果王被小石子围住，无出路可走就是王输。

附录6：放风筝

放风筝是拉萨青年人最喜爱的活动，而风筝"打架"，是拉萨青少年

普遍都爱参与的一项斗智斗勇的游戏，在拉萨年轻人中流行。放风筝在拉萨以外的日喀则和江孜等地偶尔能见到，在西藏的其他地方却基本不流行。风筝在拉萨话中称"企华"，意思是"飞鹰"，而书面语称"秀恰"，与汉语中的"纸鸢"类似。拉萨的风筝因为主要用于交战，所以对图案不太讲究，一律是菱形的，且大多是白色，称作"嘎扎"，也有用黑色、绿色或红色在两侧画上对称的圆弧——"密"（眼睛）或"密落"，象征老鹰敏锐锋利的双眼，充满一种英勇善战、无所畏惧的气概；其他风筝图案还有"冈玲"（腿骨号角），表示奔跑速度飞快，同时也是一种密宗法器；"加窝沃达"（络腮胡），表示威武雄壮，成熟老练；"其乌"（刮胡子用的小刀），表示其锋利程度，割断对方的风筝线就如同刮胡子一样轻而易举；"廓玛热"（红色头顶）既表示急红了脸要拼命，也有一种装饰作用；"邦丹兰巴"（花条围裙）表示美丽漂亮；等等。

风筝的硬件主要由风筝主体、细线、轱辘三大部分组成。风筝主体骨架用劈得粗细得当、刮得平滑的竹篾子，用两支交叉成十字固定牢。糊风筝要用西藏印经书的藏宣纸，这种纸既轻盈又结实，再大的风也很难刮破。由于拉萨的风筝主要用作战斗游戏，多做成软片风筝，成几何菱形，注重竞技性能，要能进行空战，能够灵活地上下翻飞，属于特技风筝的类别。轱辘在藏语中称为"扩罗"，是用于缠绕风筝线的。轱辘有大小之分，因手的大小选制不同尺寸。轱辘越大，收线速度越快，相应的风筝也要配的大一些。放线时，两手张开，风吹风筝，轱辘就自动倒转。若要慢慢放线，用双手四个手指的指甲顶住轱辘柄子的两侧，可以减缓放线速度，线末端要固定在风筝轱辘中间的一根木条上，以免线放完了风筝也脱飞了。线在藏语中称"姑巴"，是用于交战的重要武器。因线上要涂抹碎玻璃胶，有人也称之为玻璃线。玻璃线质量的好坏往往是成败的关键，因此它的加工制作尤其讲究。一般都选用非常结实的丝绵线，五六卷线连接起来，能有数百米之长。玻璃胶是用糌粑、猪皮鳔胶、粉碎得很细的玻璃碴儿与温水均匀搅拌而制成的。

以上各种准备工作做好后，在正式参战之前还要进行风筝试飞。试飞的要点在于看风筝试飞时左右平衡情况与固定风筝的两根线的长短是否合

乎要求。如不合适，可用小纸条在两翼的竹子上添加或挪动，直到调整到最佳位置，使其固定不变。

放风筝的地点是在藏式楼顶的平台上。这种平台很宽阔，可以自由在上面来回跑动。闲暇的日子里，大家都在房屋顶上晒太阳、聊天。到了放风筝的季节，除了放飞者，还有许多男女老少在周围观战与助威。

拉萨放风筝的季节是十分讲究的，一般在"望果节"之后，约为阳历8月至10月，不允许过早放，也不能太晚。尤其是不能早放，否则会遭到老百姓，特别是农民的唾骂。大家认为，早放了会把风早早地招来，到麦收打场时，风力就不足，就会严重影响打场的进度和质量。因此，民间禁止过早放风筝。在麦收的季节，则鼓励大家尽情地放风筝。人们都很自觉地遵守这一习俗与禁忌。过晚放风筝，天气太冷，很容易生病。因此，放风筝者都会抓住每年中短短的两三个月的时间，尽情放个够。若是选择其他季节放风筝，人们会讥笑"不合时宜"。

到了秋季，拉萨的风始终是不断的。一位好的风筝手，不仅能把风筝放得高，更重要的是有能够自如地控制住风筝上下左右、远近盘旋的能力。一般说来，当风筝头部冲着什么方向时收线，风筝就会朝着什么方向飞。放线时，风筝会旋转着往下落或直接往下落。在正式交战之前，应反复练习，熟练掌握风筝的性能，调整好风筝的平衡，控制好收线与放线的时机。接下来就是交战的技巧。进入交手实战阶段，首先要把风筝放起来，放到几十米甚至上百米的高空。由于大家都是在房顶的平台上，相距不太远的对手彼此都能望见。一切准备就绪的人就会向对方高呼："故玛次呢，姑吧略秀！"意思是："有胆子的，就放线过来！"这可以说是在挑战。

只要看一下对方风筝的大小是否与自己的相当，再看一看风筝之间的相对位置是否对自己一方有利，就可以确定是否应战。一般说来，大风筝容易打败小风筝。为了在交战中能够掌握主动权，要尽量占领制高点，也就是说用自己的风筝线从上方压住对方的风筝线。谁的线压在上面，谁的胜利机会就越多。一旦双方的风筝线接触以后，双方都会立即放线，上面的风筝往下压，下面的风筝往上抬，在放线过程中，想方设法割断对方的风筝线。有时线能放得很长、很远，风筝几乎快要掉在地上了。

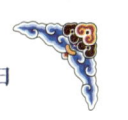

上面的可以随时收线，风筝会很快升向高空，下面的只能在上面的风筝离开后，才可以尽快从侧面逃出。这么一个过程，算是一个回合。能够割断对方的风筝线，让那断了线的风筝晃晃悠悠地从高空中飘落下来，要经历好几个回合。

一旦打败了对手，胜利方的孩子们会立刻欢呼，口中高喊："荡啊哟大！"表示对方的风筝"被打掉下来啦"。失败者垂头丧气，胜利者得意扬扬自不必说，打掉的风筝是谁捡到了就归谁，谁也不会专门老远跑去捡。有时别人打下的风筝，自己捡到以后，稍加修整，也会拿来继续放飞，与对手再战。当然，想要痛痛快快地打"风筝架"，还要准备好两三只备用风筝，以便打断以后，立即接上一只，继续交战。直到打断所有风筝或是天黑，方才收兵。交战过的风筝线，由于相互之间的摩擦，上面薄薄的一层碎玻璃胶会受到磨损，故而在下次交战之前，还要涂上一两层玻璃胶以增加其锋利程度。

有一种风筝，在原风筝尾巴下方粘上一个长长的小纸条，算是一种"和平"风筝，大多是儿童初练放飞时用的。它在空中飘飞得比较平稳，一般不会左右翻腾，别人也不会去打它。大家都称那长长的小纸条为"屁帘儿"，或许是指那穿开裆裤的孩子为了挡风而在屁股上加挂的那块方布，算是初上战场的"新兵"的一种标志。

放风筝的季节，拉萨市内也有很多风筝专卖店卖风筝，价钱也不贵。但人们还是讲究自己动手制作风筝。在制作工艺上，有一整套规范的操作工序，这些扎、糊、绘、放的技巧是需要在实践中仔细摸索和总结的。

第五章
DI WU ZHANG

冬季节日

拉萨被誉为"日光城",即使在严寒的冬日,温暖的阳光依然流淌在这片大地上。冬季里,围绕在拉萨河谷周围的层层叠叠的山峦,在暖寒气流的综合作用下,好像戴了一顶顶白色的雪帽。没有春天的清新、夏天的灼热、秋天的硕果,冬季的西藏高原依然律动着节日的音符。

白拉日追

白拉日追是藏族人民在冬季里迎来的第一个节日，也是人们在冬季所度过的最为隆重的一次宗教性节日。每年的藏历十月十五日，整个拉萨都沉浸在一片欢乐的海洋里，这一天木如寺的僧人们会抬着大昭寺二楼天母殿内的白巴东则圣像，环游拉萨古城以供信徒们朝拜。这时正值农闲时节，牧民也将牲畜赶到冬季牧场，进入半休牧状态，各个地区的农牧民大量涌入拉萨朝圣。因此，白拉日追当天除了参加盛况空前的朝佛仪式，也是观赏西藏各地民俗服饰的绝佳机会。拉萨盛装的优雅，牧区装束的炫丽，农区服饰的简约与实用，都在这里给人们一一展现。

一、节日前奏

节前的拉萨到处是一派紧张繁忙的景象。除了满怀期盼的朝圣者，最为忙碌的要数木如寺的僧人了，因为他们要负责完成节日前期的诵念经文仪式和节日当天圣像环游拉萨古城的活动。为了迎接这一天的到来，早在八九日木如寺的僧人们就将圣像迎请到天母殿的门廊下，举行隆重的供养及念咒仪式。这段时间内，拉萨市民会到拉萨附近的宗教场所煨桑，并供奉青稞酒。各大贵族则会以差役的形式委派十几名被叫作"白苏玛"（意思为迎请白巴东则神像的女性）的妇女，着拉萨盛装整齐地坐在天母殿的门口，并在一名有经验较为年长的妇女的带领下开始吟诵静猛吉祥天母酬忏颂词。

最初的"白苏玛"由各贵族家庭的太太和小姐们担任。由于她们大多不喜欢抛头露面，就委派宅邸的管家和女仆代替她们承担这项任务。慢慢地，随着节日仪式及议程的进一步完善，"白苏玛"的选择也日渐正式。主办方会在民间选拔年轻貌美、能歌善舞且通晓各种经咒和祭祀程序的女孩，来担当白苏玛的角色。她们一律头戴红色珊瑚制作的三角形巴珠，胸前佩戴着用各色宝石串制的项链，项链的末端还吊有方形或八角形的金质护身佛盒。这

种佛盒被称为"嘎乌",在西藏是极为普遍的一种胸饰,各地区的装饰形式不同,实用功能是相同的,除了其明显的装饰功能,佛盒内还装有自己保护神的小像,有些还装有一些名贵的药物,当需要的时候可以拿出来应急。这些"白苏玛"身穿各色丝绸制作的藏装,上面还套着各色缎带相间缝制的被称为"丁杂"的长款无袖对襟马甲。

装扮齐全后,白苏玛们整齐划一地坐在天母殿外,虔诚地念诵着经咒。天母殿内,端坐着来自木如寺的僧人,他们也在吟诵佛教经咒。十四日是成就朵玛日,大昭寺的僧人们会念诵经咒,为朵玛加持。与此同时,由一名年长的"泽恰"(噶厦的官员,负责管理库房)和在寺院内从事绘画工作的画工一起,为白巴东则圣像进行象征性的沐浴,并为圣像涂金泥。之后,就由木如寺的僧人们为圣像更换盛装并佩戴用各色宝石和黄金制作的装饰配件。装扮一新后,僧人们将圣像请到释迦牟尼佛前的卡垫上,并面对释迦牟尼佛放置一整夜。

这一天,经过加持的"朵玛"会在撤下供桌之后,散发给前来朝圣的信徒。人们竞相争抢,因为他们认为获得"朵玛"的人会得到福报。之后,人们可以依顺序进殿近距离地膜拜圣像,噶厦的噶伦们是第一批前往朝拜的人,跟在后面的是噶伦以下各级官员人等,普通民众排在最末。

二、圣像环游拉萨古城

十五日,白拉日追节的当天清晨(五六点钟),百姓家中的主妇们就已经在自家屋顶的香炉内燃起桑烟,并着手准备迎接白拉日追节。她们穿上盛装,用新酿的青稞酒装满巨大的陶质酒罐,女孩们也装扮一新,接受着家中男性长者的祝福。然后,家中的女性同时出发,前往八廓街等待圣像的莅临。十点多钟,大昭寺的僧人们将圣像迎请到天井内,并将圣像的手持物换成一把火焰宝剑。木如寺的僧人们则精心装扮一番,因为整场游行活动由他们负责完成。他们穿上崭新的袈裟,佩戴好各色丝绸制作的配饰。其中一名年轻力壮且严守戒律的僧人,会钻进圣像中,并将圣像抬起,在其他几个僧人搀扶下,开始了白巴东则圣像绕拉萨古城的环游活动。

活动的仪仗队伍值得特别介绍一番。一名着普通僧装的僧人，手持孔雀毛制作的华盖，走在圣像的后面。圣像前后，还有两名着跳神服并戴着水怪和狮子面具的小沙弥，四个持鼓并着黑帽的僧人，一个乐手。在这之后是从贡蚌唐（拉萨东郊的一个村子）支差前来参加仪式的一队老人，他们右手舞动一根着色的细木条（表示武器），左手持盾牌，一律着白色藏装，脚穿藏靴，并且一只藏靴不系鞋带。后面是头戴老人面具的两个舞者，两个着回族盛装的人以及参加木如寺诵经的所有"白苏玛"。此外，还有持各色宗教乐器，头戴格鲁教派泽夏（鸡冠帽）的僧人；为仪仗开道的僧人，手持香烟缭绕的银质香炉，头戴珠鲁（格鲁教派僧帽，与鸡冠帽相似，但上面的流苏更长一些）。

仪仗队浩浩荡荡地簇拥着白巴东则圣像，从大昭寺出发，经由八廓街到鲁固，然后再到八廓街东北街的甘丹大经杆处。圣像在这里做短暂的停留，由拉萨土地神恰赤从噶玛夏前来向天母敬献哈达。据说，恰赤与白巴东则也有夫妻之情，所以前来与她相会。然后，圣像被迎请到冲赛康广场，再到八廓街东南街与妹妹东苏拉姆相会。巡游队伍继续向前，转入绕色巷到达夏扎府前停下，并将圣像面朝吉曲河（拉萨河）南岸放置，表示与河对岸的情人赤宗赞相会之意。与此同时，赤宗赞的圣像也会由所在寺院的僧人抬出殿堂面朝北放置。稍事休息后，僧人们起步，抬着圣像继续往前走，僧人们还会一步一回头，表示两者依依不舍之意。之后，圣像被请回到大昭寺天母殿重新安置好。此时，大昭寺天井内已经悬挂起了一幅吉祥天母织锦唐卡，唐卡前的供桌上摆满了人们敬献的供品。一个被称为"吉祥天母供碗"（详见附录1）的吐蕃银器被抬到天井中央，妇女们将自家酿制的青稞酒倒入其中作为供品。

节日当天，圣像所到之处人头耸动，朝圣者以妇女为主。人们竞相膜拜圣像，争抢"朵玛"等加持过的供品。贵族和家境殷实的民众会在沿途奉上各种财物，普通民众则抛出洁白的哈达以示诚挚信念，并追随着圣像蜂拥在拉萨八廓街的各个角落。

如今，白拉日追节日的隆重程度也不减当年。只是寺院不再进行圣像游行活动，但是会将圣像迎请到大昭寺的天井中，揭开天母的面纱，供世人参拜。

在大昭寺二楼法王殿内被称为"吉祥天母供碗"的一件吐蕃时期的银质酒器，也会放在大昭寺天井中，前来朝圣的妇女们将一个月前就精心酿制的青稞酒倒入这个供碗中，作为她们最虔诚的贡品。很快，主妇们带来的青稞酒就从供碗的口沿溢出来。这些酒又会被她们带回家去和家人一起享用，因为这是经过白巴东则女神加持过的青稞酒，会给饮用者带来好运。

著名的松赞干布戒指也会在这一天呈现在世人面前。关于这枚戒指，还有一个传说：尼泊尔的赤尊公主和唐朝的文成公主先后来到吐蕃，成为赞普松赞干布的妃子。文成公主精通五行卦算，她算出西藏的地形犹如罗刹女仰卧之态。为了使罗刹女不残害高原生灵，必须在罗刹女心脏及四肢部位修建寺院来镇压，大昭寺须建在心脏部位，但是建造寺院的具体位置一直无法确定。此时，来自尼泊尔的赤尊公主请求将赞普佩戴的戒指扔出去，并建言在戒指所落之处修建大昭寺，因为那必定是罗刹女的心脏位置。结果，戒指落到了拉萨的沃塘湖里，人们便将沃塘湖填平，并在此修建了大昭寺。寺院落成后，这枚戒指也佩戴在大昭寺内赞普松赞干布塑像的手指上，直至现在。人们纷纷在白拉日追这天前来膜拜这枚传说中的戒指，希望从中获得福泽。熙熙攘攘的人群以女性为主，年长的妇女们背着从天母供碗里取来的经过加持的青稞酒，高兴地赶回家与亲人分享。年轻的女孩们则三五成群地聚集在一起，以供奉女神为名向路过的男士索要"白拉顿羌（白拉日追节零用钱）"。渐渐地，白拉日追这个本应该是情人节或者母亲节的日子，成了拉萨远近闻名的"妇女节"。

三、白拉日追的由来

虔诚的信徒们以及慕名而来的游客们都在欢乐地庆祝着节日的到来，同时也在探究着白拉日追节日的由来。关于节日的起源，在西藏流传着各种各样的版本，在此将流传较广的版本介绍一下。

版本一：传说，大昭寺的守护天母班丹拉姆有三个女儿。小女儿白拉协姆非常的懒惰，母亲让她帮忙捉虱子，她总是不肯，母亲就诅咒她身上长满虱子。结果，咒语应验了，大昭寺内白拉协姆的神像上爬满了小老鼠。二女儿东苏拉姆脾气暴躁，还爱顶嘴，母亲咒她流落街头以乞讨度日。结果，东苏拉姆流落街头，她的神像被刻画在八廓街东南角香炉后的墙面上，依靠路人布施的糌粑为生。大女儿白巴东则过着随心所欲的生活，极度放纵自己的性情，受到了母亲的鄙视。为了惩罚她，母亲诅咒她成年后长相丑陋，即使结婚也只能与丈夫一年见一次面，她就是蛙面天母。白拉日追这一天，就是蛙面天母与她的丈夫隔河相会的日子。

版本二：大昭寺内，释迦牟尼圣像的守护者与拉萨地方的保护神班丹拉姆的女儿白巴东则相爱了。这个人神相恋的事实却得不到世人的认可，尤其是当班丹拉姆知道了这件事后，她将男方赶出大昭寺，流放到吉曲河（拉萨河）对岸的次角林，成为那里的一个地方守护神。同时，班丹拉姆将女儿白巴东则的脸变成蛙脸，让她无法面对世人，即使供奉在大昭寺天母殿内，也是常年覆盖着一层厚厚的锦缎。两个相爱的人就这样被滔滔的吉曲河水相隔两地，只有到每年的藏历十月十五日才能隔河相见。

四、节日民俗

无论白拉日追的节日源头如何，故事所要表达的宗旨都是一个"孝"字，让人们在欢度节日的同时，领悟孝道的重要性。慢慢地，这个因浪漫悲伤的爱情故事所衍化出来的宗教节日，逐渐世俗化，人们也以各种民俗习惯来延续它。比如，拉萨民众将这一天定为少女的成年仪式，人们会给成年的女孩第一次戴上三角形的巴珠，这是成年女性的标志之一，也是女性最主要的一种头饰。这一天，未成年的女孩会从家中男性长者手中接过或多或少的零用钱，然后前往大昭寺朝拜白巴东则女神，并将福运带回给家人。当然，布施是西藏每个传统节日当中最主要的一项事宜，将预先换来的零钱布施给沿街乞讨的乞丐，此外，还要给寺院内忙碌的灯香师布施钱财，这些传统没有丝毫变化。

这天的饮食也很特别，不同于藏传佛教其他宗教节日的忌荤习俗，白拉日追当天一定要吃咖喱饭，那是从临近的尼泊尔传过来的饮食习俗。最传统的咖喱饭是将羊肉在酥油中炸到半熟，然后加水熬至浓汤，再浇在米饭上食用。随着时代的变化，如今的藏餐馆在制作咖喱饭时多将羊肉改成牛肉，用菜籽油代替酥油制作。居住在布达拉宫脚下的雪村居民，还有在亲朋之间相

互赠送咖喱饭的传统。

白拉日追期间有依据季节更换装束的习俗。拉萨及近郊的百姓穿上羊羔皮制作的藏装，这天是民众将秋天的装束换作冬季装束的日子。这就表示，从这天开始，冬天已经到来了。换装是一件非常重要的事情，民间有自己的换服时间，甘丹颇章地方政府的官员们也有自己需要遵循的冠服制度。比如，每年藏历三月八日是噶厦官员将冬装改为夏装的时节，无论当月气候如何，都必须穿夏装。藏历的十月二十五日则为噶厦官员更换冬装的时候，即使天气再热，也要依循着冬装。之前主要依据藏族历算确定具体换装日期，十三世达赖喇嘛执政时期固定并确立了依据季节更换官装的时间，官员们必须严格依照这些换装时节来穿着服装。当时，到了地方政府规定的换夏装时节，但拉萨的气候还很寒冷，为了御寒，官员们时常在夏装底下套夹薄棉絮的背心，不过这样的行为一旦被发现官员们就会受到严厉的惩戒。

五、高居佛祖殿堂之上的天母殿

在大昭寺内，在释迦牟尼佛殿的楼上是供奉着班丹拉姆圣像的殿堂。"班丹拉姆"被誉为"拉萨的保护神"，同时也是格鲁教派最为重要的一个护法神。在藏传佛教和西藏的传统文化当中，一般会将重要佛像或者重要人物让到上座，那为什么大昭寺内的释迦牟尼佛殿不在楼上，或者说，班丹拉姆圣像怎么会有如此高的地位呢？

关于这个问题，在西藏流传着一个有趣的传说。据说，松赞干布手下有许多智慧的学者，其中一位由于触怒了赞普，被挖去双眼发配到林芝。由于林芝市海拔低，气候潮湿，在医疗条件简陋的吐蕃王时期是疫病肆虐之地，因而成为流放罪犯的地方。被贬斥并流放的智者，在林芝过着隐居生活。此时，圣城拉萨内神变大昭寺已然建成，赞普就佛像的摆放次序寻求学者们的意见，但被告知除了被发配的智者无人知晓。知道这个情况后，赞普派一有学识的大臣前往林芝向智者咨询。

大臣到达林芝后，装成朝圣归来的路人经过智者的家，并在他家门口的草地上坐下歇息，向智者讨要茶水。智者得知大臣是从拉萨回来的朝圣者，便问他："拉萨最近有什么新鲜事？"大臣回答："哦，也没什么大事，就

是大昭寺建成了，所有的人正为佛像如何排列发愁呢！连贤明的赞普都没法解答这个问题。"智者听后笑道："我知道这些佛像如何排序。"大臣也笑道："你一个乡下瞎老头知道什么，连高高在上的赞普都一筹莫展。"智者得意地将所有圣像如何排序和放置的情况详细告诉了大臣，大臣赶忙拿出纸笔如实进行记录。一会儿，起风了，智者听到风吹动纸张的声音，猜到面前的朝圣者其实是赞普派来的人，所以就想戏弄一下赞普。智者许愿赞普以及住在拉萨的人都受尽女人的欺负，所以装作毫无察觉，错误地将释迦牟尼佛像的位置和班丹拉姆的位置倒置了。赞普不知道是智者愚弄了大臣，按大臣的记录将神像都按序安置。

直到现在，拉萨大昭寺内天母殿依然设在佛祖释迦牟尼殿堂的楼上。一如智者所祷告的，拉萨妇女的地位也的确高于男性。一般拉萨家庭中，主事当家的都是女性，男士大多惧内。

甘丹昂曲

为了纪念格鲁派创始人宗喀巴（详见附录2）圆寂，每年藏历十月二十五日要举行祭祀活动。这天，无论寺院还是民家宅院，在窗台和屋顶都会点起彻夜通明的酥油灯。摇曳的酥油灯光与忽明忽暗的星光相互辉映，把整个拉萨古城装点得神秘而又庄严。这就是著名的甘丹昂曲。

宗喀巴是明朝藏传佛教最为伟大的宗教大师之一，他的教义和理论不仅为格鲁派开山立宗，同时也对其他宗派产生了深远影响。人们为了纪念他，在大师圆寂的次年十月二十五日，数百名上师大德在甘丹寺聚集一堂，为宗喀巴大师举行了盛大的修供法会。同时，拉萨市政长官邀请了宗喀巴大师的弟子大慈法王释迦益西前往大师在色拉寺北面的修行洞举行盛大的追思悼念活动。当天晚上，在布达拉宫和大昭寺屋顶吹响了凄厉的唢呐，入夜，所有的寺院和民宅的屋顶、窗檐下都摇曳着点点灯光，那是为悼念和祝祷宗喀巴大师而点燃的酥油灯。自此以后，每年藏历十月二十五日，拉萨市区的各个

寺院、民间宅院都会燃起酥油灯，来纪念这位伟大的宗教领袖。

　　甘丹昂曲当天有吃"娘图"（面疙瘩汤）的习俗。据说，宗喀巴大师圆寂当天，他的两名大弟子正在出行途中，听到这个噩耗，弟子二人异常悲痛，当即用泥土捏制灯具，用动物脂肪制作灯油，点燃油灯，为大师的亡灵祝祷，他们当天晚餐吃的就是面疙瘩。之后，甘丹昂曲当晚吃面疙瘩作为饮食上的哀思成为传统。西藏民间有这样一种说法："甘丹昂曲的灯光闪烁在屋顶，哀思的疙瘩汤沉淀在厨房的锅底。"渐渐地，随着宗教文化对世俗习惯的影响，西藏民间也有了在哀悼亡灵时吃"娘图"的习俗，即丧家在出殡当天制作"娘图"给所有参加丧礼的人作为晚餐。

　　直到如今，每年藏历十月二十五日入夜，随着大昭寺屋顶凄厉的法号声响起，僧人们首先围绕大昭寺的屋顶的边沿点燃数千盏酥油灯。随后，八廓街周边的居民也会在窗台燃起酥油灯。接着，拉萨市附近的寺院、民居的窗台和屋顶都会闪烁起点点的酥油灯，以此来纪念宗喀巴这位将藏传佛教带入一个崭新境界的伟大导师。当夜，八廓街人山人海，朝圣的人们竞相走在灯光摇曳的街道，默念祈祷众生安乐的经咒，感恩宗喀巴大师为藏传佛教做出的杰出贡献，祈愿大师引导在世的人们走向得道与平和。

古吐与古朵

　　一般说来，藏族人民在藏历旧年结束的最后一天要举行一种驱鬼仪式。这种仪式在西藏的拉萨、日喀则、山南、林芝等地都要举行，它们规模或简或繁，基本程序却大致相同。这里的传统驱鬼仪式主要分为两种：民间百姓举行的驱鬼仪式被称为"古吐"；布达拉宫及拉萨近郊的所有寺院举行的驱鬼仪式，被称为"古朵"。拉萨作为西藏的首府城市，这里居住着贵族、士大夫、富商巨贾，他们是旧西藏上层社会的核心集团，他们居住的地方往往驱鬼仪式举行得也更为慎重和隆重。

一、古吐

"古吐"是藏族人民在藏历十二月二十九日举行的一种驱鬼仪式。作为一种仪式，它是对旧年的总结，是家人团聚的时刻，也是向年轻人传授传统文化与进行道德伦理教育的鲜活的课堂。一般说来，这一天家中所有成员聚集一堂，合力驱逐潜藏在家里和心里的恶魔。古吐仪式开始之前，主妇们要做一种叫作"吐巴"的面疙瘩汤。与往常的疙瘩汤不同，这天的汤里要放白萝卜、肉、奶渣、人参果、青豆等九种材料，因此被称为"古吐"。"古"在藏语里是"九"的意思，也是藏族传统习惯上认为最吉利的数字。以前，人们要一一准备制作"古吐"的食材，现在年货市场就可以买到九种食材配置好的"古吐"。这样，主妇们再也不用为放何种食材费脑筋了。

传统的"古吐"中除了上述九种食材，还要放一些寓意人们行为好坏的面团。这种面团主要分两种：一种是特殊形状的面团。这些形状包括：代表富有威严和荣誉的圆形太阳和半圆形月亮，代表脾气古怪的多角形，代表诚实、有正义感的桃形"喇嘛贡秋"，代表聪慧有学识的经书嘎，代表贪吃贪得的尖头乞吃，代表舒舒服服的方形坐垫，代表不可靠、两面派的鼓，代表吃饱了睡的圆形大肚子，代表私生子或给别人生私生子的大小叠加圆形面团。另一种是特殊馅料的面团，这些馅料有寓意心地善良的白色石头，寓意心胸宽阔温和的白羊毛，寓意好吃懒做的瓷片，寓意牙尖嘴利的辣椒，寓意黑心肠的木炭，寓意懒惰的盐，寓意顾家的内捻线，寓意吃里爬外的外捻线，寓意聪明的豆子等等。为了避免面团在煮的时候遇水变形，在放入锅中之前，都要在火上烤干。待疙瘩汤煮熟，"古吐"算是制作完成，主妇开始给每人盛上一碗。人们从碗中寻找有象征意义的特殊面团，开始了一家人热闹的古吐之夜。在嬉笑声中，人们将自己碗中象征好寓意的面团放进长者面前右边的碟子内，将寓意不好的面团放在左边的碟子内。

天完全黑的时候，主妇会准备一份用水和的糌粑分给家中的每个成员，人们将糌粑捏成团，在身上有病痛的地方粘摸，并口念："身上的病痛，心中的苦闷，一年三百六十日中的所有恙疾以及邪魔灾害，都请你带走吧。"

念毕，双手用劲捏住糌粑团，在上面留下五个手指印，并在上面吐唾沫，最后连同碗内吃剩的"古吐"一起扔进预先准备好的破瓦罐内。那些捏出指印的糌粑团，代表了一年里人们身上附着的不祥和疾病，扔掉糌粑团也就将这些不祥与疾病一同丢弃。之后，家中一个年轻人手持燃烧的麦秆束，口中高声叫喊着"出来，魔鬼出来"，跑遍家中的每一个角落。另外一个年轻人则拿着破瓦罐冲出家门，持火把的人跟在其后也冲出家门，一起将瓦罐和火把扔在十字路口。为了防止被驱逐的魔鬼跟回家，去扔驱鬼物的人不允许回头观望，要径直返回家中。到了家门口，还必须与门内的人对暗号，然后才能开门进家。有的地方，还有迈火盆进家门的习俗。古吐仪式到这里就算结束了。人们回到各自家中，按序入席，开始了饭后的余兴节目。一家人给拿到好寓意面团的人唱歌，给拿到坏寓意的人喝酒，就这样，一直持续到半夜，全家都沉浸在欢乐祥和的家宴之中。

古吐仪式看似平凡无奇，却蕴含着深厚的社会教育意义。首先，在新年来临之际，人们将过去一年中所有的不祥、霉运和疾病连同"古吐"一起丢弃。这给人以新的希望，给人以新的一年中健康、运势方面的美好憧憬。其次，古吐仪式让年轻人懂得尊老爱幼的美德，懂得优奖劣罚的做人道理。当然，参与从苯教时期就存在的驱鬼仪式，也是对本土宗教习俗的一次亲身体验。随着时间的流逝，一些传统节日逐渐淡化，但"古吐"作为送旧迎新的一种仪式，作为一种族群共识，却继承流传并保存了下来。

二、古朵

藏历十二月二十九日是举行驱鬼仪式的日子。除了民间举行的古吐仪式，拉萨市内及近郊的各大寺院也会举行盛大的驱鬼仪式，被称为"古朵"。比如，在旧西藏的布达拉宫，由达赖喇嘛和地方政府官员参加的驱鬼仪式称为"孜古朵"，这种仪式在布达拉宫德央夏由朗杰扎仓的僧人主持举行。在拉萨旧木如寺（位于拉萨八廓街北面朗孜夏监狱隔壁），由僧人们在寺院内举行的跳神驱鬼仪式被称为"木如古朵"。在色拉寺围墙外，由该寺结巴扎仓（色拉寺主供佛马头明王殿内）、迈巴扎仓（位于马头明王殿下方）、昂巴扎仓（修习密咒的经院）的僧人举行的驱鬼仪式称为"色拉古朵"。在上述寺院进行驱鬼仪式时，一般还要表演具备各自寺院特点的羌姆舞蹈。

在布达拉宫举行的"孜古朵"最负盛名。达赖喇嘛和摄政等大喇嘛将参加驱鬼仪式，旧地方政府的官员也会盛装出席，一部分民众因被允许观摩仪式也会倍感荣幸。当天下午，布达拉宫朗杰扎仓的僧人们吹起法号敲起羊皮面法鼓来宣告驱鬼仪式的开始，之后，各种仪式舞蹈正式开始表演。首先出场的是松琼哇们，他们一如祈愿法会期间的装束，个个穿戴盔甲，手持盾牌刀具，表演在战场上相互厮杀的情景，一部分人还会鸣放火枪，为整个驱鬼仪式营造气氛。同时，雪城哲布林庄园的民间艺人们表演象征各种神灵的舞蹈，其次出场的是朗杰扎仓的僧人，他们主要表演金刚羌姆。金刚羌姆舞蹈起源于公元8世纪，是在赤松德赞支持下，选址修建桑耶寺的莲花生大师将印度密宗舞蹈带到西藏，为了获得崇信苯教民众的认可和接受，吸收了许多苯教文化元素从而产生的藏传佛教密宗神舞。随后，西藏的各个佛教派系都开始创制自己的金刚羌姆舞蹈。

格鲁教派达赖喇嘛转世系统的金刚羌姆起源较晚，是在18世纪由七世达赖喇嘛创立的，由布达拉宫朗杰扎仓表演的古朵羌姆。其实，古朵羌姆正式的表演长达一周时间，前六天要在布达拉宫东大殿内秘密进行，直到藏历十二月二十九日驱鬼日当天才移到德央夏广场表演，并允许民众一同观赏。金刚舞之后出场的是布袋和尚和六名小沙弥，第二批出场的是头戴高鼻深目面具的象征南亚传教士的被称为"阿喱热"演员，这些表演阐释了佛教传入西藏的途径，即从中原和南亚印度传入。紧接着出场的是阎罗王的使者，然后是四人尸陀林主，之后表演的是老人打虎的节目，据说是十三世达赖喇嘛前往中原的时候目睹的，所以后来将这个表演加入了"孜古朵"的节目单中。然后出场的是十几二十个黑帽咒师，他们将恶灵化生的"灵噶"锁住，并用斧子、刀具等砍杀灵噶，并将其粉碎。僧人们将满是菜籽油的大锅抬到舞台中央并在其下燃起薪柴。咒师们将画有魔鬼的符咒扔到大铁锅里，并将大锅扣在地上，表示将恶魔镇压在黑色城堡之下。然后是仪式最高潮的部分，即：僧人们将三角形的朵玛放在三角形的木盒上抬出布达拉宫，并在南门外的广场用干草垛烧毁，同时，武士们鸣放火枪表示已将魔鬼驱赶。到此，"孜古朵"算是圆满结束。

其他节日

冬季里最重要的是送走往年积累在家中的恶魔，所以驱鬼仪式是主要也是最隆重的冬季节日。妇女们盛装出游，向白拉姆女神祈祷幸福的生活。接下来是一些宗教性的节日：为纪念大慈法王而举行的西却供灯仪式，为研习显宗五部大论而举办的江寺冬季法会，格鲁教派著名寺院色拉寺为民众展示具有法力的金刚橛，让民众获得福祉而举行的色拉普界。

一、西却

藏历十月二十四日是纪念色拉寺的创建人释迦益西圆寂的日子，人们称之"西却"。色拉寺会在寺院的窗台和楼顶上点燃酥油灯以示怀念，从拉萨市区望过去，似乎整个寺院都摇曳在漆黑的夜空，甚是壮观。释迦益西出生在拉萨近郊蔡公堂的一个官宦家庭，自小就聪颖智慧，修习了藏文文法、佛教教义，并背诵了多部佛教经典。12岁出家受沙弥戒，取法名释迦益西。18岁，释迦益西开始游历卫藏地区，拜访各派名寺，广学多闻，先后拜50多位高僧大德为师。后来，释迦益西跟随宗喀巴大师，成为他的近侍弟子，负责大师的膳食，同时就近聆听大师关于教义的各种心得与教法。宗喀巴大师在色拉寺后山闭关修行时，释迦益西就随侍左右，听闻大师所说一切佛法，使其获益良多，呈现出了慧瓶满注之相。宗喀巴大师兴建甘丹寺并举办传召大法会后，格鲁派的影响空前提升，明朝皇帝遣使邀请宗喀巴大师进京。1414年，永乐皇帝再次遣使邀请宗喀巴大师，大师年迈不宜远行，就派随侍弟子释迦益西前往京城朝觐皇帝。释迦益西到达京城后，为永乐皇帝灌顶祈福，为太祖朱元璋夫妇的亡灵做了规模宏大的法事活动。法事中，天空出现了许多吉祥征兆。永乐皇帝敕封释迦益西为"妙觉圆通慧慈普应辅国显教灌顶弘善西天佛子大国师"，并赐给印诰。1416年，释迦益西从京城返回西藏，永乐皇帝的赏赐品当中有佛像、佛塔、佛经及各种丝绸缎料。回到西藏后的

1419年，释迦益西遵宗喀巴大师之命，在拉萨北郊兴建色拉寺，1434年建成。明朝皇帝亲赐的大量佛像和著名的永乐版大藏经就收藏在寺中，使色拉寺成为与甘丹寺、哲蚌寺齐名的西藏格鲁派三大寺院之一。1421年，释迦益西将寺主之位传给法王达杰桑布，再次长途跋涉前往京城觐见皇帝，行至京畿地域，永乐皇帝驾崩，宣德皇帝对其礼遇有加，并封"万行妙明真如上胜清净般若弘照普应辅国显教至善大慈法王西天正觉如来自在大圆通佛"，简称为"大慈法王"。

1435年，大慈法王释迦益西在从京城返藏的途中逝于青海佐莫喀（今青海民和）。按照明朝皇帝旨意，随行的国师贝丹巴及大臣、官员等僧俗人员就地火化法王遗体，在当地修建了安放遗骨的灵塔，他的亲传弟子释迦楚辰还在当地修建了弘化寺。接到噩耗的色拉寺僧众，为法王做了规模宏大的法事活动，以后每年藏历十月二十四日在寺院屋顶和窗台点燃酥油灯，就如同祭奠宗喀巴大师一样，也来纪念大慈法王释迦益西。民众会在二十四日这天在佛堂点燃酥油灯，来缅怀这位杰出的宗教人物。

二、江衮却

江寺又称江姆寺，是一个以地域称谓冠名的格鲁派寺院。江寺位于拉萨市曲水县江村境内的嘎宗拉山麓。每年藏历十一月三日至十二月十五日，这里都会举行规模宏大的冬季法会，人们称之"江衮却"，也叫"江央衮却"。这是格鲁派各寺院学经机构中的学经僧人每年在江寺参加的一次最为重要的法会，目的在于通过法会相互交流，以提高修习成绩。江衮却举行的法会也是所有学经僧人争取大昭寺祈愿大法会格西学位的前奏。因此，想要通过自身的努力获得藏传佛教最高学历的僧人会克服各种困难来参加此类法会。

（一）法会兴办缘起

谈及"江衮却"，还要从江寺的创建说起。江寺于15世纪由一个名叫江温钦巴的僧人创建。据说，江温钦巴之前修习噶当教法，后改宗格鲁派。他曾在印度学习佛教，希望在西藏建立一所能够研讨五部大论的寺院。他的

弟子继承其遗志，召集色拉寺、哲蚌寺、甘丹寺、桑普寺、热堆寺、阿里达布扎仓、山南加查县阿日扎仓等八个寺院及扎仓的僧人来到江寺，创办了江衮却冬季大法会。最初，参加法会的僧人均自愿前往，但须向所在僧院（扎仓）请假。由于法会取得了预期效果，反响良好，此后每年冬季那八所寺院和扎仓僧院的僧人都来参加这里的冬季法会，江寺也因此名扬四方。

江寺的冬季法会曾一度中断，之前参与法会的寺院及扎仓在江寺所经营的经堂和僧院开始荒废，与此同时，参与冬季法会寺院的数量也日渐减少。到现在，只有色拉寺、哲蚌寺、甘丹寺、大昭寺、桑普寺的各扎仓还保留了在江寺的经堂与僧舍，这几个寺院及扎仓的僧人们定期去参加冬季法会，会期依然是十一月三日至十二月十五日。

现在的江寺面积不大，主建筑是一个措钦大殿，里面主供有：觉沃通巴顿丹、度巴加错、桑杰丙巴等。措钦大殿外有由各色石板铺设的小型广场，上面有用石头砌成的宝座，并被涂成黄色，这是甘丹赤巴及各寺院堪布们来参加法会时的法座。大殿左侧有一个大型的"却热"。这里种植了一些树木，地上铺满了鹅卵石，这是僧人们辩经的地方。措钦大殿的周围建造了大小不一的建筑，这些就是三大寺和大昭寺、桑普寺等寺院或扎仓的经堂和僧舍。每个寺院或者扎仓经堂外的院子里都设有法座，是学僧们进行宣誓的地方，只有经过宣誓，僧人们的学经才会有一个统一的标准，这些法座也是各寺院堪布讲经时的宝座。

江寺有一个关于文殊菩萨智慧之剑的传说。这个传说有两个版本：第一种说法是，江寺对面有一个形似文殊菩萨的手持物智慧宝剑的山峰。冬季法会期间，每当山峰峰顶的影子映射到大殿外的广场时，法会正式开始（据从热堆寺前来江寺负责管理措钦大殿的灯香师叙述）。另一个说法是，措钦大殿的青石板底下游走着文殊菩萨的智慧之剑。如果你磕头的时候，额头正好与宝剑的剑锋相对，则会增长智慧。虽然是传说，但闲暇的时候总有僧人在青石板上来来回回地磕头，祈望能与智慧之剑不期而遇以增长智慧。

（二）江寺管理事宜

为了举办法会，每年藏历十月二十日左右热堆寺和各个寺院的僧人陆续来到江寺。法会期间的一应开支均由聂当热堆寺支付，法会纪律及各种宗教活动的主持也由他们负责管理。热堆寺位于拉萨市曲水县聂当乡热堆村，是江寺的母寺。格鲁派的仪轨中有规定，拉萨三大寺的大小活佛一生中至少要参加一次江衮却，这对他们既是学识的考核，也是意志力的历练。在冬季，江寺所处之地气候极为恶劣，除了凛冽的寒风，严苛的法会纪律也让僧人们心惊胆战。因此，前来参加法会的僧人，大多意志坚定，对学经充满热情和向往，一些意志薄弱的僧人则很难坚持到法会结束。

江寺地处偏远，除了冬季法会期间，措钦大殿平时仅有一名从热堆寺派驻的灯香师负责管理事宜。各寺院和扎仓所属的经堂和僧舍也会派驻各自寺院的灯香师或者僧人负责管理各自僧舍和经堂内的各项事务。当然，平时如果有信徒前来进香或者布施，他们也负责接待。现在，江寺每年一度的冬季法会依然如常进行，格鲁派的学经僧人依然如期来到江寺参加法会。除了在江寺举行的江衮却，其影响力所达之处都开始举办江衮却，此为江衮却的分支。藏传佛教的其他派系，如萨迦、宁玛、噶举等都在举行着冬季法会，而且有些地方还有尼姑参加冬季法会的学经及辩经活动。为了让参加法会的僧人们学经的条件不那么艰苦，从而让他们能将精力更多地用在学习经论上，许多地区的江衮却改在了夏季举行，比如西藏东部地区，所以完全可以称其为江寺夏季法会了。

（三）法会辩经缘起与场面

法会前期的准备工作，主要包括管理僧舍、购买和储藏食材、雇佣临时服务人员等。藏历十一月三日，江寺的冬季法会正式开始。江寺冬季法会主要是关于显宗五部大论（主要包括因明学、般若、中观、戒律、俱舍论）的学习与研讨。早上，僧人们在各寺所属经堂诵念经文，包括信徒敬献曼扎时希望念诵的一些祈祷文。吃过早茶，大约九点钟时候，僧人们开始聚集到措钦大殿，进行常规的诵经及学经。学经的内容非常丰富，除了印度著名的佛教论著，藏传佛教格鲁派高僧所撰写的佛经论著也是需要研习的重要科目。聚众学经后，僧人们回到各自僧舍吃午饭。午饭过后，僧众在公共的"却热"进行辩经。法会期间，各寺扎仓派出近千名跃跃欲试的考僧是法会的主角。

这些学僧是各寺院学经中的佼佼者，同时也是寺院中严守戒律并依律行事的僧者。法会中，众多民众前来见识和朝觐法会，尤其在藏历十一月八日、十日、十五日等藏族传统习俗中认为的吉日，法会热闹的场面进入高潮，僧人们的辩经最为激烈。

辩经是藏传佛教的僧侣巩固和提高自身学识的一种修习方式。公元 8 世纪，莲花生大师与中原大乘和尚的"顿渐之争"就是西藏历史上最早、最著名的辩经事例。辩经分两种类型：一种称为"最朗"，是平时在寺院"却热"进行的两人对辩。另一种称为"堂甲侠"，由一人立宗，多人提问，立宗人进行答辩。这类辩经一般发生在大昭寺祈愿大法会期间。辩经的过程是这样的：提问的僧人以拍手为起势，每次提问时，先后退几步，跟着右手将念珠顺着左胳膊一甩，向前跨步，右手高高举起，用力一拍左手，雷鸣般的击掌声在坐着的僧人头上或额前响起。僧人辩经时，做出拍手的姿势有两种意义：一是表示问题我已经提出了，请你回答；二是通过拍手来起到威慑对手的作用。坐在地上的僧人则负责回答提问者的各种问难，回答必须清晰、明确，要充分展现自己的口才学识，并努力驳倒对方。整个辩经过程，无论是提问者还是答辩者都注意力集中，答辩者应答合理会引起围观者的喝彩，如若词不达意或者义理不通则引起满堂哄笑。辩经是一项非常具有观赏性的活动，一般民众尽管对其内容不甚了了，但也愿意花时间看完整个过程。

辩经是各个寺院的僧人们学习五部大论最常见的一种学经方式，但是为何要聚集在江寺参加法会期间的辩经呢？据说，为了让深奥的因明学更好地被学徒接受，印度佛教大师世亲的弟子陈那编撰了《释量论》，用更为平实的语言对因明学所宣讲的逻辑学和哲学做了阐释。此时，一个外道教士前来与陈那大师辩经，被击败后不服，便烧毁陈那大师的袈裟以示报复。陈那大师耐心地与外道教士理论，并随手抓起身边的一块石头说道："我把这块石头扔出去，如果不下落，则请你安静离开让我完成写作。"说完，将石头抛出去，许久都不见石头落下，抬头看时，只见天空显现文殊菩萨的面容，鼓励陈那大师继续写作，并将这块石头放在了卫藏地区一个叫"江"的地方，这正是后来建造江寺的所在。最后，陈那大师写就了让后世佛学家们仰止的

佛教经论，外道教士也受到感化，顺服回去研习自己的教义。陈那大师随手扔出的石头所长之地，人们修建起了寺院——江寺。为了能够将陈那大师的灵气和福祉一并带给参加法会的僧众，所以江寺就成了辩论因明的基地，也希望僧众们通过辩论来增长因明的智慧，从而获得开悟。僧人们会将平常在各个寺院进行辩经所产生的问题都带到这里，期望在此法会期间得到正确的答案。因此，江寺的法会虽然正值隆冬季节，法会期间的戒律也非常严苛，有时甚至需要彻夜参与辩经活动，但僧人们都将其当作难得的一次磨炼。严酷的气候使辩经僧人的手指因裂口而渗出点点血丝，但他们依然以饱满的热情展现着自己的才学和意志力。与此相反，邻近的桑普寺举行的夏季法会气候宜人，法会纪律也较为松散，是所有僧人都蜂拥而至的一场法会。日喀则市的一位僧人曾风趣地这么说过："桑普亚却没见到我，说明我死了。如果有人说在江衮却看到我了，说明我疯了。"由此可见，江寺冬季法会的艰苦是任何其他寺院法会所无法比拟的。

　　法会进行到藏历十二月初，负责法会的热堆寺堪布会预选出一天时间翻越寺院南面的嘎宗拉山，这是遵循宗喀巴大师最初的做法而创制的一项活动。除了年迈及残疾的僧人，凡是参加法会的僧人都须参与此次活动。在寒冷的冬季，迎着刺骨的山风，僧人们集体从寺院后面的山脚出发，亦步亦趋地沿着山路向目的地进发。翻过海拔近四千米的嘎宗拉山，僧人们到达被称为"法王诺桑宫殿"的地方，向那里一户名为"杰拉"的大宅门乞讨薪柴。为了表示对宗喀巴大师的敬意，吃的是西藏传统饮食中最简单的清水和糌粑。下午，僧人们还会在杰拉大院内设立法座进行宣誓。这是一个简易的方形座子，用木板搭建并用牛皮绳固定。据说，当年宗喀巴大师曾坐在这种木座上宣誓，后世的追随者也在此设法座并宣誓是沿袭传统，希望通过这款法座给宣誓者以福力。所有僧人在此度过一个艰苦的夜晚。第二天一早，僧人们从这里启程返回江寺，同样翻越嘎宗拉山，同时还会背负少许柴薪送到江寺的荣康内。所谓"荣康"最初是指专门储存公共器具和食物的场所。对于寺院的僧人来说，公共的财物无非食物原材料以及公共厨具。随着时间的推移，荣康也就渐渐演变成为寺院最大的厨房。这里不仅负责着全寺僧人参加集体大法会期间的饮食，同时也是接收信众布施的重要场所。

三、色拉普界

每年藏历十二月二十七日，色拉寺（详见附录3）都会举行一种独具影响力的宗教活动——色拉普界。届时，来自各藏区的信徒们蜂拥而至，聚集在色拉寺一睹寺院收藏的金刚橛。

关于这枚金刚橛，有一个神奇的传说：相传13世纪，萨迦班智达·贡嘎坚赞在藏尼边境与外道大师绰吉嘎沃进行了激烈辩论。结果，萨班以超然的智慧战胜了外道大师。此时，绰吉嘎沃用变术飞天逃遁，萨班拿起大成就者达恰瓦宝橛投向绰吉嘎沃地上的影子，只见绰吉嘎沃应声落地并被降服。到了15世纪中叶，拉萨三大寺中的哲蚌寺有一个著名的讲经师贡洛·仁钦森格，他在寺院里受到排挤和诽谤。一天，他带着自己的学徒们来到色拉寺，受到色拉寺僧众的欢迎和礼敬，并被迎请到大殿的宝座进行讲经。于是，贡洛·仁钦森格带着自己的门徒待在了色拉寺，并在这里创立了一个学经院，名为"结巴扎仓"。为了祝贺他的成就，身为旧密咒大法师的父亲送给他一枚家传神物，就是当时萨迦班智达所使用的神器——金刚橛。贡洛·仁钦森格继承了父亲弘扬密法的志愿，将金刚橛供奉在结巴扎仓的马头明王殿，并继续修习佛法。慢慢地，色拉寺因供奉着藏传佛教最具密法神力的马头明王和法力无穷的金刚橛而名震内外，人们纷纷前来瞻仰这两样神物。人们相信，受到金刚橛加持可以解除各种灾祸，还可以赎救灵魂，使其转世。受到这种信仰的驱使，香客们络绎不绝地涌入色拉寺，希望能观赏或碰触这两件神物。

为了让更多的信徒一偿心愿，五世达赖喇嘛规定：每年藏历十二月二十七日为朝拜色拉寺金刚橛的日子。这天，所有朝拜的民众都有机会目睹那枚传说中的"飞来杵"，同时还会获得寺院堪布的加持。色拉普界之前的两天，色拉寺结巴扎仓的堪布开始闭关静修马头明王仪轨，对金刚橛修法加持。这也许就是色拉普界的真正来历。

藏历十二月二十七日，色拉寺结巴扎仓措钦大殿外悬挂起巨幅的织锦马头明王唐卡，在唐卡前摆放供桌，其上摆满了各种供品。清晨，结巴扎仓的领经师们盛装在身，手持金刚橛骑于马上，前后列队簇拥着各种执事人员。

走在队伍最前面的，是提着银质香炉的僧人。之后，有吹唢呐的乐师，还有护卫金刚橛的僧人。金刚橛首先会被请到布达拉宫，请达赖喇嘛和摄政喇嘛验视，然后是政府四品以上官员朝拜。之后，僧队还会持金刚橛前往拉萨各大贵族的府邸，请他们先朝拜。这是旧西藏的贵族们作为特殊阶层所享有的殊荣。

之后，僧队回到色拉寺。此时，焦急等待的百姓们已经在色拉寺外排起了长龙。结巴扎仓的堪布也已经坐在马头明王殿外设好的高大宝座上，头戴贝日（格鲁派大德帽，黄色，尖顶，耳旁有长条饰带），身穿大氅。护送金刚橛的僧队簇拥着领经师，将金刚橛恭敬地交于堪布。然后，人们一个个按序来到法座之前，先看一眼堪布手上的金刚橛，然后虔诚地低下头，等候着堪布用金刚橛灌顶。西藏和平解放前，人们前往色拉寺朝觐金刚橛时，会收到堪布用金刚橛加持过的被称为"简兑"的红色丝带，一般是挂在脖子上的。受到加持的人们喜气洋洋地走出色拉寺，还在等候的则翘首以盼，场面甚是壮观。现在，每年藏历十二月二十七日，人们依然在忙碌的新年准备中抽空前往色拉寺朝觐这枚传说中的金刚橛，朝圣队伍依然是熙熙攘攘。

四、罗让扎花节

这是西藏农区固定的传统节日，在藏历十月二十五日举行。每年秋天，庄稼打碾入库，牛羊肥壮，为庆贺圆满丰收设立了罗让扎花节。这一天，人们以家庭为单位，举行家宴，或者去郊外野餐，或者是全村人集中在一起庆贺、玩乐。到了晚上，人们在佛龛前点上酥油灯，摆上丰富的食品，表示与佛共同享受劳动果实。

附录1：吉祥天母供碗

据美国藏学家埃米·海勒研究，大昭寺收藏的这件传世银器（吉祥天母供碗）是吐蕃时期藏族工匠精心之作。这件吐蕃银器是西藏少存的几件吐蕃金银器当中的一个，整个器具的高度大约是80厘米，重量在35公斤左右，是用银皮打制而成的。器体由四个部分组成，立体兽首上一个圆形口沿，下面是一个细颈造型，这在公元7世纪～10世纪的波斯和粟特非常流行。器腹部分由上下两个半球焊接而成，下半球体上还装饰有三组人物造像，其中两个是单人背手反弹琵琶，单腿独立呈"胡旋舞"姿势，这在我国北朝至隋唐时期西北和北方地区的图像资料中十分常见。另一组为两人醉酒后相互搀扶的形象，其中一人酒醉正酣，长袖拖地，不省人事，另一个人正在搀扶。人物浓密的须发以及明显的单眼皮等都是中亚人种的特色，从这些装饰、纹饰可以看出，吐蕃赞普实行的拿来主义不但极大地发展了自身的经济和政治，同时也使得吐蕃时期的装饰艺术获得了空前的发展，当时的金属器具的装饰纹样上吸取了众多周边国家和民族的文化元素，并将这些优秀的装饰艺术与本土精湛的加工技艺相互结合，从而为现在的我们展现出了极富异域风情的吐蕃银器。

附录2：宗喀巴

1357年，宗喀巴大师出生在青海宗喀的一个牧民家庭，从小就表现出了天赋异禀的气质。他3岁师从噶当派著名僧人顿珠仁钦，6岁随萨迦派著名僧人曲吉东珠次仁到夏琼寺，通过与其他小沙弥玩耍，学习藏文字母及拼读。在进一步的修习过程中，他表现出了非凡的领悟力。7岁时，他受沙弥戒，赐法名洛桑扎巴，之后就一直沿用这个名称。16岁前，他一直学习密宗理论及实践修习，所以对于密宗研习已经奠定了坚实的基础。1372年，宗喀巴告别顿珠仁钦，踏上了前往卫藏各地学经的征程。在漫长的探索求真的历程中，宗喀巴大师系统地学习了显宗、密宗的经论和修习

教法，完成了一个佛教思想家和宗教改革家所需要的教育。在这个过程中，他于24岁参加山南那塘寺佛学答辩并获得了四明博士学位。此后游学各处进行般若学和其他大论的答辩，以超人的智慧博得了学界的称赞，并于30岁前学完了显宗经典名著，写出了《般若金珠蔓论》。在此期间，宗喀巴大师还修缮各地著名寺院，并针对当时西藏佛教界戒律废弛的现状，对自己的门徒们重申戒律的重要性，同时在拉萨大昭寺举办规模宏大的祈愿大法会，扩大了自身的影响。宗喀巴大师声名远播，使得前来投奔他的僧众越来越多，而他创办的格鲁教派也初具规模，所以宗喀巴于1409年在拉萨城东100里外的旺古尔山修建了第一个格鲁教派的寺院，取名甘丹寺。随着格鲁教派的发展，其影响力也越来越大，宗喀巴大师还受到了明永乐帝的诏请，派出的大弟子被大明皇帝赐封为大慈法王。宗喀巴大师晚年还在病中孜孜不倦地研习教法，著书立说。1419年的秋天，宗喀巴大师就已经有些不适，弟子们迎请他前往堆龙县境内的邱桑温泉沐浴。然后，暂时小憩在哲蚌寺，他当时还为哲蚌寺的僧众讲经布道。之后，受到其弟子释迦益西的邀请，宗喀巴大师前往拉萨北郊为色拉寺的奠基仪式加持。宗喀巴大师回到甘丹寺后病情加剧，将自己的袈裟、黄帽、大氅传给弟子贾曹杰，表示由他来继承自己的衣钵，并宣布由贾曹杰出任甘丹寺法台一职，全权处理寺院内所有事务。藏历十月二十五日，宗喀巴大师在甘丹寺自己的寝宫内辞世。

附录3：色拉寺

色拉寺全称"色拉大乘寺"，位于拉萨北郊的色拉乌孜山麓。它名称的由来有两种说法：一种说法是，色拉寺在奠基的时候下了一场猛烈的冰雹，所以将寺院起名为"色拉"，意思为"冰雹寺"。另一种说法是，色拉寺所处之地最早被茂密的野生蔷薇覆盖，寺院建起之后就将其称为"蔷薇园"，即"色拉"。

色拉寺与哲蚌寺、甘丹寺并称格鲁派三大寺，它是1419年大慈法王释迦益西接受明廷赏赐资金兴建的。当时，执政拉萨的帕竹噶举派的柳乌

宗贵族朗卡桑布也为色拉寺的建造出资出力。18世纪初，色拉寺在固始汗的财力资助下进行了大规模的扩建。整个寺院由措钦大殿和麦巴扎仓、结巴扎仓、昂巴扎仓等经院组成，其下还有32个康村。所谓"措钦大殿"一般是寺院的主要建筑，也是寺院的中心，它是所有僧人集会的地方，有着其他建筑无法比拟的地位和规模。在此之下是"扎仓"，它是寺院内僧人的学经机构，其下的"康村"是寺院的基层组织，也是僧人们食宿起居的处所。色拉寺结巴扎仓的马头明王殿中供奉着色拉寺的主供佛——马头明王。每天，在结巴扎仓大殿外排成长龙的信徒，都是冲着这尊法力无穷的法像而来的。据说，在色拉寺建成不久，贡洛·仁钦森格大师路过此地，他的僧袍数次被这里的树丛钩住，仔细看时，只见一只红色的小鸟飞入树丛中不见踪影。同时，还听到一声马的嘶叫声从树丛中传出。见到这种吉祥的征兆，贡洛·仁钦森格当即在此树丛所在之地，建造了马头明王殿来供奉马头明王像。大师还以此为基础，创建了结巴扎仓，使其成为色拉寺著名的僧院之一。在马头明王殿外排队等候的信徒，大多数都是带着孩童或者怀抱婴儿的人。藏族信教群众中流传着这样一个传统：为了避免新生儿被鬼怪纠缠，会将婴儿带到马头明王殿朝拜，并在鼻子上点上具有法力的明王殿金灯上的黑灰。此外，如果婴孩有彻夜啼哭的现象，就表示孩子受到了鬼怪的骚扰，也会将孩子带到马头明王殿。之后，这些现象就会消失，藏族百姓认为这种方法非常灵验。马头明王殿附近还有一个规模不小的"却热"，这是色拉寺僧人们辩经的场所，每天都有来自西藏各地的众多朝圣者和慕名远来的游客观赏辩经活动。

第六章
DI LIU ZHANG

十二年一次的节日

人生几何，岁月当歌。对于短暂的人生，十二年一次的节日，一个人一生又能经历几次？岁月轮替，十二年一次，朝拜的盛会每每在圣地上演。十二年一次的节日是藏族风情和藏传佛教的盛会。在西藏，人们深信一种说法：若要人长寿，就得驱邪纳福。如何驱邪纳福，最好就是在藏历羊年朝湖，马年朝山，猴年朝林。据说，佛祖曾给人间留下这样的旨意：羊年转湖，马年转山，猴年转森林。这里所说的，"羊年转湖"是指藏历羊年转纳木错（湖），这个节日叫"鲁洛措廓"（"鲁洛"意为羊年，"措廓"意为转湖）；"马年转山"是指藏历马年转佛教神山冈仁波齐，这个节日叫"达洛岗廓"（"达洛"意为马年，"岗廓"意为转雪山）；"猴年转森林"是指藏历猴年转林芝境内的杂日神山（详见附录1），这个节日叫"支洛杂日荣廓"（"支洛"意为猴年，"杂日荣廓"为转名叫杂日的山麓）。

相传，阿里的雪山，西藏北部的湖，西藏南部的杂日是胜乐本尊所在地，阿里雪山为"身"的所在地，西藏北部的湖为"口"的所在地，西藏南部的杂日为"意"的所在地，所以英勇的空行母每逢藏历马、羊、猴年都要聚会在这些地方。这些地方每十二年都会迎来朝拜的高峰，每次至少历时十天半个月的光景。从地理分布来看，这些圣地要么在高海拔地区，要么在密林里，要么有六月飞雪的天气。可以说，这样的"旅行"，非人生中精力最旺盛的"季节"不可，当然也有不少年过花甲的老人，甚至还有为数极少的已步入耄耋之年的长者，他们都是虔诚的信徒，随时准备将自己的一生交给神佛。过去，交通条件不好，很多人心有余而力不足。近些年，由于西藏交通事业的快速发展，人们乘车前来朝圣拜佛的越来越多，不仅了却了朝圣拜佛的心愿，而且还可以观赏神山圣湖的美景。

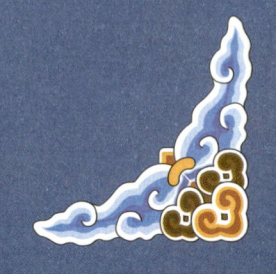

羊年转湖节

在广袤的中国地域之中，青藏高原的湖泊星罗棋布，分布众多。藏北高原是西藏高原乃至全国湖泊分布最集中的地区之一。中国有约 1/3 的湖泊分布在西藏，与长江中下游的外流湖泊，构成全国东西两大湖群。据统计，面积在 1 平方千米以上的湖泊，西藏有 778 个，占全国 2305 个湖泊的 33.8%，居各省（区）之首。西藏全区湖泊总面积达 2.4 万平方千米，占全国湖泊总面积的 30% 以上，也居全国首位。

在藏语中，称湖泊为"错"。纳木错，就是其中非常具有代表性的一个。从面积上看，在西藏众多的湖泊之中，面积超过 1000 平方千米的仅有纳木错、色林错和扎日南木错。从文化上讲，位于拉萨市当雄县的纳木错，与西藏的羊卓雍错、玛旁雍错，青海省的雍错赤雪嘉姆（青海湖）一起，并称藏族地区最著名的"四大圣湖"。为了扩大影响和推出当雄县旅游品牌，2003 年拉萨市还将"羊年纳木错转湖节"纳入"2003 中国西藏圣地游"整体活动中，创办了名为"中国西藏圣地游·羊年天湖（纳木错）生态游"的大型旅游活动。

一、自然与人文的纳木错

了解西藏，必须了解西藏的山山水水。在藏族人民的眼中，一山一水总关情，神山圣湖也是绝对不能亵渎的。朝拜圣湖，集中体现了藏族人民精彩纷呈的母体文化崇拜。对于纳木错，在这里融合了神山、圣湖、女人和爱情，体现了自然之美与人文之美的高度融合。

（一）圣地圣女

在藏族民间故事中，一般大山是雄性，是男子，是丈夫，是父亲；湖泊则是雌性，是女子，是妻子，是母亲。藏族民间信仰认为，纳木错是神山念青唐古拉的伴侣、藏地守护神秋莫多吉贡扎玛的居住地，是帝释天的女儿，又名最胜佛母帝释天之女纳木曲曼。在造像中：纳木错女神肤色深蓝，

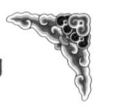

两手三眼，右手持宝幢，左手拿宝镜，头系顶髻，余发侧垂，坐骑为玉龙，是苯教的保护神。藏传佛教形成后，又被吸纳为藏地的保护神，为人们供祭、奉养和崇拜。因此，纳木错被善男信女视为必去的神圣之地，从古到今香客不断。

纳木错的形状像静卧的金刚度母，湖的南面有乌龟梁、孔雀梁等18道梁，湖的北面有黄鸭岛、鹏鸟岛等18个岛，湖的四面建有4座寺庙，象征佛教上所说的愠、怒、权、势。这些寺庙的墙壁上有许多自然形成的佛像。湖中有5个岛屿，佛教徒们认为它们是五方佛的化身，凡去神湖朝佛敬香者，莫不虔诚顶礼膜拜。五个半岛从不同的方位凸入水域，岛上纷杂林立着无数石柱和奇异的石峰，有的状如象鼻，有的酷似人形，有的似松柏，千姿百态，惟妙惟肖。岛上还分布着许多幽静的岩洞，到处怪石嶙峋，峰林遍布，峰林之间还有自然连接的石桥，岛上地貌奇异多彩，巧夺天工，实属奇观。

纳木错景区具有代表性的景点主要有以下几个。迎宾石（夫妻石）：也称为纳木错的门神。相传纳木错是一位女神，她掌管着西藏北部草原的财富，所以当商贩外出做生意时，必先来到此地祈求门神，在得到门神的同意后方可朝拜纳木错，以保生意兴隆。合掌石（父母石）：相传是父亲念青唐古拉山峰和母亲纳木错女神的化身，象征他们忠贞不渝的爱情。此掌石为藏传宁玛教派创始人莲花生大师修行时合掌祈福万物的显像。善恶洞：藏传佛教认为，人做善事或恶事，上天一定能知道，就像钻善恶洞一样，无论胖、矮、高、瘦只要你行得正走得直便能从此洞中过，反之就应当反省一下自己的过错。善恶洞只是佛祖给世人敲的警钟而已。

纳木错在人们的心目中是屹立不倒的"天湖"形象。有一个美丽的传说。相传，纳木错的水源是天宫御厨里的琼浆玉液，是天宫神女的一面绝妙的宝镜；另说，有位勤劳美丽的牧女，一夜，在梦里得到神的旨意，便来到纳木错湖边，看见从湖面升起一漂亮女子并对她说："四月十五日到普苏隆（纳木错北岸）来领孩子。"后来，果然应验了。"纳木错"为藏语，当地藏族人民叫它"腾格里海"，是蒙古语的名称，意思是"天湖"。两种名称都有"天湖"之意。

之所以称之为"天湖"，一是文献的说法。历史文献上记载，纳木错湖像蓝天降到地面，故称"天湖"。而在现实当中，每一位到过纳木错的人，其灵魂也很难不被这纯净的湖水洗涤。纳木错湖犹如西藏的一颗明珠，湖水清澈透明，湖面呈天蓝色，水天相融，浑然一体，闲游湖畔，似有身临仙境之感。站在纳木错湖边，就仿佛置身于一个蓝色的世界：淡蓝、浅蓝、灰蓝、宝蓝、深蓝以及深邃如墨一样的蓝黑，这由浅而深的蓝色，蓝得清澈，蓝得丰润，蓝得迷人，似乎包容了世界上一切的蓝色。

二是当地人的称呼。湖滨牧民说因湖面海拔很高如同位于空中，故称"天湖"。纳木错湖面海拔4718米，是世界上海拔最高的咸水湖。正如歌曲《天湖纳木错》的歌词："湖水连着天地如雨如烟，霞光飘在湖面如梦如幻。白云结成哈达如玉如练，牵着我的思念走近你的身边。……天上的湖，纳木错，你是一面镜子在世界屋脊高悬。"纳木错位于拉萨当雄西北面，处于当雄和那曲班戈之间，距离拉萨240千米。湖的形状近似长方形，东西长70多千米，南北宽30多千米，面积1920多平方千米；湖水最大深度33米，蓄水量768亿立方米，为世界上海拔最高的大型湖泊。

纳木错有着悠久的发育历史，曾有过多次盛衰，总的趋势是在逐渐缩小。纳木错的形成和发育受地质构造控制，是第三纪末和第四纪初喜马拉雅运动凹陷而形成的巨大湖盆。后因西藏高原气候逐渐干燥，纳木错面积退缩明显。至今，湖周围留有8～10道古湖岸线，最高一道距湖约有80米。纳木错南侧有终年积雪的念青唐古拉山，北侧和西侧有高原丘陵和广阔的湖滨。作为咸水湖，纳木错湖水靠念青唐古拉山的冰雪融化后补给，沿湖有不少大小溪流注入，湖水清澈透明，湖面呈天蓝色，水天相融，浑然一体。草原绕湖四周，水草丰美。湖水含盐量高，流域范围内野生动物资源丰富，有野牛、山羊等。湖中多野禽，产细鳞鱼和无鳞鱼。湖水清澈，与四周雪山相映，风景秀丽。也因为如此，该湖曾被《中国国家地理》"选美中国"活动评选为"中国最美的五大湖泊"之第三名。

二、羊年朝湖的来历

人们为什么要朝拜纳木错？又为什么要集中在羊年朝拜？这与人们的生产习俗以及藏传佛教的信仰不无关系。

（一）护佑牧业生产

纳木错所在地区海拔较高，基本属于牧业区。相传，纳木错为女神琼姆（意为富裕女神）的领地。当地传说中，纳木错女神曾以白牦牛现身，与黑牦牛鏖战；后又以白马熊现身，与黑马熊厮杀，每回厮杀到最危险的时刻，总被湖畔的一位牧人搭救。为了报答牧人的搭救之恩，女神允诺与牧人神交并生下一头小牛。牛羊是牧民的衣食父母，吃穿用全靠它，所以牛羊是牧民的一切。从地理分布上看，围绕在纳木错周围的人家，全是当雄和班戈的牧民。湖的南面，终年不化的雪山、延绵不断的雪水和碧波荡漾的湖水滋润着湖畔的牧场，也滋润着当地的牧民。念青唐古拉山和纳木错女神是主宰这一区域的主要神灵。对于信仰着神灵的牧民来说，身后之事交给神佛，生前之事则要靠这些神灵的护佑。而现实中，前来朝圣的人当中，牧民多而农民少，城市里的市民则更少，这也正说明了朝拜纳木错与牧民生产的紧密联系性。从某种程度上讲，人们羊年转纳木错，凸显了以"羊"为主的牲畜在藏族传统生活中特殊而重要的地位。

（二）消灾祈福避难

在藏传佛教的观念中，纳木错是身、语、意俱全之圣地，也是圣地中最殊胜者。它是藏传佛教的著名圣地，信徒们尊其为四大威猛湖之一，相传为密宗本尊胜乐金刚的道场。《纳木错圣地发愿》道："在此坐禅顷刻，可成就佛地道，获得菩萨果位。"有观念称，如果说在别处修行一百年才能成佛的话，在这里修行弹指间就能成佛。转湖朝圣能得到渊博的知识和无量之功德，并能消除恶习和一切烦恼痛苦，受益于今生和来世。若不这样做，会导致众生愚昧、大地贫瘠、植物枯萎、生灵泯灭。因此，每年的藏历四五月份，尽管不是羊年，亦有不少信徒来纳木错转湖朝佛，届时，这里会变得香烟缭绕，生机勃勃。

12世纪末，藏传佛教达隆嘎举派创始人达隆塘巴扎西贝等高僧，曾到湖上修习密宗要法，并认为这是胜乐金刚的道场，始创羊年环绕纳木灵湖之举。信徒们之所以集中在羊年朝湖，是因为他们都认为这是一个吉祥的日子。信徒传说，每到羊年，诸佛、菩萨、护法神集会在纳木湖设坛大兴法会，如此时前往朝拜，转湖念经一次，胜过平时朝礼转湖念经十万次，其福无量。所

以每到羊年僧俗信徒不惜长途跋涉前往，转湖一次就感到心满意足，得到了莫大的安慰和幸福。而此地各派寺庙也要举行各种法会奉祀、供养纳木错守护神本尊佛母。这一活动，每到藏历羊年的四月十五日达到高潮，届时僧俗云集，一般先后要历时数月。

三、转湖节的场面

圣湖纳木错的圆周长约60千米，转湖需要4天～5天的时间，转湖时要按照顺时针方向走，食物要自备，沿途的寺庙可以提供住宿，不过第二天晚上附近没有寺庙可以借宿，要在野外度过。转湖的道路虽不及转山时的山坡难走，但仍有很多的挑战，沿途会有很多的溪涧，遇到这样的河流，只能选择蹚过去，这些河水都是雪山融水，是冰凉的，水深及腰，从这样的冰水中蹚过，个中滋味可想而知。

（一）转经

围绕纳木错的转经，可分为转吉祥岛和转整个纳木错两种。羊年转纳木错，不管怎么转，信徒们一般都是按顺时针向右绕行，谓之转经。他们认为，此时绕行吉祥岛转经一圈，胜于平时转经十三圈。此时，将有成千上万个佛教信徒围绕总面积1920平方千米的"神湖"转经、朝圣。所以，此时吉祥岛上的牧人和其他人等都行色匆匆，忙于朝拜吉祥岛和岛上自然形成的佛教圣迹。他们当中的老年人大多以左手数着佛珠，右手转着嘛呢轮，一边走一边口诵六字真言。吉祥岛由两座山组成，一大一小。信徒们要先转小山十二圈，转到第十三圈时还要绕行大山一圈，才算功德圆满。信徒们还要在吉祥岛的山门处和麦拉日山下，按自己的岁数有多大就各转多少圈；有的人还要为家中不能来朝湖的人转经，可谓任务艰巨。他们不但要在吉祥岛上转经，还要转整个纳木错一周。

在长达328千米的路上，或搭车，或步行，已尽诚心。制约他们转经方式的因素，其中不乏经济条件的制约，也有个人虔诚之举因身体素质不允许而无法完成的，因人而异。有的人因腿脚不好，或因有疾病不能如数转够圈数时，就请人代为转经，付以一定的酬劳。例如，班戈县一位近五十岁的牧民因有腿疾，与妻子转了几圈便走不动了。家中还有上学和看护牛羊的孩子，

为了给孩子辟邪纳福，他们还得给孩子转经，可心有余而力不足，只好雇用了两个牧童为其和家人转经。两个牧童转一圈，便给一枚石子计数，待转够所求数目之后，以便结账，一枚石子五角钱。

更有虔诚的信徒磕长头右绕吉祥岛一周。在吉祥岛上磕长头的多为女性，一般是中老年人。磕长头时，两手合掌过头，自顶至额、胸，拱揖三次再匍匐于地，双手伸直，平放于地，划地为号。如此再三，绕湖前行，方能显出对纳木错女神的诚心。

（二）祭祀

吉祥岛上有一对天然石柱形成的巨石，足有数丈高，远远望去，犹如吉祥岛之大门，故而谓之山门。藏历五月十四日是羊年朝湖活动开始的日子，这在藏语里叫"打开山门的日子"。这一天，吉祥岛上特别热闹，人如潮涌。当地人认为，山门巨石是守门之父母石，对其崇敬有加。因此，这里是最热闹的地段，也是最让人为之感慨的地方，转经的，焚香的，还有不少寺庙的僧人前来岛上作法事的、刻玛尼石的，等等，各色人物云集这里。成千上万条五彩经幡从崖顶自上而下垂挂下来，几乎将巨石山门覆盖住了，在劲风中发出哗哗的巨大响声。从远处望去，仿佛巨石山门簇拥在五彩云霞之中。

在石门内外，各有一根巨大经杆。据了解，经杆顶端之铜饰"坚参"为昌都江达边奇刚则巴寺的僧人专程从昌都做好，送来献给纳木错女神的供品。巨幅经幡，在藏语中叫"塔钦"，是僧俗各色人等献给念青唐古拉山神和纳木错女神最为贵重的祀礼。在僧人的诵经祈祷声中，俗人们竖起经杆，并搭起临时烟祭台，信徒们纷纷前来煨桑，顿时整个吉祥岛沉浸在祥和的氛围中。信徒们将松柏枝、艾蒿、小叶杜鹃、糌粑、青稞粒、青稞酒等供品投放进桑烟里，发出浓烈的香味，再将哈达和经幡往桑烟上熏一熏，拴到经杆上；拴好以后，口里发出一连串虔诚的颂词，报知女神。

经幡是从转经路上买来的现货，一挂长数十米的经幡，要价二三十元。在往经杆上拴系以前，还要在经幡上写上自己和家人的姓名、生肖和五行。信徒们很看重能否把自己的经幡挂在最高处，因为只有挂得高才能借风力迎风飘扬，才能心想事成。老人们望着自己的经幡高高飘扬，布满皱纹的脸上就会绽露出幸福的微笑。还有一些人不时地向空中抛出纸印的"风马"，雪片一样的"风马"和经幡在桑烟中飞舞。所有在场的信徒们望着空中为之祈祷：

> 今日风马升起来，
> 袅袅升向空中。
> 没有升起的风马，
> 请连连升起。
> 天地满是吉祥，
> 风马哟，愿你都升入空中。

朝湖的信徒们认为：念青唐古拉山神和纳木错女神守护着他们的家园，以保护部落和平民百姓的安宁，抵御魔鬼和邪恶的侵入。山神和女神平时很辛苦，桑烟是献给他们的供品，即烟供；哈达是献给他们的礼品；经幡和风马是献给他们的供品，也是祈求自己、家人和部落运气的一种信物。如若放飞的风马冉冉上升，飘入空中，就说明山神和女神喜欢并接受了信徒的供品，意味着要交好运。反之，则不吉利。

（三）献哈达

在吉祥岛的转经路上，有一座哈达山，非常醒目，藏语谓之麦拉日山。凡是朝湖之人，按照顺时针右绕即转经到麦拉日山下时，每个人都要向这座山献一条哈达。因山高人低，放在山下又忌讳人踩，就只好献到山上，而且越高越好。献哈达时，一般要在哈达的一端拴上石头，再用力甩到山顶。于是，凡是到这座山前的人都会看见整座山上全是哈达。

旁边，还有几个牧民模样的人专门出售哈达，并负责帮助顾客往山上甩掷。当然，甩哈达是要有一定技巧的，一般人不仅甩不了那么高，弄不好还会打到路边行人。这些牧民小伙子是平日放牧时练就的甩"乌尔多"（详见附录2）的高手，甩哈达自然不在话下，每甩一条哈达收费两元。据说，运气好的人一下子就能甩到山顶最高处；运气不好的人，即使甩到山顶上也会掉下来。所以，凡来到这里的人，都要花两元钱买一条哈达试试运气，时间久了，哈达自然就多得像白雪一般覆盖了麦拉日山，所以才有了"哈达山"这个别名。

（四）祭湖

朝湖的信徒们在吉祥岛履行完所有的程序后，就要到湖边来祭祀纳木错，祭湖的供品全是献给纳木错女神的。供品为哈达、经幡、桑烟，还有玛尼石。信徒们来到湖边，先到经幡塔前煨桑，敬献哈达和经幡。之后，开始向湖里敬献哈达，将一条素白的哈达或五彩哈达的一端拴在石头上，再用力抛进水中。抛起来的哈达像一条飞跃龙门的鲤鱼，此起彼伏，以快速沉入水中为佳。

进行完以上的程序后，大部分信徒会从湖中汲水，在岸上简单擦拭一番。因为禁止一切人等往湖中抛掷杂物，打鱼和解手，所以湖水清澈见底，更能净化人的心灵。擦拭完以后，在湖边的砂石堆里捡一些状若麦粒又有小孔的小石子儿带回家中，视为圣物。可将其供在佛龛里，或装进自己胸前的"嘎乌"（详见附录3）及其他护身符里，随身携带，不离左右。还要给未能前来朝湖的亲朋好友带去一两粒，以示纪念。

支洛支达

每逢藏历猴年五月称为"支洛支达"。"支洛"意为猴年，"支达"意为猴月。藏历一月到十二月，每个月算一个属相，其中，藏历一月为属相龙，五月正好就是属相猴，故称为"支达"。每逢藏历猴年五月十日，以支洛支达的名称，作为一个特殊的固定祭供日。这一天，拉萨旧密各寺院有举行盛大的次久法会的习惯。藏历猴年之所以特殊，那是因为：根据普氏历算法，铁猴年是释迦牟尼大师出生的纪年，木猴年是莲花生前往西南罗刹洲的纪年。支洛支达时，日喀则市南木林县辖萨布龙的次久、仁布县辖卡热岗廓、那曲市比如县辖森木荣廓、山南市隆子县辖杂日荣廓、拉萨市堆龙德庆区辖门堆卡日桑多白日日廓、林周县辖达龙赤隆次久和彭波东孜日日廓[1]等等。支洛支达十日的活动很多，其中拉萨地区较为著名的如下。

---

[1] 日廓：意为转山。

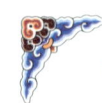

一、雄巴拉曲的猴年跳神

　　拉萨人对于"雄巴拉曲"这四个字都不会陌生，现如今的神水藏药便取自那里。雄巴拉曲位于拉萨西南方向的堆龙德庆区乃琼乡斯玛村，从拉萨坐汽车行驶半个多小时即到。这是一处藏传佛教的圣地，"雄巴拉曲"取自藏语，译成汉语是"盆中圣水"之意。之所以如此称呼，是因为这里有一眼在藏区久负盛名的"圣泉水"。人们不远千里寻求的"拉曲"，是一千两百年前，莲花生大师用拐杖敲出的神泉。这一池碧绿的水，不停地冒着小泡泡，夏天的时候池子里还养着鱼。紧挨着神泉的，是宁玛派寺庙雄巴拉曲寺。

　　雄巴拉曲原来并不叫这个名字，而是叫堆龙东巴。据藏文史籍《五部遗教》和当地一些传说，公元8世纪，这个地方非常干燥，土地贫瘠，人们生活贫困艰苦。有一天，西藏佛教始祖莲花生大师从日喀则来拉萨，途经堆龙东巴时，与吐蕃王赤松德赞派出的迎接使臣相遇。使臣想在此地给大师烧茶做饭，垒好了石灶捡好了柴火，却怎么也找不到水。使臣便对大师说：大师，请您再忍耐一会儿，到拉萨就有水了。莲花生大师听罢站起身，放眼眺望一周说，居于莲花之地怎么会没有水呢？然后来到一块平地上，绕地顺转了三圈，用法杖往地中心一杵，并对围观的人们说，"拿盆来"，只见一股细细的清泉从地下汩汩冒出，人们赶忙拿了木盆来接水，所有的人家都接得盆满钵满，接满神水的盆里依稀可见一朵盛开的莲花。从此之后泉水就再也没有干过。这眼泉水不仅解决了人们的生活用水，还润泽、灌溉了附近的庄稼。后来人们才发现，泉水所在地如同一朵莲花的花蕊，而四周的山峰像极了盛开的莲花花瓣。为了纪念莲花生大师，人们就在泉眼旁修了寺庙，供奉莲花生大师的塑像，并给这泉水起名为"雄巴拉曲"（盆中圣水）。堆龙东巴这个地方从此也就改名叫雄巴拉曲了。离泉水不远的一块大石上还留有莲花生大师的足印，至今仍清晰可见。

　　神水东边出口处，立着一个大大的六字真言水动转经筒，借着水的流动，转经筒日复一日昼夜不息地转动着，向人间传播着绵绵无尽的祈祷。这个不大的水池就是雄巴拉曲神水了，水清澈见底，可以看到底部有许多水泡正在透过薄薄的泥土层往上冒，此起彼伏。此水冬暖夏凉，冬季里不结冰；春夏

时它灌溉方圆数十里的土地，水位也不变化；远道来客将此神水装入器皿带回故地，时隔多日不腐朽变味。不但人常饮之能够身体康健、百病不侵，连牛马等动物长期饮用体肤上的乱疮也可以医治，是佛书所说的八功德水：具有一甘、二凉、三软、四轻、五清、六不臭、七饮时不损喉、八饮之不伤腹等功德。

每年藏历五月十日，在雄巴拉曲举行拉曲次久的祭供节日，尤其是每逢猴年举行支洛支达的跳神节。这天，跳神的演员和敲锣打鼓的乐手不是僧人，而是觉木隆周边清一色的农民男子。跳神的内容是莲花生八号等，一名少年装扮成猴样，表演蹦跳的各种技巧。五月十日前，他们来到拉萨，要在大昭寺、布达拉宫和罗布林卡等地献演。现在，拉曲次久祭供仍在进行，特别在支洛支达时，在雄巴拉曲和觉木隆朝圣的人很多。

二、止贡颇瓦钦姆

拉萨东面 80 千米处，是墨竹工卡县治所在地工卡镇。这里是沟通藏北高原和拉萨河谷的交通枢纽，也是藏传佛教止贡噶举派的发祥地和信众聚集区。止贡提寺是藏传佛教噶举派系小八系之一的止贡噶举的创始人觉巴·吉丹贡布仁钦白（1143—1217）于藏历第三饶迥土猪年（1179）兴建的。吉丹贡布仁钦白是帕竹噶举派祖师多吉杰布的首座弟子，邓柯地方居然家族的传人。他在止贡提寺广招门徒，弘扬佛法，倡修密宗，一时名声大噪，仰慕者纷至沓来。他带领门徒长途跋涉，朝拜冈底斯山、拉齐岗山和扎日神山，追随者达到 55500 之众。他的教法遍及喜马拉雅山南北，包括青海、云南、四川甚至境外的拉达克地区。寺庙多达 1000 座，仅在止贡河两岸，就有以藏文字母为顺序的寺庙 30 个。

在元代，西藏分为 13 个万户，止贡噶举派是 13 万户之一，位列前藏六大万户之首。在明代，止贡万户长拥有宣慰使的头衔，明朝皇帝封止贡派法主为阐教王。阐教王经常派遣庞大的使团到朝廷进贡，朝廷也派钦差大臣到止贡教区巡视和抚慰，并颁赐了大量的金银、绸缎和法器。许多珍贵的历史文物，至今一直珍藏在止贡派的寺庙之中。17 世纪，五世达赖喇嘛建立了甘丹颇章政权，止贡噶举派由居然家族世袭传承改为活佛转世制度，切仓（大

止贡噶举派宗教音乐演奏场面

房）和琼仓（小房）是这个教派的第一号和第二号活佛。他们在止贡河和热振河交汇的谷地，修造了坚固而壮丽的佛寺——宗则寺。该寺庙东侧是切仓活佛的寝宫，西侧是琼仓活佛的寝宫。末代切仓活佛出身于拉萨大贵族察绒家，琼仓活佛出身于山南吐蕃政权的后裔拉家里王族。这里河谷宽敞，气候温和，物产丰富，两位活佛平时住锡在宗则寺的府邸，每年按季节巡行各个下属寺庙，主持止贡教派的佛事活动。

止贡颇瓦钦姆是止贡派众多宗教和民俗节日中一项独具特色的大型宗教活动。"颇瓦钦姆"是藏语的称谓，其中"颇瓦"意为转趋、往生，"钦姆"是盛大的意思。2008年，止贡噶举派音乐被列入第二批国家级非物质文化遗产代表性项目名录。每逢藏历猴年六月，都要在止贡提寺举行这样盛大的宗教仪式。每十二年举行一次，藏历猴年六月初八至十五日举行。初八举行准予十种佛事活动的宝法，进行普遍灌顶和能仁金刚佛灌顶；初九举行大慈大悲观音菩萨灌顶；初十举行无量寿佛灌顶；十一日举行预防疾病的叶衣母本尊灌顶；十二日举行催破金刚本尊灌顶；十三日举行救治疾病苦难的药师佛灌顶；十四日讲授止贡噶举派特法大乘密法心律仪《大发心》；十五日举行纪念塔布拉吉（噶举派三祖师之一）圆寂及其深密法止贡大颇瓦法，同时

对那些有特殊要求的弟子予以满足。在节日期间，为什么要举行超度亡灵的仪式呢？这是为了使死亡的魂灵早日升入天堂。止贡提寺有世界著名的天葬台——止贡提寺天葬台，它是世界三大天葬台之一，每年在此天葬的僧俗有2000名左右。超度亡灵是止贡提寺大法会的一个重要的宗教活动内容。法会庄严而隆重，内容极其丰富。

届时，以止贡提寺为主，在杂雪、羊日岗和宗孜等止贡地区的止贡噶举派各寺院的上千僧人，聚集在德仲沟里的仲欧松多寺的附近，在各自的帐篷里分别举行一个月的法会。止贡提寺的切仓和琼仓活佛都要亲临法会，法会期间的开支由江坚、努巴、却果、切居索巴和安衮等六位活佛轮流承担，止贡地区内外以及拉达克等地尊奉止贡噶举派为主的上万信教群众前来朝圣。切仓和琼仓两位活佛向群众进行长寿灌顶和转趋。据说，如果受到止贡转趋的话，人死时不能转趋也有效用。藏历第十七饶迥木猴年（2004），因通往德仲沟里的仲欧松多寺的道路交通不便，就改在了止贡提寺东面的门巴沟里的大草场上为信教群众举行止贡颇瓦钦姆仪式。

木如白萨节

在旧拉萨，有一种非常有意思的节日活动，名叫木如白萨，意为木如寺的喇嘛表演新剧，展示服饰和人物造型的活动。每十二年举行一次，藏历猴年七月十五日至八月十五日进行。在介绍这种特殊的节日活动之前，我们有必要了解一下拉萨的木如寺。

一、两个木如寺

拉萨有两个木如寺，一个是旧木如寺，一个是新木如寺。之所以新旧有别，主要是修建时间有先后。十三世达赖喇嘛时，对吐蕃时期修建的木如寺进行了大规模的修葺扩建，逐步形成了今天的规模。与此同时，乃迥寺法王释迦亚陪主持在小昭寺北面又修建了一座木如寺，从此大昭寺东的木如寺称木如

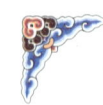

宁巴（即旧木如寺），以区别于新建的木如寺。

旧木如寺位于市中心大昭寺东面，坐北朝南，与大昭寺仅一墙之隔，亦称木如寺、麦如寺、木（墨）如宁巴，意思是古老的寺院。它始建于公元9世纪，东西长52.2米，南北宽39.4米，面积约为2057平方米，是吐蕃赞普赤热巴巾在拉萨修建的四座寺庙之一，后来成了乃琼巫师传召时的住锡地和降神场。寺院后部正中为三层高的佛殿大楼，建造于十三世达赖喇嘛时期，系该寺主体建筑。主殿大楼平面基本呈方形，东西长25.8米，南北宽23.5米，大殿一层为经堂、佛殿，两侧系库房。佛殿大楼两侧和前边绕以高两层的僧房，僧房前筑有明廊，形成主次分明、错落有致、完整严密的布局。寺院大门原辟于南侧，从南边僧房中间穿过，后改辟于北侧，从主殿大楼与两侧僧房形成的夹廊中向北穿出。

旧木如寺内最早的建筑是藏巴拉佛殿，位于主殿大楼西侧一排僧房的中部，坐西朝东，长7.5米，宽7.2米。藏巴拉佛殿布局颇有特色，进佛殿大门即是左转经廊，正中拱围着面积很小的神龛，内供藏巴拉塑像。藏巴拉佛殿用材粗厚，梁架截面多加工成方形或长方形状，橡条亦较粗，佛殿建筑低矮，经廊狭窄，采光不佳。围绕这个拉康有许多早期的传说。据释迦亚陪的部分著作云，这个拉康是吞弥·桑布扎创造藏文的圣地，是吞弥的资料室。五世达赖喇嘛时期，藏巴拉康是乃迴寺僧人的法会堂。该寺保存有自五世达赖喇嘛以来刊刻的藏文版大藏经《甘珠尔》和《丹珠尔》的木刻雕版数万块。此外，还保存了十三世达赖喇嘛时期，由藏传佛教著名高僧喜绕嘉措大师亲自负责刊印的藏经《甘珠尔》木刻雕版。传说，在藏王朗达玛灭佛之初，有位印度高僧班智达曾在木如寺闭关潜修财神法，但是修行数月，却无应验。于是，恼怒的班智达以禅枕敲击财神像腹部，就在此时，财神的腹中流出金子。因此，班智达恭敬地在此重塑喀萨巴拉财神像。据说，就是因为这个传说，大肆灭佛的藏王朗达玛当时封闭了桑耶寺等其他寺院而唯独没有封闭木如寺。

新木如寺始建于十三世达赖喇嘛时期，主持人为乃迴寺法王释迦亚陪，又称"木如寺"。该寺坐北朝南，东西宽度前后不一，东西前部宽85米，后部宽97米，南北长102米，占地面积8925平方米。共有房屋300多间。

寺院有四道大门，第一道大门在 1968 年修寺前东西大道时被拆除。寺院建筑前低后高，寺前部为僧舍，后部为主殿。主殿第一层前半部为大经堂，后半部为佛殿。经堂面阔 9 间，进深 7 间。佛殿为 3 间，中间佛殿近于正方形，长 11 米，宽 10 米，面积 110 平方米。两侧佛殿面积较小。寺院东、西、南三面为僧舍，各三层，第一层高 3.5 米，第二层高 2.4 米，第三层高 2.7 米。西侧僧舍建筑布局最具特色，其前后为两排南北向僧舍，其间夹一狭长院落，东面为一排南北向僧舍。这种布局并未拘泥于对称原则，反而显得富有变化。每年藏历十二月二十三日至二十九日，木如寺均举行隆重的年祭跳神舞木如古朵。现寺院为西藏佛教协会印经院。

二、木如白萨的来历

木如白萨节的演出活动，是在新木如寺落成之后才出现的。20 世纪初，英国军队入侵拉萨，十三世达赖喇嘛逃到其他省区，多年没有回来。木如寺的僧人们便编创了这样一个节目，表示怀念和祈盼达赖喇嘛早日回归故土。这可能就是木如白萨节的来历吧！

木如白萨的演出活动，一般都在藏历八月初进行。按照藏传佛教的说法，每年藏历六月十五到七月三十，格鲁派僧人一律待在寺庙，不准随便外出，以免伤着幼虫、小鸟，犯下杀生的错误，称为"夏日安居"。到了藏历八月初一，宣布安居结束，达赖喇嘛照例要在罗布林卡行沐浴礼，接见僧俗官员和哲蚌、色拉、甘丹三大寺的僧人代表，为他们摸顶祝福，木如白萨就是在这样的日子里举行的。

木如白萨每隔十二年才演出一次。有人说，每逢藏历羊年或者猴年的八月是演出的日子。平措老人回忆道：他是 1910 年出生，7 岁进木如寺当僧人，13 岁（1923）的时候演出过一次，23 岁（1933，猴年）、32 岁（1942）的时候，各出演过一次。1956 年，他 46 岁（1956，猴年）时成立西藏自治区筹备委员会，拉萨举行了盛大的欢庆活动。木如寺的僧人准备演出，节目都排练好了，最后没有演成。从那年开始，木如白萨就再也没有演出过了。

据说，木如白萨在当时受到人们的欢迎。但是，为什么木如白萨后来不再演出了呢？具体的原因我们已经无法知晓。据参加过演出的老人回忆，木如白萨的演出出现了不少问题，带来了很多麻烦。例如，参加演出的僧人曲保和强白格桑，到山南朝佛，掉进雅鲁藏布江淹死了；做贡品的头头曲本啦被同寺十几个僧人杀死了，这些僧人又通通被赶出寺门；有的僧人演了藏王、演了噶伦、演了藏戏里的主角，在社会上出了名，成了名人，一些不三不四的女人就来纠缠他们，他们也跟这些女人勾勾搭搭，最后破了戒、还了俗、挨了皮鞭，被赶出寺院，成了流浪汉。很多僧人说，都是演戏惹的祸，以后就不再演了。

三、演出过程

木如白萨节要过三天，演出时间只有一个小时，但排练和准备工作却要几个月。要完成木如白萨的精彩表演，演出人员要经过艰辛的努力。一般要经过排练、准备和正式演出三个阶段。

（一）排练

排练工作是一个很艰辛的过程。据平措老人回忆，整个排练和策划工作，由木如寺三个大僧人主持。一个是总管僧人聂康巴拉，一个叫巴布扎西啦，一个叫列穷啦。他们都是木如寺的老人，熟悉地方政府、贵族官员的内情，精通木如白萨的种种表演程序和方式，也深知其中的利害关系，这样就避免了出问题、犯错误。到了规定的时间，木如寺的 300 名僧人，全部集中在寺庙大院，除了老弱病残，一个一个轮流从他们面前走过，由他们仔细观察和挑选。他们一边观察，一边商议，根据僧人的个子高低、身材胖瘦、面容长相、表情特点、说话腔调，初步确定谁演某某噶伦，谁演某某公爵，谁演某某藏军司令。演员初步确定后，下一步就是长时间的刻苦排练。

排练必须在保密的条件下进行。如果被人偷看了传播出去，就会很不好，会大大降低演出的新鲜感、趣味性和神秘性。再有，让被扮演的人知道了，不管他本人高兴不高兴，惹出这样那样的麻烦更不好。不能在木如寺排练，因为这里离大街近，离闹市近，周围都是高楼，很容易被人偷看。寺庙头头把僧人演员拉到拉萨北郊十多千米处一个名叫"桑伊"的山沟里去排练。"桑伊"本身就是隐藏的意思。"桑伊"周围根本没有什么居民，寺庙的头头还不放心，每次排练前都要派一些年轻力壮的僧人在周围站岗放哨，阻止他人接近。这样，僧人们每天早出晚归，顶风冒雪，即使这样排练，还是需要一

两个月，甚至三四个月。

（二）准备

第二步的工作主要是准备服装和道具。在当时的那个年代，这是整个活动最困难的一步。根据规定，噶伦要穿戴噶伦的服饰，僧官要穿戴僧官的服饰。这些服饰都是最贵重、最华美的，弄脏了可不得了，弄坏了也是赔不起的，被小偷偷了更是要命。据说，达赖喇嘛曾经下达过一道命令，每个官员都要负责提供最好的服饰、佩饰，如果不提供，发现了通通没收。

"米纳"的人物展示，在当时拉萨各个阶层是最为关注、最爱议论的热门话题。演出时，僧人演员们一个接一个地登场，他们个子有高有矮，身材有胖有瘦，每个人都有自己的性格特征，有的抽鼻烟，有的戴眼镜，有的摇着转经筒，有的提着鸟笼子，有的边走路边降神，或走或站，有说有唱，各种表演都要惟妙惟肖。这些被搬上舞台的人，都是当时西藏政坛上的重要人物，社会上的知名人士，他们就坐在达赖喇嘛身边，陪达赖喇嘛看演出。演员们的一招一式，一颦一笑，都能在观众中引起强烈的轰动和一阵接一阵的哄笑。所以，演出前的准备工作要非常谨慎和细心。

（三）正式演出

到了正式演出的日子，全拉萨的人差不多都涌进了罗布林卡，人山人海，万头攒动，盛况空前。木如白萨的演出一般要举行三天，这三天中每天都有不一样的表演，节目演出的顺序和内容基本上已经成为定制。

第一天（八月初一），演藏戏德巴敦巴。这是关于一个王子到恶鬼罗刹的地方，盗取救命仙草的故事。

第二天（八月初二），演藏戏《哥哥顿珠和弟弟顿月》。据说，这个剧本是由五世班禅大师洛桑益西亲自编写的。

第三天（八月初三），演出"米纳"（汉意是"各类人物"）。这是整个木如白萨演出中最精彩、最热闹、最好看的部分，由木如寺的僧人扮演西藏地方政府的僧俗官员、藏军首领、拉萨各族各界代表人物等等。其中，有伦钦一人，噶厦的噶伦四人、孜本四人，另有乃琼、拉莫、桑耶、嘎东四大巫师，还有公爵、札萨、台吉等贵族官员，拉萨居民中的尼泊尔人、不丹人、克什米尔人、云南人、青海人、伊斯兰教徒等等。

整个演出大约有一个小时，出场人物达五六十人之多，均由木如寺僧人扮演。他们穿上各种服装，戴上各种佩饰，模仿各色人等的音容笑貌和言谈举止。最后这些人排成长长的队列，在罗布林卡石板大舞台上缓缓地走上三圈。一边走，一边表演，接受达赖喇嘛、摄政和其他地方政府官员的检阅，向达赖喇嘛等致敬。

德仲猴年节

从拉萨市墨竹工卡县县城，往东北方向走70多千米处的门巴乡德仲村，海拔为4500多米，这里是一片海浪般层层起伏的山区，有一个奇迹般的天坑，坑底有两眼散发着无穷热量的温泉。这就是人们常说的德仲温泉。温泉已有1400多年的历史，它旁边的德仲尼姑寺也有700多年的历史，我们还知道，与这片神峪相联系的，更多的是美丽的传说，而许许多多的宗教节日和民俗节日也与此相关。藏历猴年六月的德仲"贝洛卡节"就是非常典型的一项。

一、德仲的历史传说

13世纪后期，止贡派第十辈座主、年轻的多吉杰布，带领少数侍从，沿着止贡提寺西边的山涧峡谷探寻，想寻找一处隐秘的修行之地。终于，在德仲发现了一处奇妙的天坑，天坑有热浪滚滚的温泉，还有扑朔迷离的洞窟，世外仙境般的美丽风光。他认为这是一处极佳的修行之地，温泉可以洗涤身心，岩洞可以闭关修炼，深山幽谷可以远离尘世，颐养天年。他在这里修建了一个名叫丁杰布的禅院，作为闭关静坐、修习密法的地方，并为之起名"德仲"，意思是"埋藏佛宝的圣地"。从多吉杰布开始，历代止贡派座主都悉心经营德仲，不断在悬崖上开凿洞窟，在温泉边修建禅院，逐渐使德仲成为止贡派密宗修习的中心。

第六章 十二年一次的节日

在长长的岁月里，人们不断地开发和建设着德仲这片天坑神峪，渐渐地，关于这里有了许多神奇的传说，而且越说越神，越传越奇。人们说，"德仲"是汉语称谓，准确地说，应该叫"德仲穆"，而且"仲"和"穆"两个字母的音节要连起来发。"德"是矿的意思，"仲穆"是下面藏的意思，合起来的意思是下面有很多矿藏，这矿是谁放的呢？

传说，佛祖释迦牟尼曾经到过德仲，并在罗布日（宝贝山）里埋藏了许许多多的奇珍异宝，为后代人提供了取之不尽、用之不竭的财富。从而，这里形成了节日期间围绕罗布日转山朝圣的传统。

又说，有第二佛陀之称的莲花生大师在西藏传播佛教，与苯教经过激烈斗争，终于获胜，深受藏王赤松德赞的敬重。赤松德赞将自己的爱妃益西措杰送给了莲花生，莲花生带着益西措杰曾在德仲开凿顿丹普山洞，在里面修炼了七年七月零七天。他在离开德仲之时，开辟了德仲的两眼温泉，留给后人一片净水、一池甘露，用以消灾除难，医治百病。从此，德仲成了神圣的人间净土。这里过去不准喂猪，不准喂鸡，不准种菜，更不准种庄稼，因为养鸡养猪，要拉屎撒尿，污染环境，而种地种菜，需要施肥，同样也是对灵山净土的大不敬。也正因为如此，德仲被藏传佛教教徒说成是南瞻部洲的七圣地之一，信徒们说至今仍有康珠益西措杰的化身在此地出现。

又相传，觉巴·吉丹贡布仁钦白创建止贡提寺后，僧人就有地方学经了；而尼姑呢？则在德仲山上修起了尼姑寺。有个妖魔想灭掉尼姑寺，故打了一口井，注满了毒水，企图用毒水淹没寺庙，这一切被止贡护法女神阿布吉曲珍知道了，她竭力阻止也没成功。于是，她想把井北面的山砍成两半，造成一个沟，让水顺着沟流走，她开始辛苦地工作，山始终没砍开，如果等她砍完这座山，毒水也就把寺庙淹完了。莲花生大师正在山洞中修行，他看到了这一切，决定帮助阿布吉曲珍。于是，在洞中抓了一个多吉金刚杵扔了过去，把山打了一个洞，井中的毒水顺着洞流走了，但这毒水仍会危害生灵，怎么办呢？他又做法事，藏语为"养米尼"，在地下放了很多矿，使毒水变成药水。于是，这水就可以洗澡治病了。

二、节日活动

德仲猴年节，每隔十二年举行一次。具体从什么时候开始有了这样的节日，已经无从考起。但自 1956 年之后，没能再举行。到了 20 世纪 80 年代，宗教政策落实，止贡提寺重新开放，前往德仲朝圣的人络绎不绝。当时，信众口耳相传，称止贡提寺"切仓"活佛赤列伦珠将从驻锡的拉达克寺庙回西藏主持 1992 年的水猴年大法会。止贡提寺僧人和当地群众为此修补了著名的千人大帐篷，还开辟了一条通往德仲的山区公路。可到了时候，"切仓"活佛却没回来。不过，节日活动仍在其他活佛的主持下，轰轰烈烈、热热闹闹地举行了。据许多老人回忆，那年的德仲大法会盛况空前，并不逊色于往年。

（一）教派聚会

德仲猴年节是止贡噶举派宗教领袖的大会师，也是这个教派宗教实力的大检阅。这里的寺庙有座黄色的大帐篷，面积有篮球场那么大，可以容纳一两千人。过节的时候，止贡派各寺庙的大小活佛，无一例外地汇聚到德仲，有的来自阿里和拉达克，有的来自青海，有的来自云南，有的来自藏北。这些来自四面八方的僧人，按照佛位高低和历史传统，在大帐篷里就座，在"切仓"和"琼仓"两位活佛的带领下，诵念经咒，顶礼莲花生大师和止贡派祖师觉巴·吉丹贡布仁钦白。在大帐的周围，汇聚了许多人，止贡派各寺庙僧尼就有七八千人，止贡教区的男女信众多达数万人。这么多的人，这在德仲神峪巴掌大点的地方是绝对容纳不下的。于是，大多数的人，就都涌到东面的止贡松多峡谷，在山坡上"安营扎寨"，在草地上"风餐露宿"，形成了人的山坡、人的峡谷。这是德仲地方十二年才难得一见的盛况。

（二）转山朝圣

每一个参加德仲猴年节的人都会去转山朝圣。这里我们说转的山，是指德仲北面的一座山，名叫罗布日，它很像一个金色的宝瓶。据说，当年佛祖释迦牟尼在山里埋藏了许多经书佛像、奇珍异宝，凡是诚心诚意围绕罗布日转经朝佛的人，都可以得到难以想象的福气。一般人一天转一圈，身强力壮的人一天能转两圈。转过十三圈，等于念十亿遍六字真言，功德无量。很多

人天不亮就起身转经，太阳出山的时候，就已回到德仲参加佛事活动了。

（三）长寿灌顶

德仲猴年节最重要的宗教活动，是"切仓"和"琼仓"两大活佛举行的长寿灌顶。这里接受灌顶的方式，与其他藏传佛教教派不相同。僧俗信徒们规规矩矩，盘腿坐在山坡草地上。时辰一到，两位活佛从黄色大帐篷中走出，手拿插着龙雀羽毛的长寿宝瓶，在每个朝圣者的头上轻轻一按，赐给他一条长寿结。据说，活佛手中的宝瓶无比殊胜，和无量寿阿弥陀佛亲自到场一模一样，每一个接受灌顶的人，有病的能够康复，穷困的能够致富，有难的能消除厄运。当然，他们也把自己带来的哈达和财物奉献给寺庙和活佛。

（四）抛哇仪式

藏历六月初十和十五是猴年节最重要的日子和最为关键的时刻。猴年六月初十是莲花生大师的诞辰日。这两个日子，止贡派的"切仓""琼仓"两大活佛要在这里亲自给信徒举行"抛哇"仪式。"抛哇"，意思是"灵魂迁移"。这是藏传佛教高僧施展的一种引导灵魂迅速往生净土，到达坛城，使灵魂停止轮回的宗教仪式。止贡活佛就有这样的特殊法力，可以帮助信仰他的人，在头上预先打开一条灵魂通向天国的通道。

三、德仲温泉

在介绍德仲猴年节的同时，我们有必要了解一下德仲温泉。随着西藏旅游业的发展，德仲温泉也是旅行者们到藏旅行的向往去处。德仲温泉有久远的历史，它与止贡提寺一起，形成止贡地区的文化风景区。

德仲温泉海拔 4300 米左右，被美国、德国、日本等国的专家称为"世界第一热泉"。温泉的泉源实际上分两个，一个叫"卡贵曲则"，就是老鹰泉，我们通常就在这里沐浴，水温 40℃左右，泉分上下两半。上为男泉，下为女泉。"卡贵"是老鹰，"曲则"是温泉。相传，有一次，一只老鹰正在天空飞翔，不知从哪里射来了一支箭，射中了老鹰的翅膀，老鹰不幸落入这个温泉，不一会儿，老鹰浮出水面，展翅飞向蓝天。于是，这温泉就叫"卡贵曲则"，汉语为"老鹰泉"。"卡贵曲则"旁边约 4 米的地方，又有一个泉，名为"夏曲则"，"夏"是鹿，"曲则"仍是温泉，汉语意为"鹿泉"。相传，一只断了腿的鹿，跳到温泉泡了一会儿，待它跳出水面时，行走正常，断骨已经接上了。不过，这里的水温约48℃，人大都不敢下去，偶尔有人去泉边，也只是向身上泼水洗洗，泉水实在是太热，烫得人无法洗浴。

传说是传说，神话归神话。这温泉确实是很怪，水温常年都在40℃左右，水中含硫磺、寒水石、石沥青、款冬花、煤等多种对人体有益的矿物质，常在此沐浴，可以治疗胃溃疡等内脏疾病，风湿性关节炎等筋骨病，疮、疥等皮肤病，总之，有调气血、通筋络、强身瘦体等功效，春秋两季来这里洗澡的人络绎不绝。国内外游客除了洗澡，更多的是欣赏这里的自然景色：小河中的石头呈现出情侣饮水、狮子狂舞、乌龟看经、河马抬头等奇观，山涧瀑布直泻而下，悬崖峭壁的山沟里有一线天、嶙峋怪石等景象，令人目不暇接。这里山清水秀，草木茂盛，空气新鲜，山石峭壁，加之清婉的百灵鸟构成了别具一格的旅游、药浴、朝圣的特殊环境。

德仲温泉离拉萨140千米，可以从拉萨租车。由于路况很差，全是石头路，行车大概要6个小时，沿途可以见到黑颈鹤，离温泉7千米的路口可以去止贡提寺。

帕崩唐果节

在拉萨市北边大约240千米的林周县唐果乡境内，独特的绿山柏树丛林深处，有一座闻名于世的、西藏古老的佛教噶当派寺庙——热振格培林寺。帕崩唐果节是热振格培林寺的传统节日。它每十二年举行一次，藏历羊年七月十五举行，节日一般持续五天。

一、热振寺的帕崩唐

据说，很久以前，热振是一座光秃秃没有一棵草木的荒山。后来，藏王松赞干布在此洗头，把洗头的水洒在山坡上，并祈祷祝福。于是，山坡上长出了两万五千棵翠绿的松柏。

1057年，阿底峡尊者的弟子仲敦巴创建了热振寺，它是藏传佛教噶当派的第一座寺庙。阿底峡尊者说：藏文"热振"的"热"字是根治一切烦恼的法门；"振"字指持续到超脱轮回三世界为止意。在西藏历史上，除了达赖喇嘛、班禅活佛，地位最高的莫过于五位呼图克图了，而热振活佛便是其中一位。一、二世热振活佛是两位在西藏历史上颇有威望、学识渊博的"甘丹赤巴"。三世热振活佛曾出任"摄政王"。四世热振活佛为伟大爱国主义者九世班禅的经师。从这些我们看出，热振寺在藏传佛教寺院中享有崇高的威望。

在热振寺西侧有一个著名的"帕崩唐"，被僧俗尊为"圣道"。"帕崩"意为巨大的石头，"唐"意为草坪或草坝。热振寺里供奉的主尊是"江白多吉尊佛"（妙吉金刚）。据藏族历史记载，每逢藏历羊年七月十五日，密集空行母荼吉尼、卡珠玛、桑瓦益西等十万天女下凡，并且诸路女神在此设坛集会超度众生，此时举行转神魂磐石节。依此传说，在历史上形成沿袭着这个传统的民间宗教节日。所以，每逢这一天，各地的善男信女和虔诚的信徒们，千里迢迢，云集在这块美丽的磐石草场上，敬献各种供品，念经诵咒，祈祷平安昌盛、百业兴旺、功德圆满。

二、节日议程与表演

藏历七月初九，各地信教群众陆续到达热振"帕崩唐"，准备参加节日活动。"帕崩唐果节"最初只是"纯宗教性"的转经活动，后来逐渐发展成为除宗教活动农牧民还进行各类商品交换，开展文娱活动的综合性节日。因此，这里变成了商品交易的场所。这里仿佛是帐篷的世界。五花八门的商品，熙熙攘攘的人群，增添了节日的气氛。

藏历七月初十上午，按照传统的宗教习俗，热振寺骑马喇嘛仪仗队和百姓代表骑马仪仗队排列整齐。随着路两边桑烟香火袅袅升起，勇士们拉开了热振帕崩唐果节——转神魂磐石节的序幕，接着信教群众就跟着转磐石。从那时起一直到节日结束，每天从早晨到晚上，转磐石的人络绎不绝，好像一串佛珠在高僧手中十分熟练地不断转动一样。

藏历羊年七月十五日，是帕崩唐果节最为精彩隆重的一天。上午的赛马和抢猎活动扣人心弦。赛马场在磐石草场的北侧，赛前骑手们都要策马围绕

着桑烟香火堆转上几圈，以图吉利。按照传统惯例，参赛的马匹中必须有一匹是白色的，骑手们的参赛服装也不例外。比赛时，身着白色服装的骑手和白马必须首先到达终点，以示吉祥。赛马场上围观的人群排成了两堵长长的人墙，每当身着各式服装，头戴尖帽的骑手们，挥舞着鞭子，疾驰而过时，便会引起阵阵惊叹和呼喊声。赛马结束后，由热振寺的高僧向优胜者颁发奖品和敬献哈达。

中午十二点半，在传说密集空行母荼吉尼、卡珠玛、桑瓦益西等十万女神设坛"热振帕崩措"的时刻，为他们举行祭礼侍奉上师吟经活动。在诵经僧人们的帐前，有一座供奉祭礼的石盘坛，这就是"措"。"措"大致呈梯形，"措"头用酥油花装饰，组成花边，中部呈轮回图案，图案前供奉着一只剥皮的全羊。"措"身为红色，上面摆放着一排排"多玛"糌粑团。"措"的周围都是信徒们奉献的各类糕点。供食"措"制作十分精细，它吸引着许许多多的信徒。帐篷内热振寺的喇嘛们在念诵着《上师供》经，帐外的人群却在焦急地等待着，如能分享到一点点供品便可吉祥如意。等僧人们诵经过后，人们便一拥而上，抢到"措"的人高高兴兴还带回家让亲友们分享，瞬间，成堆供品"措"便无影无踪了。

下午是帕崩唐果节的高潮——羌姆（详见附录4），俗称跳神。跳神是西藏传统文化中十分古老，又独具特色的艺术种类。它奇妙的想象、动人的故事情节，吸引着世世代代的僧侣和百姓。热振跳神属于噶当派四供之一的外供，是瑜伽师"阿密强久仁青"的创举。据说，当时只有一项跳神形式。到嘉庆二十年（1815），请中央政府授权热振呼图克图掌管热振寺。据称，有一次夜间，他梦见了神在跳。从此，他在原有一个跳神节目的基础上增加了许多跳神节目。四世班禅洛桑确吉坚赞，于1604年前往热振寺讲经说法，他也梦见了神在跳，于是又增加了跳神的新内容。而五世热振活佛当摄政王时，又从蔡公堂寺那里学习跳神，从布达拉宫内朗杰扎仓学习模仿跳神，这些都搬进了热振寺的跳神之中。热振寺的娱神舞蹈，经历主持与僧众的不断改进，并大量吸收外寺经验，形成了拥有十二大项的节目，其内容极其丰富的宗教舞蹈体系，有着独特的艺术魅力。

热振寺的跳神地点背靠一道镶有石刻的玛尼墙，面向一个很大的斜坡，

这有利于观众观看。跳神队伍中全是热振寺的年轻僧人，随着法号和鼓乐声的起伏，每组跳神仪式都有声有色，人们从各种舞姿、面具和鬼神形态可以领悟出真善美的情感及驱魔降妖、弘扬佛法的美好祝愿。传统的跳神表演，赢得了观众阵阵掌声，历时几天的帕崩唐果节便在粗犷而古朴的舞姿中降下了帷幕，人们的各种期望在虔诚的祈祷声中，在鼓乐轰鸣的乐器声中，在跳神的咚咚舞蹈声中得到了满足。

三、节日的举行和流传

由于是环绕巨石，帕崩唐果节又叫转神魂磐石节。热振寺的西边，有一处高高隆起的巨石群，像黑色的帐篷，又像古老的城堡，相传这是大神胜乐金刚的宫堡。每逢藏历羊年的七月十五，以空行母桑瓦益西为首的十万个飞天神女，从天空、大地和海洋汇聚到这里，顶礼胜乐金刚大神。据说，在这些日子里，男神女神们都特别善良，只要广大信徒提出请求，都会给予最大的满足。人们从西藏各地赶到热振寺，环绕巨石神宫缓缓地转圈，喝着岩石间流出的涓涓神泉水，认为是人生最大的幸福。

1991年是藏历水羊年，第六世热振活佛丹增晋美亲自主持了西藏民主改革以来的首次转巨石神宫盛会。从当年8月5日开始，林周县政府便成立了恢复"帕崩唐果节"筹备小组，由林周县县长坚赞同志担任筹备小组组长，组成36人的工作小组，进行了大量的筹备工作。从藏历七月初十开始，有成千上万的信徒香客从拉萨、山南、藏北各地赶来，转巨石神宫，祈求幸福安康。除了诵经祈祷、摸顶加持、祭祀神佛、跳金刚舞，还有一项格外引人注目的项目。

在神宫巨石前面，垒起一座雄壮的祭坛，祭坛上供奉着朵玛供品，供品用糌粑、酥油、奶渣、红糖等制成，还陈列着四腿齐全的羊腔，高高垒起像一座小山。据说，光是糌粑就用了二十多麻袋，加起来有数千斤之多。如果哪一个有心人做一个详细的统计，也许能申请吉尼斯之类的世界纪录。供品前面搭了一个帐篷，数十名僧人在里面高声诵念"喇嘛曲巴"（上师经）。念经完毕，信徒香客、国内游人便一起扑向这座供品堆成的小山，你推我挤，你喊我叫，都想得到一点神的食物。有的当场就往嘴巴里塞，有的装进包里带回家，因为这些供品都是飞天神女品尝过的，非常灵验，吃上一点受惠无穷，带回家里，全家安乐。这一年参加转神磐石的人数达五万之多，这在西藏高原确实是一个了不起的数字。

2003年又是一个藏历羊年，恰逢七世热振活佛坐床五周年，热振寺再次举行了转巨石神宫的盛会。

附录1：杂日神山

杂日神山位于雅鲁藏布江南侧，珞瑜地区的北沿，东起朗县的马及顿，西至隆子县的加玉区，东西距离两三百千米，自古便是珞巴人聚居的地区。珠巴派创始人藏巴甲热（1161—1217）指出，杂日神山是佛教密法本尊胜乐金刚的坛城，必须定期进行顶礼朝拜。止贡派创始人觉巴·吉丹贡布仁钦白（1143—1217）曾经派出五万五千五百二十五位信徒，到杂日神山去修行。杂日朝圣到底是谁发明的，是谁开创的，是谁实施的，似乎还有一些争议。《止贡法嗣》一书中有这样一段记载："此时，（止贡派）僧众的数量大大增多……以密宗师国沃且为首的五万五千五百二十五名僧人，派往杂日修行。在以前，虽然岗布巴钦波（即噶举派祖师达布拉切）曾派弟子藏巴甲热开启了杂日山圣地的门，但至尊仁钦白在派往山下修行者之前，先派去聂、噶、曲三个人，开了未开的杂日圣地之诸门道，以前曾开过的门道，也加以确定……"据了解，仁钦白和藏巴甲热是同一时代的人，仁钦白比藏巴甲热大18岁，同属于藏传佛教噶举派，藏巴甲热曾在止贡提寺学经修习很长一段时间。应该说，两位大师对于开启神山之门都有贡献。民间传说，杂日神山刹土神辛穹钦波，凶猛暴烈，非常残忍。如果不定期进行朝拜，就会带来可怕的灾难，天降冰雹，发涌洪水，雪山崩塌，瘟疫流行。一个人在他的一生中，如能转一次或几次杂日神山，就会获得第二次生命，免受轮回之苦，来世投生成神或者人。

附录2：乌尔多

这是一种丈许长的抛石器，藏语称之"乌尔多"，在西藏当雄、那曲等草原藏区，它是男人的专利。乌尔多是一种较为原始的放牧工具，它用牛毛编成，既是一种装饰，又是抵御野兽、坏人的武器，可它最大的用处却是放牧。据说一个好射手用其可以打中200米以外的野兽。现在，会编制乌尔多的人越来越少了。通常，它是由黑白牛毛编织而成的，最隆重的

乌尔多是用九股毛绳编织的。有时牧人会把乌尔多误打到牛角上，使牦牛被击后在原地晕头晕脑地打转，有时也会失手将石头抛在牛腿上，然后只好忙于替受伤的牲畜接骨了。个别的时候会把牛的眼睛打瞎，出现这种情况就只能接受家人的批评了。一些羊群里会出现被乌尔多误伤成傻瓜的羊。孩子们从小便会将抛乌尔多作为一种基本技能进行练习，每年的7~8月，藏区各地将分别举行民间体育性的赛马节，在赛马节上乌尔多比赛几乎是必不可少的，参加这项比赛的人很多，一群男人们吼着、闹着进行比赛，场面煞是好看。

附录3：嘎乌

"嘎乌"是藏语的音译，指护身佛的盒子。盒子里一般装有小佛像、印着经文的绸片、舍利子或者甘露丸、由高僧念过经的药丸以及活佛的头发、衣服的碎片等，作为护身、减小业障和增长修行之用。其中，以活佛的尸身血水和泥做成的佛像或泥片最珍贵。如果泥片又经活佛念过经，加持过，就更珍贵了。密宗行人于出门时佩戴，一者祈求本尊加持，二者于修法时可取出供奉，为随身之密坛。

"嘎乌"的材质有金、银、铜三种，银质的较普遍，形状大小不一样。男子用方的，女子用圆的，挂在脖子上，垂在胸前。佩戴嘎乌，一方面有护身的意思，另一方面也有装饰的意思。因此，藏民大多在出门时佩戴。嘎乌盒面上镶嵌有玛瑙、松石，雕刻有多种花纹图案。

附录4：羌姆

羌姆是一种宗教舞蹈，也称"跳神"。羌姆为藏语，最初为"跳"的意思，后来逐渐演变为宗教舞蹈的"专用词汇"。羌姆起源于西藏，它是在佛教传入西藏后，与当地苯教的对立、斗争中形成的。在修筑山南桑耶寺的时候，莲花生大师为"调伏恶鬼"，采西藏土风舞与佛教内容结合，创造了一种驱鬼逐邪的寺庙宗教舞蹈来弘扬佛法。这种宗教哑剧舞蹈经过相继改进、规范，逐步演变传播，便成为流传到后世的"羌姆"。

"羌姆"也被称为"卡尔羌姆"。"卡尔"与"羌姆"二词都有"跳"的意思，但严格来说还是有区别的。"以手的法印为主并以息业的16种仪态来供养神"称为"卡尔"，"以身体的仪态和节奏（步履）为主，并用12种服妖降妖的表情来表现"被称为"羌姆"。由于教派不同，寺庙的规模不一，羌姆的形式也大同小异，如萨迦派、噶举派、宁玛派、格鲁派各自的"羌姆"内容、形式都有所不同。无论怎样变化，它们总体反映了人们娱神、破灾、图腾崇拜的一种心理。

第七章
DI QI ZHANG

其他民族节日

藏族是中华民族大家庭中具有悠久历史的一个民族。历史上，藏族人民与汉、蒙、回、满等其他民族保持了长期的友好交往。西藏和平解放后，拉萨仍是一个以藏族为主的民族区域自治地区，在这里生活着的其他民族也保留了一些与众不同的民族节日。

汉族节日

汉族是我国的主体民族，几乎遍布于中华大地的各个地方。在长期的历史交往过程中，汉族人民与西藏各族群众交流、交往、交融，有一部分还长期定居于拉萨。当然，伴随而来的还有丰富的节日文化。

一、拉萨汉族群体概况

汉族在拉萨的定居由来已久。我们可以想象，公元7世纪文成公主到拉萨时的浩荡队伍，侍女、官员、卫兵、工匠，文成公主进藏路途遥远，没有相当数量的送亲队伍是难以想象的。公主从中原带来了种类丰富、数量庞大的陪嫁物品，除了尽人皆知的释迦牟尼金像，还有历算、医学、文艺等百科全书，绫罗绸缎、植物种子等等。而那些从事建筑、冶炼、雕刻、酿造等各行各业的工匠们，带来的则是活生生的技术交流。文成公主进藏后与松赞干布共同生活了屈指可数的几年，之后的三十年都是独自生活，汉文资料中除了公主进藏的记载，之后再无只字片言。70年后，金城公主进藏做赤德祖赞的王妃，带来的侍从、工匠、乐师等就更多了。两位公主来到西藏后都没再返回中原，她们带来的所有人也都在西藏安家落户，成为拉萨最早的汉族居民之一。

吐蕃王朝结束后，拉萨进入近400年的分裂割据时期，藏地黎民百姓遭受涂炭之苦，这期间与中原的交往减少了很多。直到元朝建立以后，拉萨局势逐渐趋于稳定，蔡巴万户长和蔡巴噶举创始人及其门徒，长期有效地管理着拉萨。他们大都注重加强与中原的经济文化交流，特别是元代驿站的设置，使拉萨和中原的人员往来更加便利。《西藏佛教史略》记载：13世纪时蔡巴·噶德贡布曾七次到中原，回藏时都带回了汉族的能工巧匠，在拉萨修建佛堂、雕塑佛像，还创建刻书坊，将中原的印刷术带到了拉萨。

明朝时期，从中原到西藏的汉族就更多了。明朝中央政府在西藏设置了

管理军政大事的系列行政机构以及宣慰使司、安抚使司、招讨使司、卫、所等完整的行政建制，实际上将西藏作为相当于省的行政区，直辖于中央。因此，西藏地方由原来各个割据势力分别控制的局面，转变成西藏整体面向"全国"的发展。那时的拉萨，聚集了来自西藏各地和中原各地的各种人才。

17世纪，清朝中央政府在拉萨设置驻藏大臣，之后先后派驻了几批驻藏清军，有些官兵娶了藏族女子为妻，从此世代定居拉萨。因为到清代，藏汉民族交流已不再局限于某项技术或某种稀缺物品的传递，而是深入了政治、经济、文化等各个领域的更深层次，互相往来就像邻居串门一样自然。

二、拉萨汉族群体及节日习俗

在拉萨定居的汉族群体，并不像回族那样因为共同的伊斯兰信仰而结成一团。因为人数众多、来源分散，他们往往以同乡会的名义组成社团。过去，四川同乡会和云南同乡会是两个实力较大的团体。他们把同一籍贯的人联络起来，推选有一定影响力的人担任会首，办学校、开私塾，培养下一代说汉话、写汉字以及教授基本的历史文化知识。每到年节，组织大家进行汉族传统风俗习惯的一些活动，诸如每年春节过大年、正月闹元宵、清明节上坟、端午节吃粽子、中元节烧纸钱、中秋节吃月饼、腊月过小年。除了这些节日活动，平时谁家有婚礼、寿礼、葬礼等都会互相沟通、联络感情。

拉萨东北面的庄热乡原来有一片汉族墓地，面积大概有60万平方米，埋葬的大多是清朝康熙、乾隆年间一直到民国时期的汉族居民，有数以千计的坟堆聚集在此。墓地上分布有松柏、碑亭、守陵房等，虽历经沧桑仍隐约可见。现在的汉族居民大多采用火葬，墓地也改到西郊的陵园，但清明节时，还可看到一些汉族居民到庄热墓地祭祀先人，他们按照汉族祭祖的习惯，摆出饭菜、水果，烧纸钱供祖先享用。

汉族人没有统一的宗教信仰，不过在拉萨的汉族居民大多信仰藏传佛教，因为藏传佛教与中原佛教同根同源，只是后来发展的方向不同罢了。对于普通老百姓来说，都是佛教一家，就像拉萨藏族很喜欢到山西五台山、浙江普陀山一样。在拉萨，汉族居民习惯去的寺庙有磨盘山上的关帝庙和城北的扎基拉姆庙。

一般说来，拉萨藏族称关帝庙为"格萨拉康"。因为关帝形象与藏族史诗中的古代英雄格萨尔非常相似，所以拉萨藏族视他为格萨尔，拉萨汉族视他为关老爷。藏汉两种文化的融合，冠以这座古庙两种不同的称呼，和谐且互不冲突。庙内外围廊的栏杆内分别有枣骝马和白马，也被分别看作是格萨尔和嘉擦（格萨尔同父异母的哥哥，"岭国七勇士"之一）的坐骑。上了石阶后就是神庙的拉康，正面有四尊塑像，关帝或说格萨尔像赫然供奉在台架上，右侧是格萨尔的叔叔晁同，晁同右边是被格萨尔收服的霍尔国大将辛巴·梅茹孜，嘉擦的左侧是格萨尔的重臣旦玛。这四尊塑像中间摆放有抽签专用的签筒。抽签卜卦是中原佛教寺院的普遍做法，在这里也有很多拉萨藏族民众进庙点酥油灯、磕头后，会到格萨尔神前求签占卜自己的心事。

扎基拉姆庙全称扎基丹修曲阔林，一般大家简称为扎基寺。扎基寺内也供奉关老爷的塑像，它在东面的拉康中，拉萨藏族同样视其为格萨尔王。扎基寺的主尊是扎基拉姆。传说，她是来自中原的一位汉族女神，当年第二世吉仓活佛从中原返回西藏时，这位女神尾随而来。到了扎基寺后，活佛说：你就留这吧，别再走了。从此，这位汉族女神就成了扎基寺的主尊。历史上很长一段时间内，扎基寺都是外来人求平安的寺庙，来拉萨的外地人大多是生意人，渐渐地这里也成了大家公认的财神庙。扎基拉姆也逐渐成为大家追捧祭拜的财神菩萨。按拉萨人的说法，到扎基寺来，周一拜财神，周三保平安，周五求健康。

现在，拉萨汉族的节日基本上是国家法定的各种节假日。稍微不同的是，可以融入西藏地方独具民族特色的节日文化之中。在"过节"这种事情上，越来越多的人倾向于找个时机疯狂玩玩，历史上节日本该有的意义已经逐渐淡忘，或者加入了更多元、更现代的意义。所以，在拉萨，很多藏族朋友会在中秋节时买月饼互相赠送，汉族朋友则会在萨嘎达瓦时加入转经的队伍。

春节是一年一度的重大节日，无论对于什么人来说都一样。拉萨人要过两次年，一次春节，一次藏历新年，有时两个年在同一时间，如果两个年不在同一时间，那就有两次长假。藏历年时，很多在拉萨工作的汉族同志会受到邀请到藏族朋友家做客，春节时则聚集到汉族朋友家共度，非常热闹。相比之下，正月十五的元宵节就没这么热闹了。一方面元宵节不是法定节日，

另一方面拉萨没有舞龙等闹元宵风俗，一般汉族同志就在家做点汤圆、元宵吃，算是对过大年的一个总结。

元宵节之后的一个重要节日就是清明节。清明节是祭祀祖先的日子，有些在拉萨做生意的朋友会不惜几千块的机票钱，跑回老家一趟，拜拜家族的祖先们。但很多在机关事业单位上班的汉族朋友就没那么幸运了，他们的休假安排如果没放在清明节的话，就只能在异乡缅怀了。

五月初五是端午节，最初是祛病防疫的节日。古时候，吴越之地有在农历五月初五以龙舟竞赛的形式举行部落图腾祭祀的习俗。后来，春秋时期楚怀王的大臣屈原在这一天含冤死去，有些地方便将五月初五变成了纪念屈原的节日。还有些地方认为，端午节是纪念伍子胥、曹娥等的节日。总之，各种说法都有。现在，端午节主要的活动有插艾蒿、喷洒雄黄酒、吃粽子等。在拉萨，因为艾蒿、雄黄酒都难找，所以大部分人要么在家包粽子吃，要么到超市购买。现在市场上粽子的品种很多，口味多样，基本能满足人们的各种需求。

农历七月十五是中元节。最初，是在农作物成熟的时候民间按例举行的祀祖活动。过去，老祖宗们会在这时候用新米做祭供，向祖先报告秋收的成果。现在，中元节与农业生产的关系已经被大家遗忘，大家一般只知道上坟扫墓，祭拜祖先。传说，在七月十五这一天地府会放出全部鬼魂，老百姓就进行祭祀鬼魂的活动，以免他们打扰生者的生活。拉萨的汉族同志在这一天一般在屋角、街头等地方烧点纸钱表示祭祀孤魂野鬼。中元节也叫盂兰盆节。印度佛教仪式中，佛教徒为了追荐祖先要举行"盂兰盆会"，佛经中有《盂兰盆经》，讲的是为人子要孝顺的公德。1000多年前，敦煌作为藏汉文化交流的中心地，曾十分流行盂兰盆节，《盂兰盆经》中目连救母的故事在当地藏族人民中广泛流传，后来这个故事的各种变本传入西藏腹地。

农历八月十五是中秋节。中秋节的起源有很多说法：有的说与古代帝王祭祀活动有关，有的说与古代农业生产有关，还有的说与古代军队以饼做军饷有关。现在的中秋节似乎只与家人团圆有关了。汉地的中秋节，有观潮、燃灯、猜谜、玩花灯等传统活动。对于在拉萨的汉族同志来说，大多会选择与同乡或来自四面八方的朋友欢聚过节，遇到夏日好天气，大家还会像藏族朋友那样聚集到林卡玩耍，唱歌跳舞自然比不过藏族朋友，喝喝酒、打打麻将、打打扑克，还是可以的。所谓"五湖四海皆兄弟"，对于在外乡的人来说字字真理。

总的来说，拉萨的汉族过节，节日种类比区外多，过法也体现了西藏特色。拉萨藏族的节日、区外传统节日、全国统一大小假日等，都是大家欢聚过节的好日子。节日可以在自己家过、在朋友家过，也可以在餐厅、茶馆过，还可以在野外林卡里过。大家娱乐逗笑，收获快乐。

回族节日

拉萨的回族，人们一般称之为"藏回"。他们身份证的户籍在拉萨，接受了藏族的一些生活习惯，有的与藏族通婚，有的穿藏装、说藏语，但是他们不信仰藏传佛教，而是信仰伊斯兰教，是穆斯林。这些回族与户籍在区外只是到拉萨来经商的回族不同。

一、拉萨回族及其清真寺

当年大唐盛世的时候，大食国与唐朝正式互通使者，很多穆斯林就开始在西藏西部和西北部地区频繁活动，并通过这些通道进入中原地区。年复一年、日久天长之后，中国西部紧邻的克什米尔、巴尔第斯坦、拉达克等这些地方都逐渐被伊斯兰化。这些地区和来自新疆等地的穆斯林商人是最早在拉萨定居下来的穆斯林之一。其中，最多的要属克什米尔人和拉达克人。拉达克穆斯林来往于拉达克和拉萨，从事日用品和茶叶的贸易，是当时拉萨最富有的居民，他们一般居住在现八廓街东面的清真寺一带。拉萨人一般称这些外籍来的穆斯林为"卡契"。17世纪时拉萨有个卡契园，是现在有证可考的最早的清真寺。

传说，五世达赖喇嘛执政时，一个克什米尔来的穆斯林阿訇每天都在拉萨北面的根培乌孜山上礼拜，从拂晓到日出，从中午到太阳偏西，从太阳偏

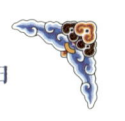

西到日落，从日落到晚霞消失，从晚霞消失到第二天拂晓，每天五次，日复一日，从不间断。五世达赖喇嘛在布达拉宫用望远镜观察多日，被阿訇的虔诚感动，决定赐地给他，就派人到根培乌孜山询问阿訇的意愿。故土在西，阿訇就请求在拉萨西边赐地。于是，五世达赖喇嘛用射箭赐地的方法，将北京西路图书中心对面巷子进去的五个射程方圆的土地赐给了他，藏语称"强达康"，意思就是飞箭落下的地方。当时的拉萨城中心在八廓街一带，布达拉宫附近已是最西边。所以，《卫藏图识》里说卡契园就在"布达拉西五里许"。

进门后，园内有一圆顶小亭，小亭右侧树立着一块石碑，上面用阿拉伯文、藏文、汉文、英文四种文字刻写了当年射箭赐地的历史，亭子上方雕着一把蓄势待发的弓箭。现在，卡契园住着外籍穆斯林的教长一家人，由于里面地盘开阔、环境优美，大家要举办集体活动或过林卡时，一般都会选择卡契园。

外籍来的穆斯林还有一座清真寺，位于大昭寺南侧约 50 米处，人们一般叫它小清真寺，这个清真寺建得较晚，大概在 20 世纪初。整体风格都是藏式的。外籍穆斯林受印度文化影响较多，他们的清真寺里没有一处用汉文写的圣训，礼拜堂前的牌子上用的都是乌尔都文、阿拉伯文、藏文。小清真寺的礼拜堂有 16 柱的面积，南北长 11.8 米，东西宽 11.1 米。门口两排柱子高 0.7 米，托起高侧天窗。堂内为木质地板，铺以长条卡垫。礼拜堂西壁正中央，筑有宽 0.9 米、深 0.82 米、高 1.9 米的壁龛，内挂丝织阿拉伯文古兰经一幅，壁龛左右两侧分别挂有两幅编织的麦加天房图壁毯。壁龛北侧有一木质座椅，是阿訇讲经之座。礼拜堂可容纳 150 人左右。小清真寺位于八廓街内，交通便利，所以一般外籍穆斯林做礼拜都到这里来。从汉地来的穆斯林，很大一部分是清代时的回族军人和他们的家属。他们大多来自四川、青海、甘肃、云南、陕西等地方，居住在河林坝、小昭寺、八朗学、丹巴这四个地方，从事裁缝、磨坊、餐馆、蔬菜种植等商业活动。拉萨人一般称他们为"甲卡契"，"甲"就是汉地的意思。1950 年左右，这里大概有 40 个商户，他们大多说自己是 18 世纪末福康安率军入藏击败廓尔喀后留居下来的中原回民。河林坝的回民，专门经营牛羊肉的生意，过去因为他们宰洗干净、经营有道，其中的两家商户还受到十三世达赖喇嘛的特许，世代供应达赖喇嘛和噶厦官员的食用牛肉。

"甲卡契"也建立了自己的清真寺，就是现在八廓街东侧的大清真寺，拉萨人叫它"卡契拉康"，"拉康"是神殿的意思。这个清真寺最初建于康熙年间，乾隆皇帝当朝时，先后派出几批清军平定廓尔喀，当时的驻藏清军中有不少回族的官兵，像守备哈国祥、千总马大熊，把总单应举、虎文林、马国隆等，这些都是大清真寺匾额上刻印着的名字，这些回族官兵在藏驻扎期间对大清真寺进行了多次维修扩建，使大清真寺颇具规模。因为大清真寺是中原来的回民所建，所以受中原汉文化影响多一些。

　　大清真寺总面积2600多平方米，建筑面积约1300平方米。整个院落东西长、南北短，平面布局不很规则，主要由大门、前院、宿舍、宣礼塔、礼拜堂和浴室等组成。大门朝北，系牌楼木式结构，上书"清真寺"金字横额，并饰有彩绘、雕刻。大门内为四合院，面积380平方米。西进过道门上悬挂大匾一方，额书"至教永垂"。大清真寺的主体建筑礼拜堂建在高1米的台面上，坐西朝东，共13柱，东西长22.6米，南北宽12.6米，建筑面积285平方米。礼拜堂西壁中央壁龛内悬挂丝织成的麦加天房壁毯。壁龛北侧放置一木质座椅，为阿訇讲经之座，礼拜堂可容纳250人左右。

二、拉萨回族的藏化

　　民国时期的一些资料显示，当时的外籍穆斯林依然保持原生地的生活习俗，但"甲卡契"们已经融入了藏族生活。他们"依藏胞之生活习俗，故其衣食住行与区外教胞有异。且语言方面，除年老人能操四川腔之国语外，其他如妇女子弟皆仅会一口流利之藏语。……服装方面，无论男女皆已藏化，尤以妇女之藏化更彻底。男人间有衣中国式之长袍者，惟依藏式腰间皆束有一带。饮食方面，多乳酪以及炒面，亦间有食米面者。至于住宅之建筑及内部之布置，悉依西藏之方式"。

　　拉萨回族的节日文化与他们的宗教规范、生活规范有着紧密关联。在宗教规范方面，拉萨回族世代坚持着伊斯兰教的五项功修——念、礼、斋、课、朝。念的意思是清真言，万物非主，真主只有一个穆罕默德。礼就是穆斯林一天的五次礼拜，过去是按照太阳在天空的位置确定礼拜的时间，现在有时间上的确定性，而且这个时间根据季节的变化而变化，此外还有每周五的主麻礼

拜，是伊斯兰教规定的集体礼拜日，在每个星期五健康的男性穆斯林必须到当地的清真寺举行集体礼拜。举行主麻时首先要听诵《古兰经》，听阿訇讲瓦尔兹，拉萨的阿訇还会用藏语进行讲解，然后大家做集体礼拜。斋是指每年回历九月的整月封斋；课可以解释为施舍，伊斯兰教规定每年收入除去平时开支，剩下的2.5%应该施舍给穷人，拉萨的穆斯林里有钱人很多，穷人很少，这种社会现象与他们宗教上的功修有很大关系。朝就是朝觐，所有穆斯林一生最大的愿望就是去圣地——沙特麦加朝拜，朝觐回来的人比一般人就多了一份荣耀。在饮食方式上，他们严格遵循世代相传的清真饮食，不过为了适应高原气候他们也接受了酥油茶、甜茶、糌粑等藏族饮食。

宗教信仰和生活习惯是两码事。拉萨回族严格按照伊斯兰经文的指示精神，严格遵守宗教上的原则问题，但在日常生活中他们已完全融入了拉萨的生活氛围之中。像参加抓饭节或学前班毕业典礼的人群中，很多妇女都是穿着藏装，不戴头饰，有些区外来拉萨做生意的回族倒保持清一色的西北回族妆饰，穿着普通的汉族服饰，披着盖头或丝巾。孩子们很多都穿藏袍，男孩加个小白顶帽，女孩则在藏装上面披个阿拉伯式的头巾。阿訇们则是典型的伊斯兰装扮，身着阿拉伯式白色长袍，佩戴头巾。其实，世居拉萨的回族在身份认同上更倾向于视自己为拉萨本地人，区外到拉萨做生意的回族在他们看来是外地人，大家只是因为拥有共同的伊斯兰教信仰而聚集在一起。

三、拉萨回族的节日

就拉萨的回族来说，他们比较重视的节日有开斋节、古尔邦节、圣纪和抓饭节。每逢这些节日和平常的主麻日，大清真寺内就会变得热闹非凡。开斋节、古尔邦节、圣纪是伊斯兰教的三大节日，是拉萨回族同全世界穆斯林一同庆祝的节日，在节日内容上与其他地方的穆斯林没有什么重大区别。抓饭节是拉萨回族特有的，既有穆斯林节日特色，又融合了许多拉萨地方文化元素的节日。

（一）开斋节

每年伊斯兰教历十月一日，是回族的开斋节。因为整个回历九月都是封斋的日子，穆斯林在封斋月里严格恪守功课要求，一直到十月一日功课完成。

为庆祝封斋圆满完成，设立了迎接欢乐的开斋节。这天，穆斯林要早早起床，通身洗得干干净净，穿上节日盛装，到清真寺参加会礼。会礼结束后，大家互相问候：愿真主的平安、悲悯和吉庆在你身上。富裕的家庭会在这时交些开斋捐，其实就是节日经费，有时也用作周济穷人。

斋月里，清真寺每晚都要摆出开斋饭菜。抓饭，藏语叫"波罗"，是其中必做的主食。"波罗"有人参果抓饭和肉抓饭两种。人参果抓饭用酥油、人参果、香米做成，是一道很有藏族特色的节日食品。各种抓饭不仅可以在清真寺里享用，而且也是斋月里世居拉萨的回族馈赠亲友的最佳礼品。整个斋月里，清真寺内还有各种清真食品出售。比如，有牛奶、糯米粉、白糖熬制的"匹日尼"，酥油、糖和面粉做的"和酪"，还有布鲁、小油香、比里里、恰不拉、河州馍馍、曲热包子等等，抵挡不了美味的诱惑，周边的藏族群众也常常前来购买。

（二）古尔邦节

古尔邦，意思是献祭、献牲，所以也叫宰牲节，是庆祝朝觐功课圆满完成的节日。在每年伊斯兰教历的十二月十日，穆斯林们盛装到清真寺参加会礼后，有条件的家庭就要宰牲口，宰好的肉要分一份给穷人，拿一份给亲友，最后自己留一份。古尔邦节期间，穆斯林互相串门，主人会端上一大盘清炖的大块羊肉，客人即使吃得很饱了也要尝尝。

过去，拉萨穆斯林的古尔邦节与藏族的萨嘎达瓦节常常重叠在一起。古尔邦节要大量宰牛羊用以庆祝，而且当时的宰牛羊活动都放在清真寺里举行，宰完随即煮熟给大家分享。萨嘎达瓦节却要求整月不杀生，而且萨嘎达瓦转经的人群很多都要经过大清真寺到林廓路，即使没有正面的碰撞冲突，也难免产生各种反感的心理。为了尊重藏族人的习惯，清真寺教长带领全体拉萨回民做出了妥协，对古尔邦节的各项活动进行改动。其中，很重要的一条就是，把在清真寺宰牛羊改为在家里单独操办。另外，教长还让阿訇缩短了早上礼拜后的讲经时间，让大家做完礼拜早些回家，尽量避免和转经藏民一起堵塞道路。

（三）圣纪

圣纪是穆斯林对穆罕默德诞生、归真合并纪念的日子。这天，大部分穆

斯林都会聚众举行纪念活动，诵经、赞美圣主、宣讲圣主的历史和圣训等，有的家庭还要宰牛羊设宴庆祝，缅怀穆罕默德圣人。

（四）抓饭节

拉萨回族最有自身特色的要属抓饭节了。每年八月，拉萨回族都会聚集到夺底沟的穆斯林墓地举行活动。这个墓地位于两座山夹裹的山坳中，从墓碑刻印的时间看，这里的墓碑最早树立于清代，大多是原籍在陕西、甘肃等地的穆斯林先人。从克什米尔一带来到拉萨的穆斯林在死后一般不用墓碑。过去的抓饭节，大家习惯在夺底沟待上10天，进行请阿訇讲古兰经、礼拜祈祷、野餐以及各种娱乐活动。游墓地是穆斯林在各大节日都习惯做的一件事情，很多地方的穆斯林在开斋节、古尔邦节、圣纪三大节日期间都要游墓地。拉萨的回民将游墓地集中在抓饭节期间进行，并且与藏族的过林卡习俗融合到一起。

按回族百姓自己的说法，当初设立抓饭节主要是因为在西藏的穆斯林人数较少，平时各行各业较分散，相聚机会不多，为了把大家团结起来，才形成西藏特有的抓饭节。关于抓饭节的来历，拉萨大清真寺的教长亚古还有另外一种说法：过去，有一年清真寺的大殿维修扩建，工程结束后教民要求举办一场竣工典礼表示庆祝，但那时候恰好碰到藏族群众的萨嘎达瓦，人家在整个月里都煨桑转经、吃素放生，穆斯林不便在这时候宰牛羊庆祝，于是将竣工典礼推迟到萨嘎达瓦之后，并把庆祝地点放到北郊夺底沟的穆斯林墓地。

典礼上提供的午餐都是素食，最典型的食品是人参果抓饭。拉萨穆斯林的抓饭不同于一般印象里的新疆抓饭。新疆抓饭是用油把牛羊肉、胡萝卜、洋葱等进行翻炒，然后加上米一起蒸。拉萨穆斯林的抓饭是用酥油炒米再蒸制而成，牦牛肉单独煮。抓饭节时食用的人参果抓饭，用人参果、酥油、米饭混合做成。人参果藏语称"卓玛"，是一种野草的根，在拉萨人看来，人参果是招待贵客或新年佳节时才用的吉祥食品。有首草原牧歌这样歌唱人参果："最美味的食品属酥油拌的人参果，谁会想到它是野草根！"用人参果做的抓饭，融合了拉萨藏族、回族的饮食元素，是一道完美体现拉萨穆斯林文化特质的节日美食。

现在的抓饭节通常进行两天。第一天，西藏自治区领导会专程前去慰问，

大家要做各种接待准备。所以，这天的抓饭节是大清真寺教长、副教长、民管会等忙碌的一天。第二天，全体拉萨回民才聚集到夺底沟墓地。他们有的以家庭为单位，有的以朋友或商务伙伴为单位，搭起帐篷。密布整齐的帐篷环绕在墓地周围，帐篷里摆上酥油茶、甜茶、糌粑、干肉、比里里等各种美味，类似于藏族人夏天的过林卡。与纯属娱乐的林卡节不同，回民们聚集在祖先墓地必须完成当日的五次礼拜，同时清真寺教长还要讲经。教长讲经完毕，大家一起做礼拜，中午的晌礼做完后大家就可以共用抓饭了。饭后，男人们还要到祖先坟墓前念经。

抓饭节的节日食物十分有趣，可以看到两类文化的食物聚集在节日盛宴上。酥油茶是一种一说起就会想到藏族文化的饮品，它可以驱寒充饥，是藏族群众每天的生活必需品，就像代表藏族群众的一个符号一样。生活在拉萨的穆斯林，对酥油茶这类食品同样喜爱。每个帐篷里都会摆上大大小小的暖瓶，里面装着酥油茶，有宾客光临自己的帐篷，他们会像拉萨藏族一样给客人盛上一杯热腾腾的酥油茶。同时，抓饭节上还有穆斯林自身特有的各类食物，像"比里里"。这是一种阿拉伯做法的食品，用牛奶、白米、白糖等食材做成，盛在碗里的时候，再放上丝丝藏红花。"比里里"是抓饭节的首要食物，在吃任何其他食物之前必须先吃"比里里"，就像藏族老百姓过年串门时必须先吃"切玛"一样。

（五）学前班毕业典礼

拉萨回族还有一个有意思的节日，那就是大清真寺学前班的毕业典礼。重视教育是所有拉萨回族的普遍意识，在浓厚藏传佛教文化的包围中，他们一直很有意识地保留并传承着自己的语言和宗教文化，家庭和清真寺的努力使孩子从小就具有伊斯兰信仰和认同。大清真寺的学前教育不同于一般的幼儿园，教的内容十分宽泛，而且带有公益性质，收费极低。来这里上学的孩子，从3岁到7岁不等，均由家长自愿送来。授课老师是清真寺自己培养的，授课内容有阿拉伯文、藏文、汉文、英文等，选择什么语种、重点学习什么都由孩子自己决定，老师不做强求。

清真寺学前班毕业典礼一般在八月份举行，有时与抓饭节只隔几天。那时，在寺内接受教育的孩子和他们的家长聚集在夺底沟回族墓地，庆祝完成

学前教育的孩子得到毕业证书和奖状，同时鼓励没毕业的孩子们以哥哥姐姐为榜样，继续努力学习、追求知识。清真寺教长主持典礼，全体穆斯林儿童要在教长的引领下吟诵古兰经的片段，之后再分几个组合上台吟唱。念经完毕，孩子们回到各自位置，等待主席台颁奖人的点名，点到名的孩子一一上台领奖。在这个典礼上，所有的孩子都可以得到清真寺管委会统一采购、发放的学习用品。典礼结束后，大家各自回到自家搭建的小帐篷内，坐上卡垫，矮桌上摆满各色食品，快乐的林卡开始了。不过，这并不意味着接下来就是纯属娱乐的个人时间，穆斯林过节的一大特点就是集体活动、个人活动有序安排，秩序井然。墓地林卡的扬声器会不停地播放伊斯兰经文，每到一个定时礼拜的时间，大家都会聚集到教长前面按时完成，而且到正餐时间都是大家集体用餐。正是这些点滴的仪式细节，才使穆斯林孩子从小建立了共同的伊斯兰认同，确立了精神归宿。

附录 拉萨民族节日一览表

名称（藏）	名称（汉）	日期（藏历）	遗产级别
བོད་པའི་ལོ་གསར།	藏历新年	1月1日	2009年列入第三批自治区级非物质文化遗产代表性项目名录； 2011年列入第三批国家级非物质文化遗产代表性项目名录
སྨོན་ལམ་ཆེན་མོ།	传召大法会	1月3或4日至25日	
གཞུན་ཐག	启耕节	1月15至2月15日	堆龙春播习俗，2009年列入第三批自治区级非物质文化遗产代表性项目名录
ས་གཡང་འོན་སྐོར།	撒央望果	灾后	
སྒྲག་རྗེ་སྒྲུབ་ཆོག	达孜珠却	2月4至14日	
ཚོགས་མཆོད་ཆེན་མོ།	措却会供	2月18至30日	
དུས་འཁོར།	堆廓节	3月15日	

（续表）

名称（藏）	名称（汉）	日期（藏历）	遗产级别
ས་ག་ཟླ་བ།	萨嘎达瓦节	4月1至4月15日	2006年列入第一批自治区级非物质文化遗产代表性项目名录
དྲུག་པ་ཚེས་བཞི།	主巴次西	6月4日	
ཞོ་སྟོན།	雪顿节	6月30至7月5日	2006年列入第一批自治区级非物质文化遗产代表性项目名录；2006年列入第一批国家级非物质文化遗产代表性项目名录
གུང་ཐང་མེ་ཏོག་མཆོད་པ།	贡堂梅朵曲巴	4月15日	
འོང་སྐོར།	望果节	庄稼成熟之际	堆龙望果节，2009年列入第三批自治区级非物质文化遗产代表性项目名录
འདམ་རྒྱུག་རིག	当雄赛马节	夏季	2007年列入第二批自治区级非物质文化遗产代表性代表性项目名录；2008年列入第二批国家级非物质文化遗产代表性项目名录
གླིང་ག	逛林卡	夏季	
ར་སྒྲེང་ཞུག་མཆོད་པ།	热振库秋曲巴	4月15日	
འཛམ་གླིང་སྤྱི་བསང་།	卓林吉桑	5月15日	
དཔག་མོ་དྲུག་ཚེས།	怕木亚羌	6月4日	
མཚུར་ཕུ་དྲུག་ཚེས།	楚布雅曲	6月10日	
དགའ་ལྡན་གསེར་སྦྱང་།	甘丹司唐节	6月15日	

（续表）

名称（藏）	名称（汉）	日期（藏历）	遗产级别
སྐར་མ་རི་སྨི།	沐浴节	7月6日至12日	
འབྲས་སྤུངས་ཀླུ་འབུམ།	哲蚌鲁崩节	7月8日	
ཡེར་པ་ཚེས་བཅུ།	叶巴次久	7月10日	
དབྱར་གནས།	夏令安居	7月15至8月30日	
ལྷ་བབས་དུས་ཆེན།	降神节	9月20至29日	
དཔལ་ལྡན་ལྷ་མོའི་རེ་བསྐོང་།	白拉日追	10月15日	
བཞི་མཆོད།	西却	10月24日	
དགའ་ལྡན་ལྔ་མཆོད།	甘丹昂曲	10月25日	
འཛམ་གླིང་སྤྱི་བསང་།	江衮却	11月3至12月15日	
སེ་ར་ཕུར་འཛག	色拉普界	12月27日	
དགུ་གཏོར།	古朵	12月29日	
ལུག་ལོའི་མཚོ་སྐོར།	羊年转湖节	羊年	
སྤྲེལ་ལོའི་སྤྲེལ་ཟླ།	支洛支达	猴年	
	木如白萨节	猴年7月15日至8月15日	
	德仲猴年节	猴年	
པ་བོང་ཐང་སྐོར།	帕崩唐果节	羊年7月15日	
	开斋节	10月1日（伊斯兰教历）	
	古尔邦节	12月10日（伊斯兰教历）	
	抓饭节	8月（伊斯兰教历）	

参考文献

[1] 林继富.西藏节日文化[M].拉萨：西藏人民出版社，1996.

[2] 廖东凡.节庆四季[M].北京：中国藏学出版社，2008.

[3] 廖东凡.神灵降临[M].北京：中国藏学出版社，2008.

[4] 廖东凡.拉萨掌故[M].北京：中国藏学出版社，2008.

[5] 廖东凡.雪域众神[M].北京：中国藏学出版社，2008.

[6] 廖东凡.灵山圣境[M].北京：中国藏学出版社，2008.

[7] 才让.藏传佛教信仰与民俗[M].北京：民族出版社，1999.

[8] 丹珠昂奔.藏族神灵论[M].北京：中国社会科学出版社，1990.

[9] 丹珠昂奔.藏族文化志[M].上海：上海人民出版社，1998.

[10] 丹珠昂奔.藏族文化发展史[M].兰州：甘肃教育出版社，2001.

[11] 陈立明，曹晓燕.西藏民俗文化[M].北京：中国藏学出版社，2003.

[12] 多杰才旦.西藏封建农奴制社会形态[M].北京：中国藏学出版社，1996.

[13] 王森.西藏佛教发展史略[M].北京：中国社会科学出版社，1987.

[14] 东噶·洛桑赤列.论西藏政教合一制度[M].郭冠忠，王玉平，译.拉萨：西藏人民出版社，2008.

[15] 王辅仁.西藏佛教史略[M].西宁：青海人民出版社，1982.

[16] 王辅仁、索文清.藏族史要[M].成都：四川民族出版社，1981.

[17] 牙含章.达赖喇嘛传[M].北京：华文出版社，2001.

[18] 牙含章.班禅额尔德尼传[M].北京：华文出版社，2001.

[19] 傅崇兰.拉萨史[M].北京：中国社会科学出版社，1994.

[20]蔡巴·贡噶多吉.红史[M].陈庆英,周润年,译.拉萨:西藏人民出版社,1988.

[21]达仓宗巴·班觉桑波.汉藏史集:贤者喜乐赡部洲明鉴[M].陈庆英,译.拉萨:西藏人民出版社,1986.

[22]五世达赖喇嘛.西藏王臣记[M].刘立千,译注.拉萨:西藏人民出版社,1992.

[23]拔塞囊.《拔协》(增补本)译注:附藏文原文[M].佟锦华,黄布凡,译注.成都:四川民族出版社,1990.

[24]直贡·丹增白玛坚参.直贡法嗣[M].克珠群佩,译.拉萨:西藏人民出版社,1995.

[25]恰白·次旦平措,诺章·吴坚,平措次仁.西藏通史·松石宝串[M].陈庆英,格桑益西,何宗英,许德存,译.北京:《中国西藏》杂志社;拉萨:西藏社会科学院、西藏古籍出版社联合出版,1996.

[26]阿旺·贡噶索南.萨迦世系史[M].陈庆英,高禾福,周润年,译注.拉萨:西藏人民出版社,1989.

[27]班钦·索南查巴.新红史[M].黄颢,译注.拉萨:西藏人民出版社,1987.

[28]大司徒·绛求坚赞.朗氏家族史[M].赞拉·阿旺,佘万治,陈庆英,译.拉萨:西藏人民出版社,1989.

[29]勒内·德·内贝斯基·沃杰科维茨.西藏的神灵和鬼怪[M].谢继胜,译.拉萨:西藏人民出版社,1993.

[30]梅·戈尔斯坦.喇嘛王国的覆灭[M].杜永彬,译.北京:时事出版社,1994.

[31]谭·戈伦夫.现代西藏的诞生[M].伍昆明,王宝玉,译.北京:中国藏学出版社,1990.

[32]图齐,海西希.西藏和蒙古的宗教[M].耿昇,译.天津:天津古籍出版社,1989.

[33] 图齐. 西藏宗教之旅[M]. 耿昇, 译. 北京: 中国藏学出版社, 1999.

[34] 杜齐. 西藏中世纪史[M]. 李有义, 邓锐龄, 译. 北京: 中国社会科学院民族学与人类学研究所, 1980.

[35] 任继愈. 佛教大辞典[M]. 南京: 江苏古籍出版社, 2002.

[36] 张怡荪. 藏汉大辞典（上中下）[M]. 北京: 民族出版社, 1985.

[37] 谢启晃. 藏族传统文化辞典[M]. 兰州: 甘肃人民出版社, 1993.

[38] 王尧, 陈庆英. 西藏历史文化辞典[M]. 拉萨: 西藏人民出版社; 杭州: 浙江人民出版社, 1998.

[39] 钦则旺布. 卫藏道场胜迹志[M]. 刘立千, 译注. 拉萨: 西藏人民出版社, 1987.

[40] 金果·次平. 西藏节日的特点及其发展趋势[J]. 西藏艺术研究: 藏文版, 2004（1）.

[41] 贡嘎. 拉萨节日简介[J]. 西藏研究: 藏文版, 1985（4）.

后　记

　　《拉萨传统节日文化》的编写是 2014 年 3 月正式开始启动的，课题组所有成员一直在拉萨地区工作和学习，也都从事有关的研究工作，因此对拉萨传统节日文化有了初步的了解，特别是个别课题组成员几年前一直关注西藏节日文化资料的收集工作，积累了较多的资料，为编写此书奠定了一定基础。拉萨传统节日文化的研究是一个学术性和知识性并重、历史文化与现实生活交融、宗教文化与世俗文化交杂的研究领域，其涉及内容繁多而复杂。最初是想利用两年的时间，通过参与式的调查来了解民间鲜活的文化活动，挖掘口耳相传的历史文化遗存，较全面地展示拉萨传统节日文化。但是，我们的设想与《幸福拉萨文库》丛书的总体要求不符，只得在半年多的时间内，完成收集资料、田野调查和编撰任务。尽管我们尽了最大的努力，力求比较全面、系统、完整地挖掘和介绍拉萨地区特色节日文化的流播脉源、发展流变、文化特征及其蕴藏的丰富民族文化，但因时间短、经费少等客观因素和我们的水平有限等，本书中存在收集资料的广度和分析问题的深度不够等问题，同时也难免出现表述不准、内容遗漏、资料取舍不当等缺陷，恳请读者予以指正。

　　我们在编写此书的过程中，一是突出了已经列入国家级和自治区级非物质文化遗产代表性项目名录的节日及其游艺竞技活动，对其予以详细叙述，全面展示；二是在取舍宗教节日时，突出民间文化的特色，尽量收录民众参与度高的节日活动，而一些属于寺院纯粹宗教仪轨的活动并未编入本书；三是本书内容包括了不少传说，这些传说固然是不切合实际的，然而却具有一定的民俗学意义，我们认为，通过这种民间传说也可以反映出拉萨文化的特点；四是本书收录了不少当今社会生活中已经消失的节日文化，虽然这些文化不复存在，但是作为拉萨独一无二的历史文化遗产，我们认为有必要用文字来记录其形式和内容，避免其在历史发展中存在的事实都无人知晓；五是节日活动中的许多娱乐竞技项目在具体节日内容介绍时略述，而均在各章后面以附录形式详述。

参加本书编撰的有（以章节先后为序）：次仁平措，第一章；索珍，第二章、第五章；方晓玲，第三章、第七章；阴海燕，第四章、第六章；结昂，部分章节的附录和编务；最后由次仁平措和阴海燕统稿。此外，市委宣传部理论科副科长杨丽女士、西藏自治区非物质文化遗产中心及其办公室主任顿珠平措先生、达孜区公安局次旦卓嘎女士、尼木县宣传部李小红副部长等为本课题提供了大力支持，提供了大量资料和相关图片。在此对他们的辛勤劳动，表示崇高的敬意和感谢。

特别需要说明的是，本书是在前人的基础上编写的，因此它是集体劳动的成果。本书的资料，除了我们的调查，还参考了廖东凡、苟灵、恰日巴·洛桑朗杰、林继富、丹增次仁等前辈学者的许多研究成果，在此我们编写组一并感谢、致意！

次仁平措

2015年5月6日于拉萨